Accounting and Financial Management Textbook Series

韩传模 / 总主编

会 计 与 财 务 管 理 系 列 教 材

基础会计

孟　茜 主编

厦门大学出版社 XIAMEN UNIVERSITY PRESS | 国家一级出版社 全国百佳图书出版单位

图书在版编目(CIP)数据

基础会计/孟茜主编. —厦门:厦门大学出版社,2018.7
(会计与财务管理系列教材)
ISBN 978-7-5615-6913-9

Ⅰ.①基… Ⅱ.①孟… Ⅲ.①会计学-教材 Ⅳ.①F230

中国版本图书馆 CIP 数据核字(2018)第 064774 号

出 版 人 郑文礼
责任编辑 陈丽贞
责任校对 胡 佩
装帧设计 一木木
美术编辑 蒋卓群
技术编辑 朱 楷

出版发行 厦门大学出版社
社 址 厦门市软件园二期望海路 39 号
邮政编码 361008
总 编 办 0592-2182177 0592-2181406(传真)
营销中心 0592-2184458 0592-2181365
网 址 http://www.xmupress.com
邮 箱 xmupress@126.com
印 刷 厦门市万美兴印刷设计有限公司

开本 787 mm×1 092 mm 1/16
印张 14.75
字数 387 千字
印数 1～3 000 册
版次 2018 年 7 月第 1 版
印次 2018 年 7 月第 1 次印刷
定价 35.00 元

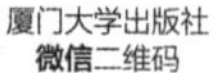
厦门大学出版社
微信二维码

厦门大学出版社
微博二维码

总 序

随着我国高等教育专业的整合与调整，国内会计学专业的建立和发展经历了半个多世纪的历程。工商管理学科下的财务与会计领域的本科专业设置，从最初的单一会计学专业发展到了三个专业，即会计学、财务管理和审计学。审计学和财务管理从原有的会计学专业中分离出来成为独立的本科专业，充分反映了市场经济发展对会计领域专业化、专门化的需求。所以，从历史发展的渊源看，我们认为，广义的会计学专业包括上述三个专业，形成了适应经济社会管理和相互联系的不同分支学科、门类的会计学类专业组合。

20 世纪 90 年代以来，高等教育的专才教育思想在我国被质疑，发展通才教育在我国教育界得到普遍认同。但是就中国高等教育的现实和会计人才市场竞争的状况而言，还不能一概而论。我们认为，会计学专业是工商管理应用性很强的职业性专业，绝大多数的会计本科毕业生就业去向是会计实务领域，因此，在注重通才教育的同时，必须加强职业能力的培养，满足社会经济发展对会计人才素质的要求。正基于此，我们组织了几所高校具有多年丰富教学经验的教学第一线的骨干教师，精心编写了这套普通高等教育“十二五”会计学专业系列规划教材。

会计学、审计学和财务管理作为经济管理科学的重要学科门类是研究会计、审计和财务管理实务与理论及其发展规律的知识体系。会计学、审计学和财务管理等财经类专业课程体系中，专业主干课程有 10 门左右。本系列教材主要包括《基础会计》《中级财务会计》《高级财务会计》《会计学》《财务管理》《财务报告分析》《成本管理会计》《审计学》《会计信息系统》《内部控制》。其中有些教材除了满足会计学、审计学和财务管理专业教学需要外，还可以满足其他各财经类专业相应课程的教学需要。

本系列教材内容依据国家最新实施的《会计准则》《审计准则》等财经法规

制度要求编写，力求综合反映会计、审计及财务管理改革理论研究与实务发展的最新成果，并力求正确把握财会理论与实务发展的趋势与规律，以使学生不仅能够学习掌握财会及审计的基本专业知识与技能，而且在分析问题、解决问题的能力方面能够得到训练与提高。为了适应理论联系实际的需要，以及培养学生实际操作能力的需要，本系列教材通过引导案例和大量的举例、练习题，详尽说明知识的具体运用，充分体现了实效性和可操作性。

本系列教材在编写过程中得到厦门大学出版社及各方面的支持和帮助，在此表示衷心的感谢。由于编者水平有限和资料受限，书中难免有不妥甚至错误之处，衷心希望广大读者不吝指正，便于今后的修订。

为了做好本系列教材的组织编写工作，特成立了编委会，负责组织编写工作。

编委会组织及其成员如下：

主任：韩传模教授，天津财经大学

委员(按姓氏笔画为序)：

韦琳教授，博士，天津财经大学

孙青霞教授，博士，天津财经大学

李学东教授，天津工业大学

张俊民教授，博士，博士生导师，天津财经大学

沈征教授，博士，天津财经大学

孟茜副教授，博士，天津财经大学

赵秀云教授，博士，博士生导师，天津财经大学

薛洪岩副教授，天津商业大学

魏亚平教授，博士，天津工业大学

系列教材编委会

前　言

经济越发展,会计越重要。会计信息对经济管理决策和控制的作用日益显著。随着资本市场的不断发展,会计信息作为一种公共产品,越来越受到利益相关者的重视。为了适应市场经济和现代企业制度发展对高素质人才的需要,为已经从事和将来准备从事经济管理工作的人员了解会计信息生成过程,充分利用会计信息资源做好管理工作,我们编写了本书。

本书以我国现行法律法规、2006 年颁布的会计准则体系以及截止到 2018 年我国财政部对会计准则进行的修订、解释为依据,借鉴最新的国际财务报告准则,立足于我国会计实务领域,以会计概念框架、基本方法、会计核算程序为主线,并以制造业生产流程为实例,系统、完整地阐述了会计要素的确认、计量、记录和报告。本书可以作为高等院校会计学专业本科教材,也可作为各级经济管理人员的培训教材和社会上自学考试的参考资料。

本书由天津财经大学具有丰富教学和实务经验的教师编写,商学院会计系硕士研究生导师孟茜博士(副教授)担任主编。本书第一、四、八章由孟茜博士编写,第二、五章由樊丽莉博士编写,第三章由毕晓方博士(副教授)编写,第七、十章由刘彬博士编写,第六、九章由张涛博士编写。虽然我们竭尽全力,但囿于作者水平有限,书中疏漏和不当之处在所难免,恳请读者批评斧正,以求不断进取。本书在几年的筹备和跟随会计准则的修订编写过程中,得到韩传模教授的指导和鼎力支持、帮助,在此表示深深的敬意和感谢!

编者

2018 年 6 月

目 录

第一章 总论……1
第一节 会计的基本概念……1
第二节 会计对象与会计要素……4
第三节 会计基本假设与会计核算基础……11
第四节 会计信息质量要求……13
第五节 会计核算的基本程序与方法……15
第二章 会计科目和会计账户……24
第一节 会计科目……24
第二节 会计账户……27
第三章 借贷记账法……36
第一节 复式记账的原理……36
第二节 借贷记账法……42
第四章 账户与借贷记账法的应用……62
第一节 制造业主要经济业务概述……62
第二节 筹资业务的核算……63
第三节 资产的核算……68
第四节 生产业务的核算……72
第五节 收入的确认与计量……78
第六节 利润的确认与计量……80
第五章 会计凭证……91
第一节 会计凭证的概念与种类……91
第二节 原始凭证……94
第三节 记账凭证……97
第四节 会计凭证的传递与保管……105
第六章 会计账簿……113
第一节 会计账簿的意义和种类……113
第二节 会计账簿的设置与登记……115
第三节 会计账簿的启用与登记规则……120
第四节 对账与结账……121

第五节 错账的更正方法…………………………………………………… 125
第七章 财产清查…………………………………………………………… 133
第一节 财产清查的意义与种类………………………………………… 134
第二节 财产清查的方法…………………………………………………… 137
第三节 财产清查结果的处理……………………………………………… 141
第八章 会计报表…………………………………………………………… 151
第一节 会计报表的意义和种类………………………………………… 151
第二节 资产负债表的编制……………………………………………… 156
第三节 利润表的编制…………………………………………………… 163
第四节 现金流量表和所有者权益变动表的编制……………………… 166
第五节 财务报表附注…………………………………………………… 172
第九章 账务处理程序……………………………………………………… 181
第一节 账务处理程序概述……………………………………………… 181
第二节 记账凭证账务处理程序………………………………………… 182
第三节 科目汇总表账务处理程序……………………………………… 196
第十章 会计工作的组织…………………………………………………… 206
第一节 会计工作组织概述……………………………………………… 206
第二节 会计机构与会计人员…………………………………………… 207
第三节 会计法规体系与会计职业道德………………………………… 211
第四节 会计档案与会计信息化………………………………………… 213

第一章

总论

学习目的:通过本章学习,掌握会计的概念、会计对象与会计要素、会计核算的前提、会计核算的基础、会计信息质量的要求,理解会计核算的程序和方法。

引导案例

王平同学顺利考入国内某知名大学会计学专业,注册会计师、国际注册会计师、总会计师等一系列称谓让他感到新奇和向往,他暗下决心一定要当一名专业知识扎实、职业道德高尚的高级会计师,但是,什么是会计?会计的职能是什么?会计都需要做哪些工作?怎样考取注册会计师?带着这些疑问,他开始学习会计学专业的第一门基础课——“基础会计”。

第一节　会计的基本概念

一、会计的产生和发展

人类社会产生和发展的基础是物质资料生产,同样,物质资料生产也是会计产生和发展的基础。由于生产的发展,人们和社会关心生产投入的耗费和产出的成果,以及投入和产出的效益和成果分配的状况,从而要求并促进了对其核算和管理。生产越发展,对生产的核算与管理越重要。

在原始社会初期,生产比较简单,人们对生产的耗费与成果的关心是通过头脑的记忆或一定方式记载,如绘图记事、刻画记事和结绳记事等。到了奴隶社会,由于生产力的发展,奴隶主对奴隶的残酷剥削使简单的会计计算和会计管理工作有了进一步的发展。我国在周朝设有“司会”,为计官之长,主管会计。其职能是:“掌国之官府、郊野、县都之百物财用。凡在书契版图者之贰,以逆群吏之治,而听其会计。”(《周礼·天官·司会》)“司会”既要管理(“掌”)国家和地方百物财用,又要利用账册、公文(“书契”)等以考核(“逆”)各地方官吏的行政工作,而检查(“听”)他们的会计工作。到了封建社会,生产力有了新的发展，为适应地主阶级通过地租、捐税和高利贷对农民进行残酷剥削的需要，会计也有了相应的发展。鲁国的孔子，“尝为委吏矣，曰‘会计当而已矣’”（《孟子·万章下》），表明他在做管理仓库的小官（会计）时，要求会计做到“当”——计算要正确，收支要平衡，管理要适宜。西汉（前 202—8 年）有“钱谷账”，分设“钱出入簿”“谷出入簿”。元和元年（806 年），有“飞钱”——具有纸币性质，类似汇票。唐元和二年（807 年），李吉甫撰《元和国计簿》10 卷；大和元年（827 年），韦处厚作《大和国计簿》20 卷。这些是我国最早的会计专著。宋朝的收支登记在“会记录”上，如景德四年（1007 年），三司使丁谓主编《景德会计录》6 卷。熙宁七年（1074 年）“诏置三司会计司”。南宋建炎年间（1127—1162 年）在太府寺中专设有“审计司”，掌管查账的工作。这是我国专设会计、审计机构的开始。宋代“四柱”式会计方法（旧管＋新收－开除＝实在）的运用，使我国中式会计达到比较科学、系统、完善的地步。北宋淳化五年（994 年），已运用“四柱”式会计方法。（英国在 1855 年才用法案形式固定下列公式：上期结存＋本期收入－本期支出＝本期结存。）北宋时期已出现“交子”——纸币的开始。明朝末年，商界有人把“官厅会计”的账簿格式及登记方法改为适应商界的“龙门账”。鸦片战争前的清朝，在较大的工场手工业中已专设“账房”，设置账簿，考核费用、成本与利润。

到了资本主义社会，随着工业、农业、商业、对外贸易的发展，资本家为了获取更大的利润，要求加强对经济的管理，使会计得到进一步的发展。早在 15 世纪末叶，在意大利已初步形成借贷复式记账法。1494 年，意大利数学家、天主教修道士卢卡·帕乔利（Luca Pacioli）发表《算术、几何、比及比例概要》一书，其中第三篇《计算和记录的详论》（通称《簿记论》）系统地论述了借贷复式记账的原理及其运用。

从原始社会会计的产生，到经历奴隶社会、封建社会和资本主义社会的发展，说明会计是以货币形式和一定专门方法对经济活动进行的核算和管理。

中华人民共和国成立后，我国主要是向苏联学习而建立我国的社会主义会计。粉碎“四人帮”后，党和国家非常重视会计工作，1985 年 1 月 21 日第六届全国人大常委会第九次会议通过并于 1985 年 5 月 1 日起施行的《中华人民共和国会计法》，标志着我国的会计工作走上了法治的轨道，对于加强我国的会计工作起到重要的作用。1993 年 7 月 1 日施行财政部发布的《企业财务通则》《企业会计准则》以及十几种行业会计制度和财务制度，使我国的会计工作更好地适应市场经济的需要，并与国际会计准则相协调。1999 年 10 月 31 日，第九届全国人大常委会第十二次会议通过《中华人民共和国会计法》的第二次修订。2001 年 1 月 1 日开始施行新的不分行业的《企业会计制度》，继续推行已制定的《企业会计准则》，这使会计工作和会计理论建设进入新的阶段。2006 年 2 月，我国发布了由 1 个基本准则和 38 个具体会计准则及相关应用指南组成的会计准则体系，使我国会计准则实现了与国际会计准则实质上的趋同，之后财政部对部分会计准则又进行了修订。2014 年 1 月 26 日，财政部颁布了《企业会计准则第 39 号——公允价值计量》，2 月 17 日颁布了《企业会计准则第 40 号——合营安排》，3 月 14 日颁布了《企业会计准则第 41 号——在其他主题中权益的披露》。2017 年 4 月 28 日，财政部又颁布了《企业会计准则第 42 号——持有待售的非流动资产、处置组和终止经营》。

从我国社会主义初级阶段会计工作的实践可以看出：会计（accounting）是以货币为

主要计量单位，利用专门的方法和程序，对会计主体的资金运动进行完整、连续、系统地核算和监督，旨在向内外部信息使用者提供反映财务状况、经营成果和现金流量等相关信息的经济管理活动。

二、会计信息的目标

会计目标亦称会计目的，是要求会计工作完成的任务或达到的标准。会计目标主要解决的是会计工作服务的对象和服务的内容，即提供的信息。目前学术界关于会计目标主要存在“受托责任观”和“决策有用观”。

（一）受托责任观

“受托责任观”是公司制和现代产权理论的产物，资源的受托方接受委托方所交付的资源，受托方承担有效地管理与运用受托资源，使其达到保值、增值的责任；资源的受托方承担如实地向资源的委托方报告受托责任履行过程与结果的义务。受托责任产生的原因在于所有权和经营权的分离，由于商品经济的发展、生产规模的扩大，所有权与经营权分离现象变得极为普遍，受托责任的观念也逐渐普及。目前受托责任的对象不仅仅涉及资产或资源的受托责任，还涉及社会责任，包括环保、就业等。受托责任观的核心内容是：财务报告的目标是有效反映受托者受托管理委托人财产责任的履行情况。财务报告是委托人和受托人之间的媒介。

（二）决策有用观

“决策有用观”是在资本市场日益发达的背景下产生的，投资人需要大量的、有用的反映企业财务状况、经营成果和现金流量的信息，不仅需要定性的信息，还需要定量的信息；不仅包括财务方面的信息，还包括非财务方面的信息；不仅包括对过去的经济业务的反映，还包括对企业现在和未来的信息的渴求。为了满足这些信息的需求，会计的目标就应运而生。

20 世纪 80 年代之后，各国的会计差异日益缩小，会计由多极化向单极化过渡，以上两种观点也日趋统一，会计目标同时兼顾“决策有用观”和“受托责任观”两个方面。20 世纪 90 年代，我国经济的进一步对外开放以及受会计国际化思想的影响，财政部在制定会计准则体系时，提出了合二为一的会计目标，即向财务报告使用者提供与企业财务状况、经营成果和现金流量有关的会计信息，反映企业管理者受托责任履行情况，有助于财务报告使用者做出经济决策。

（三）我国关于财务报告目标的规定

我国基本准则中明确了财务报告的目标，规定财务报告的目标是向财务报告使用者提供与企业财务状况、经营成果和现金流量等有关的会计信息，反映企业管理层受托责任履行情况，有助于财务报告使用者做出经济决策。

财务报告的使用者主要包括投资者、债权人、政府及其有关部门和社会公众等，满足投资者的需求是企业财务报告的首要出发点。随着企业改革的深入，产权日益多元化，资本市场快速发展，机构投资者和其他中小股东都密切关注企业提供的会计信息，以帮助他们进行投资决策。企业的财务报告使用者中的债权人、政府及有关部门、社会公众等，他们对企业信息的需求与投资者一样受到企业的重视。在强调“决策有用观”的同时，受托责任的目标也不可或缺。改革开放以来,我国一直推动各类企业建立现代企业制度,实行管理权和经营权分离,企业管理层所经营管理的企业各项资产主要由投资人和债权人提供,需要定期向他们提供企业管理层资产保值增值的情况,以便评价管理层业绩和责任履行情况。所以,在我国的财务报告目标中,"决策有用观"和"受托责任观"是兼顾统一的。

第二节 会计对象与会计要素

一、会计对象和会计要素概述

企业是国民经济的主要基层组织,是营利性经济单位。企业会计的对象是企业经营活动的资金运动。企业的资金运动主要体现为筹集资金、使用资金和收回资金。

企业筹措资金的主要渠道是投资者投入和债权人借入。企业资金主要用于生产过程中劳动资料和劳动对象的占用,例如固定资产、材料和在产品的资金占用;用于流通过程,例如库存现金、银行存款,各种应收和应付的资金等。企业收回的资金主要是在产品的销售过程中,按照交易价格向购买方办理货款结算收回的资金。随着企业生产经营活动的进行,企业的经营资金依次通过供应、生产和销售过程表现为不同的形态,即由货币资金转为固定资金和储备资金,再由生产资金到成品资金,最后由成品资金转为货币资金,如此不断循环周转,实现企业的目标,如图 1-1。

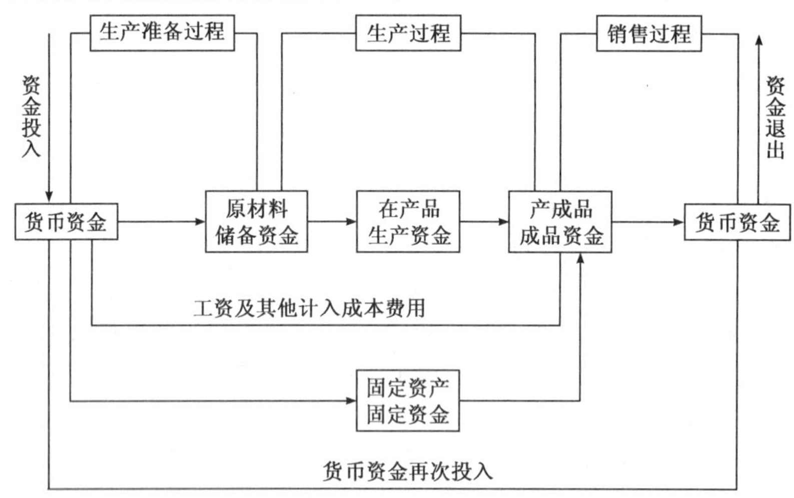

图 1-1 制造企业的资金运动

会计要素是根据交易或者事项的经济特征所确定的财务会计对象的基本分类,是会计核算对象的具体化。例如,根据资金筹集的两种主要渠道,划分负债和所有者权益;根据资金占用的不同形态,划分不同类型的资产;根据回收资金的过程,划分收入和费用;等等。

企业会计要素是反映企业财务状况和经营成果的基本单位,也是财务报表的基本框架。《企业会计准则——基本准则》中规定,企业会计要素可分为两类,即反映财务状况的会计要素和反映经营成果的会计要素。

二、反映财务状况的会计要素

反映财务状况的会计对象要素有资产、负债和所有者权益三项。财务状况是指企业特定日期的资产及其来源的构成,是资金运动相对静止的状态。

(一)资产

1.资产的概念和特点

资产(assets)是指过去的交易或事项形成的,由企业拥有和控制的、预期会给企业带来经济利益的资源。资产有如下特征:

(1)资产应是企业拥有或控制的资源。资产作为一项资源,应当由企业拥有或者控制,企业享有某项资源的所有权,或者虽然不享有某项资源所有权,但该资源能够被企业控制。

企业享有资产的所有权,通常表明企业能够排他性地从资产中获得经济利益。通常在判断资产是否存在时,所有权是考虑的首要因素。但在有些情况下,资产虽然不为企业所拥有,但企业通过控制该资源,从资产中获取经济利益,符合资产的定义,也应当作为企业的资产来确认,如融资租入的固定资产。

(2)资产预期能为企业带来经济利益。资产预期能为企业带来经济利益,是指资产直接或间接导致现金和现金等价物流入企业的潜力。这种潜力可以来自企业的日常活动,也可以是非日常活动。资产所带来的经济利益,可以是现金或现金等价物形式,也可以是能够转化为现金或现金等价物的形式,或者是可以减少现金或现金等价物流出的形式。

资产预期能为企业带来经济利益是资产的重要特征。如果某一项资源预期不能为企业带来经济利益,就不能将其确认为企业的资产。

(3)资产是过去发生的交易或事项所形成的。过去发生的交易或事项包括购买、生产、建造行为或者其他交易或事项。这里强调,资产必须是过去发生的交易或事项所形成的,是现时存在的,而不是预期的。企业预期在未来发生的交易或事项不形成资产。

2.资产确认的条件

《企业会计准则——基本准则》中规定,将一项资源确认为资产需要符合资产的定义,还应同时满足以下两个条件:

(1)与该项资源有关的经济利益很可能流入企业。在实务中,与一项资源有关的经济利益能够流入企业有很大的不确定性。因此,在确认资产时,还应与经济利益流入不确定性程度结合起来。如果有证据表明,与一项资源有关的经济利益很可能流入企业,就应将其确认为资产;反之,不能确认为资产。

(2)该项资源的成本或者价值能够可靠计量。可计量性是所有会计要素确认的重要前提。在实务中,当有关资源成本或者价值能够可靠计量时,资产才能予以确认。

当一项资源符合资产定义,同时又满足上述两个条件时,企业就应将其确认为一项资产。

3.资产项目的构成

企业的资产由流动资产和非流动资产两部分构成。区分流动资产和非流动资产十分重要。资产满足下列条件之一的，应归类为流动资产：

(1)预期在一个正常营业周期中变现、出售或耗用。

(2)主要为交易目的而持有。

(3)预计在1年内(含1年)变现。

(4)自资产负债表日起1年内，交换其他资产或清偿负债的能力不受限制的现金或现金等价物。

正常营业周期，是指企业从购买用于加工的资产起至实现现金或现金等价物的期间。正常营业周期通常短于1年。因生产周期较长等导致正常营业周期长于1年的，尽管相关资产往往超过1年变现、出售或耗用，仍然应当划为流动资产。正常营业周期不能确定的，应以1年(12个月)作为正常营业周期。

企业的流动资产包括货币资金、应收款项、存货等；非流动资产主要包括固定资产、无形资产等，被划分为持有待售的非流动资产归类为流动资产。

(二)负债

1.负债的概念和特征

负债(liabilities)是指过去的交易或事项形成的、预期会导致经济利益流出企业的现时义务。负债有如下特征：

(1)负债是企业承担的现时义务。负债是企业承担的一种现时义务，这是负债的基本特征。现时义务是指，企业在现行条件下已承担的义务，是由于过去的交易或事项形成的，是现时存在的一种义务。未来发生的交易或者事项形成的义务不属于现时义务，不应确认为负债。

(2)负债预期会导致经济利益流出企业。预期会导致经济利益流出是负债的本质特征。无论何种形式的企业负债，都属于现时的义务。最终在履行义务时会导致经济利益流出企业。

在清偿负债时，可以用现金清偿，也可以实物资产抵偿，还可以提供劳务去清偿负债。无论以何种方式清偿负债都会导致经济利益流出企业。

(3)负债是由企业过去的交易或者事项形成的。只有过去的交易或者事项才能形成负债，企业将在未来发生的承诺、签订的合同等交易或者事项，不能形成企业的负债。

2.负债确认的条件

将一项现时义务确认为负债，需要符合负债的定义，还应当同时满足以下两个条件：

(1)与该义务有关的经济利益很可能流出企业。在实务中，履行义务所需流出的经济利益带有不确定性，因此，负债确认应当与经济利益流出的不确定性程度结合起来。如果有确凿证据表明与现时义务有关的经济利益很可能流出企业，就应当将其作为负债予以确认；反之，就不应当将其确认为负债。

(2)未来流出的经济利益的金额能够可靠地计量。在考虑经济利益流出企业的同时，对于未来流出的经济利益的金额应能够可靠计量。

一项义务符合负债定义，同时又满足上述两个条件的，企业就应将其确认为一项负债。

3.负债项目的构成

企业的负债由流动负债和非流动负债两部分构成。一项负债满足下列条件之一的，应当作为流动负债：

(1)预计在一个正常营业周期中清偿；

(2)主要为交易目的而持有；

(3)自资产负债表日起一年内到期应予以清偿；

(4)企业无权自主地将清偿推迟至资产负债表日后1年以上。在其对手方选择的情况下通过发行权益进行清偿的条款与负债的流动性划分无关。

企业对资产和负债进行流动性分类时，应当采用相同的正常营业周期。不符合流动负债判断条件的属于非流动负债，如长期借款、应付债券。

(三)所有者权益

1.所有者权益的概念和特征

所有者权益(owner's equity)是指企业资产扣除负债后，由所有者享有的剩余收益。公司的所有者权益又称为股东权益。

所有者权益的特征主要体现在所有者对企业资产的剩余索取权上，它是企业资产中扣除债权人权益后应由所有者享有的部分。所有者对企业资产的剩余索取权表明企业的产权关系，即企业归谁所有。

2.所有者权益的确认条件

所有者权益体现所有者在企业中的剩余权益，因此，所有者权益的确认主要依赖于其他会计要素，尤其是资产和负债的确认。所有者权益金额的确定也主要取决于资产和负债的计量。

3.所有者权益项目的构成

所有者权益的来源包括所有者投入的资本、直接计入所有者权益的利得和损失以及留存收益等。通常所有者权益项目由实收资本、资本公积、盈余公积和未分配利润构成。留存收益包括盈余公积和未分配利润两部分。

直接计入所有者权益的利得和损失是指，不应计入当期损益、会导致所有者权益发生增减变动的、与所有者投入资本或者向所有者分配利润无关的利得或损失。

利得是由企业非日常活动所形成的、会导致所有者权益增加的、与所有者投入资本无关经济利益的流入。损失是由企业非日常活动所形成的、会导致所有者权益减少的、与向所有者分配利润无关的经济利益的流出。

三、反映经营成果的会计要素

反映经营成果的会计要素有收入、费用和利润三项。经营成果是企业一定时期内从事生产经营活动所取得的最终成果。

(一)收入

1.收入的概念和特征

收入(revenue)是指企业在日常活动中形成的、会导致所有者权益增加的、与所有者投入资本无关的经济利益的总流入。收入有如下特征：

(1)收入是在企业日常活动中形成的。日常活动是指企业未完成其经营目标所从事的经常性活动以及与之相关的活动。

企业的日常活动可以是制造企业生产和销售产品、商品流通销售商品、保险公司签发保单、咨询公司提供咨询活动等,这些都属于企业日常发生的经营活动。明确界定日常活动和非日常活动是为了将收入与利得进行区分。企业日常经营活动中产生的经济利益,符合条件的将其确认为收入;非日常活动的经济利益应作为利得处理。如处置固定资产的净收益和转让无形资产所有权产生的净收益不是收入,而是利得,应作为营业外收入处理。

(2)收入将使所有者权益的增加。与收入相关的经济利益的流入应当会导致所有者权益的增加。不会导致所有者权益的增加的经济利益不符合收入的定义,不应确认为收入。

(3)收入是与所有者权益投入资本无关的经济利益的总流入。收入应当会导致经济利益的流入,从而导致资产的增加。所有者投入资本的增加不应当确认为收入,应当将其直接确认为所有者权益。

2.收入确认的条件

企业收入的来源渠道多种多样,不同收入来源的特征有所不同,其收入确认条件往往存在差别。但一般而言,收入只有在经济利益很可能流入从而导致企业资产增加或负债减少、经济利益的流入额能够可靠计量时,才能予以确认。收入的确认至少应当符合以下条件:

(1)与收入相关的经济利益应当很可能流入企业;

(2)经济利益流入企业的结果会导致资产的增加或者负债的减少;

(3)经济利益的流入额能够可靠计量。

3.收入项目的构成

收入可以是销售商品所取得的收入、提供劳务取得的收入、让渡资产使用权形成收入。

(二)费用

1.费用的概念和特征

费用(expenses)是指企业在日常经营活动中所发生的、会导致所有者权益减少的、与向所有者分配利润无关的经济利益的总流出。费用有如下特征:

(1)费用是在企业日常活动中形成的。费用必须是企业在其日常活动中所形成的,这些活动的界定与收入定义中涉及的日常活动界定相一致,因日常活动所产生的费用通常包括销售成本(营业成本)、管理费用、销售费用等。将费用界定为日常活动所形成,是为了与损失相区分。非日常活动所形成的经济利益流出企业不能确认为费用,而应归属于损失。

费用是销售商品、提供劳务等日常经营活动中发生的经济利益的流出。虽然有的交易或事项也会发生经济利益的流出,但属于偶然发生,就只能作为损失处理。如固定资产自然报废损失,应作为营业外支出处理。

(2)费用会导致所有者权益减少。与费用相关的经济利益的流出会导致所有者权益减少。不会导致所有者权益减少的经济利益的流出不符合费用的定义，不应确认为费用。

(3)费用是与向所有者分配利润无关的经济利益的总流出。费用的发生应当会导致经济利益的流出，从而使资产减少或者负债增加。其表现形式包括现金或者现金等价物的流出，存货、固定资产和无形资产等的流出或者消耗等。鉴于企业向投资者分配利润也会导致经济利益的流出，而该经济利益的流出显然属于所有者权益的抵减项目，不应确认为费用，应当将其排除在费用的定义之外。

2.费用项目的构成

费用可分为计入成本的费用和计入损益的费用。

(1)计入成本的费用是指费用中能予以对象化的部分，是为生产产品、提供劳务所发生的各种耗费。计入成本的费用包括直接费用和间接费用。直接费用包括直接材料、直接人工和其他直接费用。间接费用一般指发生时无法确定成本计算对象的费用。间接费用通常指制造费用。

计入成本的费用通常通过期末在产品和当期完工的产品把当期的生产费用从本期递延到以后各期。计入成本的费用最终反映在资产负债表项目中。

(2)计入损益的费用是费用中不能对象化的部分，也称为期间费用。具体包括管理费用、财务费用和销售费用。计入损益的费用的特点是所发生的费用与会计期间相关，因此，当期发生的费用无论其金额大小应全部从收入中扣除，不得递延到以后各期。计入损益的费用最终反映在利润表项目中。

(三)利润

1.利润的概念

利润(profit)是指企业一定会计期间的经营成果。利润是一定时期的收入与费用配比的结果。如果收入大于费用，就实现了盈利，由此增加了所有者权益；如果收入小于费用，则企业要承担亏损，由此减少了所有者权益。利润是反映经营成果的最终要素。

2.利润确认的条件

利润反映的是收入减去费用、利得减去损失后的净额。利润的确认主要依赖于收入和费用以及利得和损失的确认，其金额的确定也主要取决于收入、费用、利得、损失的金额的计量。

3.利润项目的构成

利润包括营业利润、利润总额、净利润。

营业利润＝营业收入－营业成本－税金及附加－销售费用－管理费用－财务费用－资产减值损失±公允价值变动损益±投资收益或损失

利润总额＝营业利润＋营业外收入－支出

净利润＝利润总额－所得税费用

四、会计等式

会计等式(accounting equation)是表明会计要素之间基本关系的恒等式，也称为会计平衡公式。它是设置账户、复式记账方法及编制会计报表的理论依据，是会计核算方法体系的基础。会计核算是在这一等式的基础上，运用复式记账方法来记录经济业务，以反映企业的财务状况和经营成果。

反映资产、负债和所有者权益三个会计对象要素之间关系的是最基本的会计等式，这个等式反映了企业在特定日期的财务状况。反映收入、费用、利润三个会计要素之间关系的等式是派生出来的，表明企业一定时期的经营成果。

1.会计等式

企业要进行生产经营活动必须筹措一定数额的资金。企业取得的经营资金有不同的占用形态和来源渠道。从占用形态上看，企业取得的经营资金表现为一定数量的资源即资产，如库存现金、银行存款、原材料、固定资产等；从资金来源上看，资产的来源渠道无非是投资人和债权人投入的，所以投资人和债权人对企业的资产拥有要求权。资产、负债和所有者权益实质上是同一资金运动的两个不同方面，从数量来说其资金的来源必然等于资金的占用，即资产总额必然等于负债与所有者权益金额的总和。

企业的生产经营活动在不断地进行着。但从静态上看，在某一时点总是表现为占用了一定数量不同形式的资产，而这些资产又是由投资人和债权人投入的。企业的资产总额必然等于企业的负债和所有者权益的总和。企业发生的经济活动也不会影响这一基本相等的关系。会计等式如下：

资产＝负债＋所有者权益

会计等式反映企业特定日期的财务状况，即反映特定时间上企业有哪些资产以及资产有哪些来源。会计等式表明资产、负债、所有者权益之间的基本关系。

企业的经营目标是实现盈利。当一定时期取得的收入大于所发生的费用时才能实现盈利；反之，便发生了亏损。将一定时期所取得的收入与该时期发生的费用进行比较，才能确定企业的盈亏，会计等式如下：

收入－费用＝利润

2.会计等式间的关系

企业在取得收入的同时增加资产或减少负债，在发生费用的同时也会减少资产或增加负债。当收入大于相应的费用实现盈利时，会导致所有者权益的增加；当收入小于相应的费用发生亏损时，会导致所有者权益的减少。这两个会计等式之间的关系如下：

资产＝负债＋所有者权益＋收入－费用

资产＋费用＝负债＋所有者权益＋收入

资产＝负债＋所有者权益＋利润

企业实现盈利后要确认应交所得税，从而形成一项负债；企业应计算净利润并按照规定的比例提取盈余公积金，这一部分利润就形成所有者权益；提取盈余公积金之后，企业还应向投资者分配利润，这一部分利润就形成一项负债；剩余的未分配利润形成企业的所有者权益。经过利润分配之后，利润中一部分转化为负债，另一部分转化为所有者权益。会计等式又还原为最初的形式，即：

资产＝负债＋所有者权益

第三节　会计基本假设与会计核算基础

一、会计基本假设的概念

会计基本假设也称为会计核算基本前提，是指在特定的社会环境和条件下，对会计核算所处的时间、空间环境等所做的合理的设定。

会计基本假设是进行会计核算时必须遵循的先决条件，如同数学上的公理一样。会计基本假设是会计上的公理，尽管在不同的历史时期、不同的经济环境中会计基本假设的具体内容有所不同，但作为会计核算的先决条件是在漫长的会计实践中逐步形成的一种共识。这种共识是人们在认识最终规律之前提出的一种假说，是会计实务中众所周知的不需证明的既成事实。

由于会计核算是在一定的经济环境中进行的，而特定的经济环境中必然存在着各种不确定因素，会计基本假设就是对这些不确定因素做出较为合理的设定。如果违反会计基本假设，会计核算就难以正常、顺利地进行。会计在其发展过程中建立了较为科学的会计基本假设，并在此基础上构筑了会计基本理论体系和会计核算体系。

二、会计基本假设的内容

我国《企业会计准则——基本准则》中规定，会计基本假设包括：会计主体、持续经营、会计分期和货币计量四项。

(一)会计主体

会计主体(accounting entity)也称为会计实体或会计个体，是指企业会计确认、计量和报告的空间范围。会计主体这一基本假设的主要意义在于界定了从事会计工作和提供会计信息的空间范围。这一假设要求会计反映、监督所在单位发生的交易或者事项，进行会计确认、计量和报告，反映本身所从事的各项生产经营活动。明确界定会计主体，是开展会计确认、计量和报告工作的重要前提。

应当注意的是，会计主体不等于法律主体。一般来说，法律主体是会计主体，会计主体不一定是法律主体。例如，独资企业和合伙企业不是法律主体，会计却将独资企业和合伙企业作为会计主体并对其生产经营活动进行核算与监督。

(二)持续经营

持续经营(going concern)是指会计主体在可预见的未来，将根据企业既定的经营方针和目标不断地经营下去。也就是说，在可预见的将来，企业不会被宣告破产或进行清算，持有的资产将正常营运，负债将继续进行清偿。这一基本假设的主要意义在于使会计的核算与监督建立在非清算基础上，从而解决了资产计价、负债清偿和收益确认的问题。企业在经营过程中一旦被宣告破产或进行了清算，持续经营前提将被清算的规则替代。

(三)会计分期

会计分期(accounting period)是指将企业持续的生产经营活动划分为若干个相等的

会计期间。这一基本假设的主要意义是界定了会计核算的时间范围。会计分期的基本前提为分期计算盈亏奠定了基础;有了会计分期的基本前提,会计核算才能够定期提供信息,满足不同的会计信息使用者的需求。

会计期间可以是年度、半年度、季度和月度。我国《企业会计准则》《企业会计制度》规定,我国会计年度与财政年度相一致,按公历年度确定,其起止日期为1月1日至12月31日。半年度、季度、月度均称为会计中期,并均按公历起止日期确定。

(四)货币计量

货币计量(monetary measurement)是指企业在会计核算中以货币为计量单位记录和反映生产经营活动。这一基本假设的主要意义是通过一般等价物的货币以数量形式综合地反映企业的财务状况和经营成果。

我国《企业会计准则——基本准则》中规定,企业应选择货币作为计量单位。在有些情况下,采用货币计量也有缺陷,有些影响企业财务状况和经营成果的因素往往难以用货币来计量,可以通过报表附注的形式披露有关非财务信息。

会计核算的四个基本前提具有相互依存、相互补充的关系。会计主体确立了会计核算的空间范围,持续经营与会计分期确立了会计核算的时间范围,货币计量为会计核算提供了必要的手段。但没有会计主体,就不会有持续经营和会计分期;没有货币计量,也就没有现代会计。

三、会计核算基础

企业应当以权责发生制为基础进行会计确认、计量和报告。权责发生制也称应收应付制,它要求对会计主体在一定期间内发生的各项业务,以是否取得经济权利或是否承担经济责任为标准,决定资产、负债、收入和费用的确认,主要是收入和费用的确认。除了权责发生制,在确认收入和费用时也存在收付实现制,两者之间的区别如下:

(一)收付实现制(现收现付制,cash basis)

收付实现制,亦称现收现付制,是以货币资金的实收实付作为确定各期收入和费用的标准。在收付实现制下,凡当期实际收付了货币资金,即作为当期的收入或费用处理;凡当期没有货币资金的收付,即使收入取得或费用发生,也不能作为当期的收入或费用处理。例如,预收某单位货款10 000元,虽然是预收货款,没有将商品的控制转移给买方,但在此时即将此项收入计入本月销售收入,因为本月收入了货币资金。再如,用银行存款预付下一年度企业财产保险费12 000元,虽然是预付,但在此时即将此项支出计入本月费用,因为本月支出了货币。

采用收付实现制,因不考虑未收到货币资产的收入事项和未付出货币资产的支出事项,所以可减轻记账和算账的工作量,但由于一部分已发生的会计事项未被记录,使得企业财务成果的计算不准确,不便于考核经济效益,因此,这种处理标准一般只适用于事业单位。

(二)权责发生制(应收应付制,accrual basis)

权责发生制,亦称应收应付制,是以经济权利和责任的发生即应收应付作为确定各期收入或费用的标准。在权责发生制下,凡属于本期的收入或费用,无论是否在本期实际收到或付出货币资金均应作为本期的收入或费用处理；凡不属于本期的收入或费用，即使在本期实际收到或付出货币资金，也不应作为本期的收入或费用处理。例如，预收某单位货款时，企业并没有发出产品，按照权责发生制的要求，不能将此项收入计入本月收入，而应将其计入预收账款，待发出产品，产品控制权转移时再计入主营业务收入。再如，用银行存款预付两年的财产保险费，按照权责发生制的要求应计入长期待摊费用，摊入下一年度，不能全部作为本期的费用。

采用权责发生制的标准确定企业各期的收入或费用，虽然会因记录，计算应收、应付事项而增加会计工作量，但能够比较准确地反映企业一定时期的财务成果，便于考核经济效益。因此，我国企业会计准则规定，企业要采用权责发生制作为处理会计事项的基础。

第四节　会计信息质量要求

一、会计信息质量要求概述

会计信息质量要求是对企业财务报告中所提供会计信息质量的基本要求，是使财务报告中所提供会计信息对投资者等使用者决策有用应具备的基本特征。《企业会计准则——基本准则》中规定了八条衡量会计信息质量方面的要求，其中包括首要质量要求四条、次要质量要求四条。

二、会计信息首要质量要求

（一）客观性（objectivity）

客观性即可靠性。可靠性要求企业应当以实际发生的交易或者事项为依据进行确认、计量和报告，如实反映符合确认和计量要求的各项会计要素及其他相关信息，保证会计信息真实可靠，内容完整。

会计信息有用性必须以可靠性为基础。如果会计信息缺乏可靠性，就会对投资人等会计信息使用者的决策产生误导甚至损失。为贯彻可靠性要求，企业应该做到以下两方面：

（1）以实际发生的交易或者事项为依据进行确认、计量，符合会计要素定义及其确认条件的应如实地反映在财务报表中。

（2）在符合重要性和成本效益原则的前提下，保证会计信息的完整性。不得随意遗漏或者减少应披露的信息，与使用者决策相关的有用信息都应当充分披露。

（二）相关性（relevance）

相关性亦称有用性，要求企业提供的会计信息应当与投资者等财务报告使用者的经济决策需要相关，有助于投资者等财务报告使用者对企业过去、现在或者未来的情况做出评价或预测。

会计信息是否有用，是否具有价值，关键是看它与使用者的决策需要是否相关，是否有助于决策或者提高决策水平。会计信息相关性要求企业在确认、计量和报告会计信息的过程中，充分考虑使用者的决策模式与信息的需要。

（三）可理解性(understandability)

可理解性要求企业提供的会计信息清晰明了，便于投资者等财务报告使用者理解和使用。

企业编制财务报告、提供会计信息的目的在于使用，因此，为了便于使用者了解会计信息的内涵，这就要求财务报告提供的会计信息应当清晰明了，易于理解。只有这样才能提高会计信息的有用性，实现财务报告的目标。

在强调会计信息的可理解性要求的同时，还应假定使用者具有一定的有关企业经营活动和会计方面的知识，对于某些复杂但对使用者的经济决策有关的信息，企业也应当在财务报告中予以充分披露。

（四）可比性(comparability)

可比性要求企业提供的会计信息应当相互可比。这主要包括两层含义：

(1)同一会计期间不同会计主体的会计信息要具有可比性。为了便于投资者等财务报告使用者评价不同企业的财务状况、经营成果和现金流量及其变动情况，不同企业同一会计期间发生的相同或者相似的交易或者事项，应当采用规定的会计政策，确保会计信息口径一致，相互可比，以使不同企业按照一致的确认、计量和报告要求提供有关能够进行横向比较的会计信息，即横向比较。

(2)同一企业不同时期的会计信息要具有可比性。为了便于投资者等财务报告使用者了解企业的财务状况、经营成果和现金流量及其变化趋势，比较企业在不同时期的财务报告信息，全面、客观地评价过去、预测未来，从而做出决策。同一企业不同时期发生的相同或者相似的交易或者事项，应当采用一致的会计政策，不得随意变更。如确有变更，应将变更的情况、变更的原因及对企业财务状况和经营成果的影响，在财务报表附注中予以说明。这一规定为同一主体不同期间的会计信息进行比较分析、预测企业的发展趋势提供有关能够进行纵向比较的会计信息，即纵向比较。

三、会计信息次要质量要求

（一）实质重于形式(substance over form)

实质重于形式要求企业应当按照交易或事项的经济实质进行会计确认、计量和报告，而不应当仅仅以交易或者事项的法律形式作为依据。

企业发生的交易或者事项在多数情况下，其经济实质和法律形式是一致的。但在实际工作中，有时经济实质和法律形式会出现不一致的情况。当交易或事项的外在的法律形式并不能完全真实地反映实质内容时，当会计信息反映这种交易或事项时，不能根据其法律形式进行核算，而必须根据交易或事项的实质或经济现实进行核算。如融资租入固定资产，从外在的法律形式上看，企业不具有其产权；但从经济实质来看，融资租入固定资产符合资产定义及其条件，视为企业自有资产。

（二）重要性(materiality)

重要性要求企业提供的会计信息反映与企业财务状况、经营成果和现金流量有关的所有重要交易或者事项。在实务中，如果会计信息的省略或者错报会影响投资者等财务报告使用者据此做出决策的，该信息就具有重要性。

重要性的应用需要依赖职业判断，企业应当根据其所处环境和实际情况，从项目的性质和金额大小两方面加以判断。

对于影响会计信息使用者做出合理判断的重要交易或事项，必须在财务会计报告中予以充分、准确地披露；对于次要的会计事项，在不影响会计信息真实性和不至于误导会计信息使用者做出正确判断的前提下可适当简化处理。

(三)谨慎性(conservatism)

谨慎性要求企业对交易或者事项进行会计确认、计量和报告保持应有的谨慎，不应高估资产或者收益、低估负债或者费用。

在市场经济环境下，企业的生产经营活动面临着许多风险和不确定性，企业在面临不确定性因素的情况下做出职业判断时，应当保持应有的谨慎，充分估计各种风险和损失，既不高估资产或者收益，也不低估负债或者费用。

谨慎性的应用也不允许企业设置秘密准备，如果企业故意低估资产或收益，或者低估负债或者费用，就会损坏会计信息质量，扭曲企业实际财务状况和经营成果，违背会计信息可靠性和相关性要求，对财务报告使用者的决策产生误导，这是会计准则所不允许。

(四)及时性(timeliness)

及时性要求企业对于已经发生的交易或者事项及时进行确认、计量和报告，不得提前或者延后。

会计信息的价值在于帮助所有者或者其他利益相关者做出经济决策，具有时效性。会计信息除了必须保证其真实性、可靠性以外，还应保证信息的时效性。

为了保证会计信息的时效性，要求及时收集、加工处理会计信息，并且应按时传递会计信息。

第五节 会计核算的基本程序与方法

一、会计核算基本程序概述

会计作为提供会计信息的管理活动，将企业发生的经济业务按会计的规则与方法加工为会计信息并提供给相关的使用者，是一个非常复杂的过程。这个过程就是会计核算，它包括确认、计量、记录和报告四个环节。

在会计核算的过程中，首先，将企业发生的经济业务按一定的标准进行筛选后进入会计核算系统，这就是确认；然后，以货币为主要计量单位对进入会计信息系统的信息进行度量，这就是计量；再次，使用一定的载体将确认和计量后的会计信息进行连续、系统、全面的记载，这就是记录；最后，在记录的基础上再经过加工处理并将其报送出去，这就是报告。在确认、计量、记录和报告的四个环节中，还需要借助专门的会计核算方法来进行。

会计作为一种提供会计信息的管理活动，对特定主体发生的经济活动进行全面、连续、系统的核算与监督，必须借助于专门的方法。会计方法是履行会计职能和实现会计目标的手段。

二、会计核算过程的构成

会计核算过程由确认、计量、记录和报告四个环节构成。

(一)会计确认(accounting recognition)

1.会计确认概念

会计确认是指按一定的标准对发生的经济信息进行分析后所做出的判断。符合会计标准的经济信息则确定其归属的会计对象,并纳入会计核算体系。会计确认可分为初次确认和再次确认两个方面。

初次确认的目的是剔除不属于会计核算范围的经济信息,将属于会计核算标准的信息纳入会计核算程序中。再次确认的目的是对已纳入会计核算程序中的会计信息进行整理、分析,最终对外提供会计信息。经过会计初次确认和再次确认,可以保证会计信息的真实性和可靠性。

2.会计确认的标准

会计确认的主要标准是可定义性和可计量性。

(1)会计确认的可定义性是指企业经营活动中能用货币表现的经济活动属于会计确认的范围。具有会计信息属性的经济信息一般可以具体化为会计对象要素,按照会计对象要素的定义和特征加以确认,就是可定义性。

(2)会计确认的可计量性。可计量性是会计确认的核心问题,是指在可定义的基础上,经济信息必须量化,能够用货币计量,才能保证确认后的信息具有统一性,可以进行比较和加工。

(二)会计计量(accounting measurement)

会计计量是指根据被计量对象的属性,选择一定的计量基础和计量单位,确定应记录项目金额的会计处理过程。会计计量包括计量单位和计量基础两个方面。

计量单位是指计量尺度的量度单位。会计是以货币为主要的计量单位,在计量经济业务时,也不排除使用实物量和劳动量单位。

计量基础是指所用量度的经济属性。2014 年我国新修订的《企业会计准则——基本准则》中规定,会计计量属性主要包括:

(1)历史成本(historical cost)。历史成本也称为实际成本,就是取得或制造某项资产时所实际支付的现金或者其他等价物。

在历史成本计量下,资产按照其购置时所付出的现金或者现金等价物的金额,或者按照购置资产时所付出的对价的公允价值计量。

负债按照因承担现时义务而实际收到的款项或者资产的金额,或者承担现时义务的合同金额,或者按照日常活动中为偿还负债预期需要支付的现金或者现金等价物的金额计量。

(2)重置成本(replacement cost)。重置成本也称为现行成本,是指按照当前市场条件,重新取得同样一项资产所需支付的现金或现金等价物。

在重置成本计量下,资产按照现在购买相同或者相似资产所需支付的现金或者现金等价物的金额计量。

负债按照现在偿付该项债务所需支付的现金或者现金等价物的金额计量。

(3)可变现净值(net realizable value)。可变现净值，是指在正常生产经营过程中，以预计售价减去进一步加工成本和销售所必需的预计税金、费用后的净值。

在可变现净值计量下，资产按照其正常对外销售所能收到现金或者现金等价物的金额扣减该资产至完工时估计将要发生的成本、估计的销售费用以及相关税金后的金额计量。

(4)现值(present value)。现值是指对未来现金流量以恰当的折现率进行折现后的价值，是考虑货币时间价值因素等的一种计量属性。

在现值计量下，资产按照预计从其持续使用和最终处置中所产生的未来净现金流入量的折现金额计量。

负债按照预计期限内需要偿还的未来净现金流出量的折现金额计量。

(5)公允价值(fair value)。在公允价值的计量下，资产和负债按照市场参与者在计量日发生的有序交易中，出售资产所能收到或者转移负债所需支付的价格计量。

《企业会计准则——基本准则》中规定，企业进行计量时，一般采用历史成本；采用其他计量属性的，应保证所确定的会计要素金额能够取得并能可靠计量。

(三)会计记录

会计记录是对会计对象进行记录的手段。在会计核算过程中，没有单独的划分出会计确认和计量的环节，而是将其融合在会计核算的各种方法中。通过会计记录，体现会计的确认与计量，并可以对会计信息进行分类、汇总、描述与量化，使会计信息成为一种有用的、共享的资源。

(四)会计报告

会计报告也称为财务会计报告，是指企业对外提供的反映企业某一特定日期的财务状况和某一会计期间的经营成果、现金流量等会计信息的文件。

财务会计报告包括会计报表及其附注和其他应当在财务会计报告中披露的相关信息和资料。会计报表至少包括资产负债表、利润表、现金流量表等，小企业编制的会计报表可以不包括现金流量表。附注是对报表列示项目的进一步说明。

三、会计核算方法

企业常用的会计核算方法包括设置会计科目和账户、复式记账、填制和审核凭证、设置和登记账簿、成本计算、财产清查和编制财务会计报告。

会计核算方法的相互联系、相互配合，构成了一个完整的方法体系。企业要根据会计科目设置账户；在发生经济业务时，根据经济业务的内容取得或填制原始凭证并加以审核；审核无误后编制记账凭证；根据审核无误的记账凭证运用复式记账法登记账簿；计算成本和费用；为了保证会计资料的真实性，还应对财产进行清查；最后根据账簿资料编制财务会计报告。具体会计核算方法将在本书专门章节进行讲述。

本章小结

(1)会计目标亦称会计目的,是要求会计工作完成的任务或达到的标准。会计目标主要解决的是会计工作服务的对象和服务的内容,即提供的信息。目前学术界关于会计目标主要存在“受托责任观”和“决策有用观”。“受托责任观”是公司制和现代产权理论的产物,资源的受托方接受委托方所交付的资源,受托方承担有效地管理与运用受托资源,使其达到保值、增值的责任;资源的受托方承担如实地向资源的委托方报告受托责任履行过程与结果的义务。受托责任产生的原因在于所有权和经营权的分离,由于商品经济的发展、生产规模的扩大,所有权与经营权分离现象变得极为普遍,受托责任的观念也逐渐普及。目前受托责任的对象不仅仅涉及资产或资源的受托责任,还涉及社会责任,包括环保、就业等。“受托责任观”的核心内容是:财务报告的目标是有效反映受托者受托管理委托人财产责任的履行情况。财务报告是委托人和受托人之间的媒介。“决策有用观”是在资本市场日益发达的背景下产生的,投资人需要大量的、有用的反映企业财务状况、经营成果和现金流量的信息,不仅需要定性的信息,还需要定量的信息;不仅包括财务方面的信息,还包括非财务方面的信息;不仅包括对过去的经济业务的反映,还包括对企业现在和未来的信息的渴求。为了满足这些信息的需求,会计的目标就应运而生。

(2)会计要素。企业会计要素是反映企业财务状况和经营成果的基本单位,也是财务报表的基本框架。《企业会计准则——基本准则》中规定,企业会计要素可分为两类,即反映财务状况的会计要素和反映经营成果的会计要素。反映财务状况的会计对象要素有资产、负债和所有者权益三项;反映经营成果的要素有收入、费用和利润。

(3)我国《企业会计准则——基本准则》中规定,会计基本假设包括:会计主体、持续经营、会计分期和货币计量四项。

(4)会计核算的基础可以分为收付实现制和权责发生制。

(5)会计信息质量要求是对企业财务报告中所提供会计信息质量的基本要求,是使财务报告中所提供会计信息对投资者等使用者决策有用应具备的基本特征。《企业会计准则——基本准则》中规定了八条衡量会计信息质量方面的要求,其中包括首要质量要求四条、次要质量要求四条。

(6)会计核算过程由确认、计量、记录和报告四个环节构成。会计确认是指按一定的标准对发生的经济信息进行分析后所做出的判断。符合会计标准的经济信息则确定其归属的会计对象,并纳入会计核算体系。会计确认可分为初次确认和再次确认两个方面。会计计量是指根据被计量对象的属性,选择一定的计量基础和计量单位,确定应记录项目金额的会计处理过程。会计计量包括计量单位和计量基础两个方面。

计量单位是指计量尺度的量度单位。会计是以货币为主要的计量单位,在计量经济业务时,也不排除使用实物量和劳动量单位。

计量基础是指所用量度的经济属性。2014 年我国新修订的《企业会计准则——基本准则》中规定,会计计量属性主要包括:历史成本、重置成本、可变现净值、现值、公允价值。

(7)企业常用的会计核算方法包括设置会计科目和账户、复式记账、填制和审核凭证、设置和登记账簿、成本计算、财产清查和编制财务会计报告。

思考题

1.什么是会计？会计的特点是什么？

2.什么是会计的基本职能？

3.会计核算有哪些专门方法？

4.简述会计核算的基本前提。

5.简述收付实现制和权责发生制的区别。

6.什么是会计信息质量要求？举例说明。

7.会计要素有哪些？其主要内容是什么？

8.会计计量的计量属性有哪些？

9.简述会计目标的两种观点。

练习题

(一)单项选择题

1.会计以(　　)为主要计量单位。

A.货币　　B.实物量度

C.实物量度和货币量度　　D.劳动量度

2.用于确定会计确认、计量和报告的空间范围的会计假设是(　　)。

A.会计主体　　B.持续经营

C.会计分期　　D.货币计量

3.下列项目中不属于所有者权益的是(　　)。

A.实收资本　　B.存货

C.未分配利润　　D.盈余公积

4.用于确定会计核算时间范围的会计假设是(　　)。

A.持续经营　　B.会计分期

C.会计主体　　D.货币计量

5.企业应当以实际发生的交易或事项为依据进行确认、计量和报告，该项会计信息的要求是(　　)

A.客观性　　B.重要性

C.谨慎性　　D.可比性

6.同一企业在不同会计期间应当提供相互可比的会计信息，该项会计信息质量要求是(　　)。

A.可靠性　　B.可比性

C.相关性　　D.重要性

7.不高估资产或收益，不低估负债或费用，该项会计信息质量的要求是(　　)。

A.谨慎性　　B.实质重于形式
C.相关性　　D.可靠性
8.企业将融资租入固定资产确认为资产要素，符合(　　)会计信息质量的要求。
A.相关性　　B.可比性
C.谨慎性　　D.实质重于形式
9.对企业资产计提减值准备体现了(　　)会计信息质量的要求。
A.相关性　　B.实质重于形式
C.谨慎性　　D.及时性
10.企业进行会计确认、计量和报告的核算基础是(　　)。
A.收付实现制　　B.权责发生制
C.会计分期　　D.货币计量
11.会计目标的两种学术观点包括(　　)。
A.决策有用观与受托责任观　　B.决策有用观与信息系统观
C.信息系统观与受托责任观　　D.管理活动观与决策有用观
12.下列项目中，属于流动资产的是(　　)。
A.应付职工薪酬　　B.无形资产
C.存货　　D.资本公积
13.会计恒等式是(　　)
A.资产＝负债＋所有者权益　　B. 收入—费用＝利润
C.资产—负债＝所有者权益＋收入　　D.资产—负债＝所有者权益—费用
14.资产、负债和所有者权益三项会计要素反映企业(　　)。
A.一定时点的经营成果　　B.一定时点的财务状况
C.一定时期的经营成果　　D.一定时期的财务状况
15.下列项目中，属于流动负债的是(　　)。
A.专项应付款　　B.长期借款
C.短期借款　　D.应付债券
16.所有者权益是对企业(　　)的权益
A.净资产　　B.固定资产　　C.流动资产　　D.非流动资产
17.下列内容中，不包含在我国目前的企业会计准则体系中的是(　　)
A.基本准则　　B.具体准则　　C.应用指南　　D.会计制度
18.要求企业提供的会计信息清晰明了，便于投资者等使用者理解和使用的原则是(　　)
A.可比性　　B.可靠性　　C.可理解性　　D.实质重于形式
19.下列计量属性中，属于我国会计准则一般采用的计量属性的是(　　)
A.历史成本　　B.现值　　C.可变现价值　　D.公允价值
20.下列计量属性中，属于仅针对资产计量的属性是(　　)
A.历史成本　　B.现值　　C.可变现净值　　D.公允价值

(二)多项选择题

1.会计的主要特点是(　　)。

A.以货币为主要计量单位　　B.以实物量度为主要计量单位

C.采用专门的方法　　D.会计核算、会计监督和内部控制

E.具有全面性、连续性和系统性

2.会计的基本职能包括(　　)。

A.参与经营决策　　B.进行会计核算

C.实施会计监督　　D.预测经济前景

E.分析和考评

3.下列组织中,可以作为会计主体的有(　　)。

A.企业集团　　B.股份制企业

C.独资企业　　D.子公司

E.合伙企业

4.会计基本假设包括(　　)。

A.持续经营　　B.收付实现制

C.会计主体　　D.货币计量

E.会计分期

5.下列各项目中,属于会计信息质量要求的是(　　)。

A.可比性　　B.可靠性

C.实质重于形式　　D.谨慎性

E.权责发生制

6.可比性信息会计质量要求是指(　　)。

A.同一会计期间同一会计主体的会计信息要有可比性

B.同一会计期间不同会计主体的会计信息要有可比性

C.不同会计期间不同会计主体的会计信息要有可比性

D.不同会计期间同一会计主体的会计信息要有可比性

E.任何会计期间任何会计主体的会计信息要有可比性

7.体现谨慎性信息质量要求的会计处理方法有(　　)。

A.应收账款计提坏账准备

B.固定资产折旧方法的选择

C.存货发出计价方法的选择

D.长期股权投资采用权益法核算

E.各类资产计提减值准备

8.会计中期包括(　　)。

A.年度　　B.半年度

C.月度　　D.季度

E.会计年度内的某一期间

9.我国《企业会计准则》中规定的会计计量属性有(　　)。

A.历史成本　　B.重置成本
C.可变现净值　　D.现值
E.公允价值
10.下列各项中,符合权责发生制要求的是(　　)。
A.凡是在本期已经实现的收入,无论其款项是否收到,均应作为本期收入
B.凡是本期已经发生的费用,无论其款项是否支付,均应作为本期费用
C.凡是在本期已经收到的款项,均应作为本期收入
D.凡是在本期已经支付的款项,均应作为本期费用
E.凡是在本期未收到的款项或未支付的费用,均不应作为本期收入或本期费用
11.会计核算方法包括(　　)。
A.编制会计报表　　B.成本计算及财产清查
C.填制审核会计凭证及登记账簿　　D.复式记账法
E.设置会计科目和账户
12.下列公式中,不属于会计恒等式的有(　　)。
A.资产＝负债＋所有者权益　　B.收入－费用＋利得－损失＝利润
C.本期借方发生额＝本期贷方发生额　　D.借方余额＝贷方余额
E.期初余额＋本期增加额－本期减少额＝期末结存额
13.下列各项中,反映企业财务状况的会计要素是(　　)。
A.资产　　B.费用
C.负债　　D.所有者权益
E.利润
14.下列项目中,属于资产的是(　　)。
A.库存商品　　B.固定资产
C.预付账款　　D.资本公积
E.预收账款
15.下列项目中,属于流动资产的是(　　)。
A.银行存款　　B.工程物资
C.应收票据　　D.库存商品
E.库存现金
16.下列项目中,属于负债的是(　　)。
A.预付账款　　B.应付账款
C.长期借款　　D.预收账款
E.资本公积
17.下列项目中,属于所有者权益的是(　　)。
A.本年利润　　B.未分配利润
C.资本公积　　D.实收资本
E.盈余公积
18.下列项目中,属于收入要素范畴的是(　　)。

A.主营业务收入　　B.利息收入

C.处置固定资产利得　　D.租金收入

E.其他业务收入

19.下列项目中,属于费用要素范畴的是(　　)。

A.其他业务成本　　B.主营业务成本

C.营业外支出　　D.销售费用

E.债务重组损失

20.下列损益项目中,构成营业利润的项目有(　　)。

A.主营业务收入　　B.资产减值损失

C.税金及附加　　D.投资收益

E.营业外支出

(三)判断题

1.货币是会计主要的计量单位。(　　)

2.法律主体都可作为会计主体,但是会计主体不一定是法律主体。(　　)

3.在公允价值的计量下,资产和负债按照市场参与者在计量日发生的有序交易中,出售资产所能收到或者转移负债所需支付的价格计量。(　　)

4.在可比性会计信息质量要求下,同一企业在不同的会计期间或不同企业在同一会计期间相同或相似的交易或事项采用的会计处理方法应当保持一致,任何情况下都不得改变。(　　)

5.会计确认就是对企业的交易或事项是否发生而进行的判断。(　　)

6.企业进行计量时,一般采用历史成本;如果采用其他的计量属性,应保证所确定的会计要素金额能够可靠计量。(　　)

7.权责发生制是以应收应付为基础进行会计确认、计量和报告。(　　)

8.所有者权益是指企业所有者对企业资产的所有权。(　　)

9.利得是由企业非日常活动形成的,应当计入营业收入。(　　)

10.损失是由企业非日常活动形成的,会导致所有者权益减少,应当冲减所有者权益。(　　)

11.我国财务报表的目标是受托责任观,不是决策有用观。(　　)

12.会计的恒等式是:收入－费用＝利润。(　　)

13.会计中期财务报告就是半年财务报告。(　　)

14.谨慎性原则是指凡是没收到货币资金的销售都不确认为主营业务收入。(　　)

15.权责发生制就是凡是收到货币资金就确认收入,凡是支付货币资金就确认费用。(　　)

第二章

会计科目和会计账户

学习目的:通过本章学习,了解会计科目的设置、一级会计科目的名称及分类,了解会计科目的概念、用途、层次;理解账户的基本结构,账户的发生额、余额及它们之间的关系,账户的分类;掌握会计科目与账户之间的关系。

引导案例

财务会计报表是怎么编制的?

苏宁云商(002024)2015年第一季度的财务会计报表数据摘录如下:

每股净资产:3.990 2元

每股收益:−0.045元

每股现金含量:0.244 1元

每股资本公积金:0.701 4元

资产总计:8 522 170万元

长期负债合计:1 087 160万元

主营业务收入:2 944 770万元

财务费用:1 896万元

净利润:−33 192.3万元

这些财务指标是投资者、债权人投资决策过程中需要参考的重要信息,那么这些数据是怎么形成的?其中很多指标就是会计科目的名称,如资本公积、主营业务收入、财务费用;而其他的指标则是根据多个会计账户发生额或余额计算确定的。

第一节 会计科目

一、会计科目的概念

对会计主体发生的经济业务进行全面、连续、系统的核算和监督,首先就要对会计要素进行分类,在此基础上才能够进行核算和监督。会计要素是会计对象的具体化,但在会计核算中这六个会计对象要素涵盖的内容还是过于宽泛，不能满足信息使用者对会计信息全面、翔实的需求，因此在进行会计核算时还需要在会计要素的基础上再次进行分类。

会计科目(account title)就是对会计要素按照经济内容的性质进行分类的项目。

按照会计要素分类，会计科目包括资产类会计科目、负债类会计科目、所有者权益类会计科目、收入类会计科目、费用类会计科目、利润类会计科目。《企业会计准则——应用指南》中规定的一级会计科目分为六大类，即资产类、负债类、共同类、所有者权益类、成本类和损益类。其中，共同类包括那些需要根据余额方向判断资产或者负债归属的会计科目，收入类和费用类合称损益类。利润类被纳入所有者权益类。

为了便于运用计算机处理会计信息，《企业会计准则——应用指南》中还规定了会计科目的编号。根据《企业会计准则——应用指南》中的规定，企业常用的会计科目见表2-1。

表2-1　企业会计科目表

序号	编号	会计科目名称	序号	编号	会计科目名称
		一、资产类	23	1512	长期股权投资减值准备
1	1001	库存现金	24	1521	投资性房地产
2	1002	银行存款	25	1531	长期应收款
3	1012	其他货币资金	26	1532	未实现融资收益
4	1101	交易性金融资产	27	1601	固定资产
5	1121	应收票据	28	1602	累计折旧
6	1122	应收账款	29	1603	固定资产减值准备
7	1123	预付账款	30	1604	在建工程
8	1131	应收股利	31	1605	工程物资
9	1132	应收利息	32	1606	固定资产清理
10	1221	其他应收款	33	1611	未担保余值
11	1231	坏账准备	34	1631	油气资产
12	1401	材料采购	35	1632	累计折耗
13	1402	在途物资	36	1701	无形资产
14	1403	原材料	37	1702	累计摊销
15	1404	材料成本差异	39	1703	无形资产减值准备
16	1405	库存商品	40	1801	长期待摊费用
17	1408	委托加工物资	41	1811	递延所得税资产
18	1411	周转材料	42	1901	待处理财产损溢
19	1471	存货跌价准备			**二、负债类**
20	1501	持有至到期投资	43	2001	短期借款
21	1503	可供出售金融资产	44	2101	交易性金融负债
22	1511	长期股权投资	45	2201	应付票据

续表

序号	编号	会计科目名称	序号	编号	会计科目名称
46	2202	应付账款	68	4104	利润分配
47	2203	预收账款	69	4401	其他权益工具
48	2211	应付职工薪酬			**五、成本类**
49	2221	应交税费	70	5001	生产成本
50	2231	应付利息	71	5101	制造费用
51	2232	应付股利	72	5301	研发支出
52	2341	其他应付款			**六、损益类**
53	2401	递延收益	73	6001	主营业务收入
54	2501	长期借款	74	6041	租赁收入
55	2502	应付债券	75	6051	其他业务收入
56	2701	长期应付款	76	6111	投资收益
57	2702	未确认融资费用	77	6115	资产处置损益
58	2801	预计负债	78	6301	营业外收入
59	2901	递延所得税负债	79	6401	主营业务成本
		三、共同类	80	6402	其他业务成本
60	3101	衍生工具	81	6403	营业税金及附加
61	3201	套期工具	82	6601	销售费用
62	3202	被套期项目	83	6602	管理费用
		四、所有者权益类	84	6603	财务费用
63	4001	实收资本	85	6701	资产减值损失
64	4002	资本公积	86	6711	营业外支出
65	4003	其他综合收益	87	6801	所得税费用
66	4101	盈余公积	88	6901	以前年度损益调整
67	4103	本年利润			

二、会计科目的设置

设置会计科目是会计核算的一种专门方法。一个会计主体为了提供全面、系统的会计核算信息，首先要建立会计科目体系，即明确设置几级会计科目以及每级设置哪些会计科目。各会计主体必须设置一级会计科目，同时根据需要设置二级、三级等明细会计科目；其次要确定每级会计科目设置的数量以及每个会计科目的名称及核算的内容。

各级别的会计科目之间是种属关系。它们所反映经济内容的性质是一致的,但提供会计信息的详细程度和范围有所不同。以三级会计科目体系为例,一级会计科目提供某一经济内容概括的会计信息,具有统御作用;三级会计科目提供某一经济内容最为详细和具体的会计信息;而二级会计科目提供的会计信息则介于一级会计科目和三级会计科目之间,比一级会计科目提供的会计信息较详细和具体,但比三级会计科目提供的会计信息较为宽泛。二级、三级会计科目都从属于一级会计科目。这三个级别的会计科目构成了会计科目体系基本框架。企业还可以根据需要进一步设置四级、五级会计科目。企业规模小,业务量少,也可不设二级会计科目。总之,企业应根据具体情况设置会计科目。

1.一级会计科目的设置

一级会计科目也称为总分类科目或总账科目。一级会计科目是在会计要素的基础上进行的分类,它规定了某一经济内容的性质和范围。一级会计科目规定的核算范围最为宽泛。

在我国为满足会计信息可比性的质量要求,企业会计核算中使用的一级会计科目必须按《企业会计准则——应用指南》中规定的会计科目设置,在不影响会计信息可比性的前提下,可根据企业实际情况自行增加或减少会计科目。

2.明细分类会计科目的设置

总分类会计科目之外的会计科目也称为明细分类会计科目,简称明细科目,包括二级、三级等明细分类科目。下一级会计科目是上一级会计科目核算内容的具体化。例如,二级会计科目是在一级会计科目规定的范围内做出的进一步较详细的分类,二级会计科目核算的内容比一级会计科目详细具体,二级会计科目从属于一级会计科目。企业根据核算和管理的需要设置明细会计科目。例如,某企业的原材料的类别比较多,需要设置明细会计科目进行核算,一级会计科目为"原材料",该企业在一级科目"原材料"下设置二级会计科目"原料及主要材料""辅助材料""委托加工物资""周转材料"。三级会计科目是在二级会计科目规定的核算范围内做出更详细的分类。例如,某企业原材料核算进行三级核算。该企业设置"原材料"一级会计科目,并设置二级会计科目"原料及主要材料",在二级会计科目下设置了"塑钢型材""玻璃钢板材""碳钢型材"三级会计科目进行核算。四级、五级等级别的会计科目也是根据核算需要进行设置。

会计主体设置会计科目体系首先满足会计信息外部信息使用者的决策需要,通过会计科目统一性实现会计信息可比性;其次,会计主体在设置会计科目时考虑其经营管理的需要,增设或减少某些会计科目,形成每个会计主体的会计科目表。

第二节 会计账户

一、账户的概念

设置会计科目仅仅是对会计要素按经济内容的性质做出了进一步的分类,并规定了每一个会计科目的名称及具体核算的内容。为了反映经济业务发生引起的特定经济内容的增减变动及变动的结果,还应根据会计科目设置账户。

账户(account)是根据会计科目设置的具有一定格式和结构,用于反映会计对象要素增减变动及其结果的载体。账户是根据会计科目设置的,会计科目就是账户的名称,也称为账户的户头。

二、账户的基本结构

经济业务的发生会引起会计要素发生变化,为了记录这些变化及其变化的结果,账户必须有一定的格式和结构。在会计实务中,账户的结构和格式是根据需要设计的,形式多种多样,但基本结构只有两个金额栏,用来反映某一特定经济内容的增减变化。为了反映某一经济内容的增减变动及其变动的结果,账户分为左、右两方登记金额。一方登记增加额,另一方登记减少额。账户的基本结构见图 2-1。由于账户的基本结构很像汉语的"丁"字,所以也称之为丁字账户。

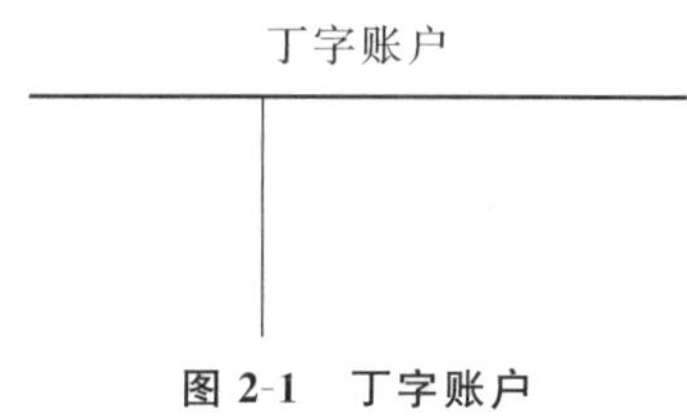

图 2-1　丁字账户

三、账户余额的计算

账户能提供动态和静态两种指标。

本期发生的增加额和减少额称为本期发生额(total amount accounted for current period),表示本期某一特定经济内容发生的增减变动。本期发生额是动态的指标。

余额是某一特定经济内容发生增减变动的结果。余额是静态指标。账户的余额按表示的时间不同,又分为期初余额(opening balance)和期末余额(closing balance)。期末余额是本期增加变动的结果,同时也是下一期的期初余额。账户期末余额的计算公式如下:

期末余额=期初余额+本期增加额-本期减少额

为了更明确地表现发生额、余额在账户中的关系,可用三栏式账户,格式见图 2-2。与双栏的丁字账户相比,三栏式账户前两栏为发生额栏,最后一栏为余额栏。

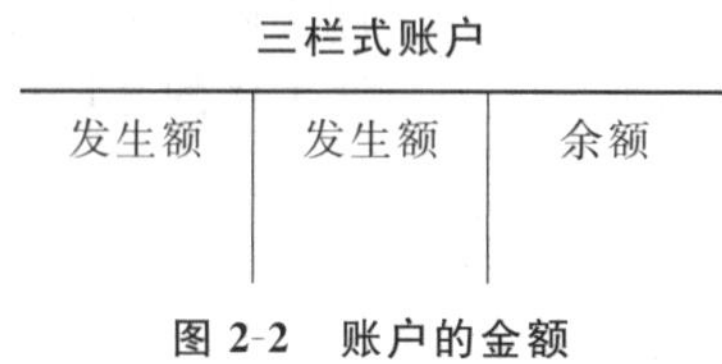

图 2-2　账户的金额

四、账户的设置

账户应按会计科目体系设置。就企业来讲,为了提供某一经济内容的总括的情况,必须根据《企业会计准则——应用指南》中规定的一级会计科目设置总分类账户,也称总账账户,用来总括反映某一特定经济内容的增减变化及其结果。企业可根据需要按明细分类会计科目设置明细分类账户,用来反映某一特定经济内容较为详细和具体的信息。

会计科目与账户是相互联系的。会计科目与账户都是对会计要素具体内容进行的分类。会计科目是账户的名称，也是设置账户的依据，会计科目决定着账户核算内容的性质，因此，两者核算内容的性质是一致的。账户是会计科目的具体运用。会计科目与账户是有区别的。会计科目没有结构，只规定了核算的经济内容的性质；而账户具有一定的格式和结构，用来记录某一特定经济内容的增减变化及其变化的结果。通过账户的记录，能提供动态和静态的指标。

五、账户的分类

为了全面、系统地反映会计主体的财务状况和经营成果，企业应根据会计科目设置账户。企业设置的总分类账户、明细分类账户构成了账户体系。账户可按不同的标志进行分类。

（一）账户按提供指标的详细程度分类

按提供指标的详细程度分类，可将账户分为总分类账户和明细分类账户：

(1)总分类账户。总分类账户也称总账账户，是根据《企业会计准则——应用指南》中规定的一级会计科目设置的、总括反映某一经济内容的账户。总分类账户具有统御作用。

(2)明细分类账户。明细分类账户是根据需要按明细分类会计科目设置的、较详细地反映某一经济内容的账户，从属于总分类账户。

总之，总分类账户与明细分类账户的关系与各级别的会计科目之间的关系一样。总分类账户提供总括的信息，具有统御作用；明细分类账户从属于总分类账户，提供的是详细和具体的信息，是对总分类账户的补充和说明。总分类账户与其所属的明细分类账户构成了企业的账户体系。

（二）账户按经济内容的性质分类

按经济内容的性质分类，可将账户分为以下六类：

(1)资产类账户。资产类账户是用来核算企业各项资产的账户，如“库存现金”“应收账款”“固定资产”账户等。

(2)负债类账户。负债类账户是用来核算企业各项负债的账户，如“短期借款”“应交税费”“应付职工薪酬”“应付债券”账户等。

(3)共同类账户。共同类账户是特殊的资产、负债账户，账户余额代表的究竟是资产还是负债，需要通过账户余额的方向来进行判断。举例来说，“衍生工具”记录了会计主体的衍生品公允价值的变化，如果投资获得收益，净额结算时将获得经济利益流入，此时账户余额代表资产；反之就是负债。

(4)所有者权益账户。所有者权益类账户是用来核算企业所有者权益的账户，如“实收资本”“资本公积”“盈余公积”“本年利润”“利润分配”账户等。

(5) 成本类账户。成本类账户是用来核算产品成本的账户，如“生产成本”“制造费用”账户等。

(6) 损益类账户。损益类账户是用来核算收入、费用、支出的账户，如“主营业务收入”“主营业务成本”“营业税金及附加”“管理费用”“财务费用”“销售费用”“投资收益”“营业外收入”“营业外支出”“所得税费用”账户等。

（三）账户按用途分类

按用途分类，可将账户分为以下十类：

（1）盘存类账户。盘存类账户是用来核算各种财产物资、现金增减变动及其结存状况的账户。这类账户是核算通过盘点确定结存数量的资产账户。如“库存现金”“原材料”“库存商品”“固定资产”账户等。

（2）结算类账户。结算类账户是用来核算企业和其他单位或个人之间发生的债权债务结算情况的账户。结算类账户还可按经济业务的性质分为三类：

①资产结算类账户。资产结算类账户是反映企业债权的资产账户，如“应收账款”“其他应收款”“应收票据”等账户。

②负债结算类账户。负债结算类账户是反映企业负债的账户，如“应付账款”“应付票据”“应付职工薪酬”“应交税费”“应付利润”账户等。

③双重性质结算类账户。双重性质结算类账户是在一个账户中既反映债权的金额又反映债务的金额的账户，如“预收账款”“预付账款”账户等。

（3）权益类账户。权益类账户是用来核算企业的所有者权益的账户，如“实收资本”“资本公积”“盈余公积”账户。

（4）跨期摊提类账户。跨期摊提类账户用以核算应由多个会计期间共同负担的费用，并将这些费用按权责发生制会计基础进行划分，分别记入各期的费用，如“长期待摊费用”账户。

（5）计价对比类账户。计价对比类账户是对某项经济业务按两种不同的计价标准进行核算并计算其差额，以便确定业务成果的账户，如制造业原材料按计划价格核算设置的“材料采购”账户。

（6）收入类账户。收入类账户是用来核算企业取得的各项收入和利得的账户，如“主营业务收入”“其他业务收入”“投资收益”“营业外收入”账户等。

（7）费用类账户。费用类账户是用来核算企业在日常生产经营活动中发生的各种耗费、支出和损失的账户，如“主营业务成本”“管理费用”“营业外支出”账户等。

（8）成本计算类账户。成本计算账户是用来归集费用计算成本的账户，如“生产成本”账户。

（9）集合分配类账户。集合分配类账户一方面归集所发生的费用，另一方面将归集的费用采用一定的方法进行分配，如“制造费用”账户。

（10）调整类账户。调整类账户是为了调整某个反映原始数据账户余额而设置的账户。反映原始数据的账户称为被调整账户。被调整类账户的余额与调整类账户的余额相加或相减，通过调整后，反映被调整账户的账面价值。调整类账户按调整的方式不同分为以下三种：

①抵减调整类账户。抵减调整类账户是用来抵减被调整账户金额的账户，两者之间是相减的关系。如“固定资产”账户属于被调整类账户，“固定资产”账户用原值计价，“累计折旧”是抵减调整类账户，两个账户的余额相减后的结果反映固定资产净值。又如，“长期应付款”是被调整类账户，“未确认融资费用”是抵减调整类账户，两个账户的金额相减后的结果反映企业长期应付款的净值。调整计算公式如下：

调整后的余额＝被调整类账户的余额－调整类账户的余额

②附加调整类账户。附加调整类账户是用来调整被调整账户金额的账户，两者之间是相加的关系。如当溢价发行公司债券时，“应付债券——面值”账户属于被调整类账户，记录应付债券的面值；“应付债券——利息调整”记录债券发行溢价，是附加调整类账户，两个账户的余额相加后的结果反映应付债券账面价值。调整计算公式如下：

调整后的余额＝被调整类账户的余额＋调整类账户的余额

③双重性质的调整类账户。这类调整类账户有时是抵减调整类账户，有时是附加调整类账户的。这类调整账户的性质需根据被调整类账户和调整类账户之间的关系来判断。如果两者是相加的关系，属于附加调整类账户；如果两者是相减的关系，属于抵减调整类账户。如当制造业原材料按计划成本进行核算时，设置的“材料成本差异”账户就是双重性质的调整类。当“材料成本差异”账户反映的是超支额时，与被调整类账户“原材料”账户的金额是相加的关系，属于附加调整类账户；当“材料成本差异”账户反映的是节约额时，与被调整类账户“原材料”账户的金额是相减的关系，“材料成本差异”属于抵减调整类账户。

本章小结

本章主要阐述了设置会计科目和会计账户的意义、层次和分类。

(1)会计科目。会计要素也称作财务会计报表要素，它构成了财务会计报表的基本内容，而会计科目是对会计要素按照经济内容的性质进行进一步分类的具体项目。会计科目分为资产类、负债类、共同类、所有者权益类、成本类和损益类，其中，共同类由那些需要根据余额方向判断资产或者负债归属的会计科目构成，收入类和费用类合称损益类，利润类被纳入所有者权益类。

(2)会计科目的层次。会计科目可简称为科目。为了向信息使用者提供详细信息，会计科目需要按照反映经济内容的详略程度分层次：一级(总分类、总账)科目、二级科目、三级科目等。一级科目是对会计要素具体内容进行的总括分类，下一级科目提供详细信息。

(3)会计科目的设置。企业根据财政部制定的企业会计科目表，结合企业经营活动、规模等特征设置本企业的会计科目表。

(4)会计账户的结构。会计账户是根据会计科目设置的，会计科目是会计账户的名称；会计账户至少包括两个金额栏，用来记录增加额和减少额这两类发生额。三栏式账户还包括用来反映账户余额的余额栏。

(5)会计账户的金额。会计账户可简称为账户。账户中的金额包括发生额和余额。发生额是账户本期发生的增加额和减少额，是账户的动态金额。账户余额是某一特定经济内容发生增减变动的结果，分为期初余额和期末余额。期末余额是本期增加变动的结果，同时也是下一期的期初余额。发生额和余额关系可以表述为：期末余额＝期初余额＋本期增加额－本期减少额。

(6)会计科目和会计账户的关系。会计科目与账户都是对会计要素具体内容进行的分类；会计科目是账户的名称，也是设置账户的依据，会计科目决定着账户核算内容的性质，因此，两者核算内容的性质是一致的。账户是会计科目的具体运用。会计科目没有结构，只规定了核算的经济内容的性质；而账户具有一定的格式和结构，用来记录某一特定经济内容的增减变化及其变化的结果。通过账户的记录，能提供动态和静态的指标。

思考题

1.什么是会计科目？
2.企业如何设置会计科目？
3.根据《企业会计准则——应用指南》一级会计科目分为哪六类？
4.什么是账户？账户的基本结构是怎样的？企业如何设置账户？
5.账户提供哪些指标？
6.账户的期末余额如何计算？
7.账户提供的动态指标指的是什么？
8.账户提供的静态指标指的是什么？
9.调整类账户的作用是什么？调整类账户有哪些？
10.结算类账户有哪些？如何分类？
11.跨期摊提类账户的作用是什么？
12.计价对比类账户的特点是什么？
13.盘存类账户有哪些？其特点是什么？
14.按账户用途分类，“制造费用”账户属于哪一类？
15.调整类账户如何进行分类？
16.会计科目与账户的关系是怎样的？

练习题

(一)单项选择题

1.会计科目按照其所(　　)不同，分为总分类科目和明细分类科目。
A.反映的会计对象　　B.反映的经济业务
C.归属的会计要素　　D.提供信息的详细程度及统御关系

2.按照所归属的会计要素不同，“长期待摊费用”科目属于(　　)。
A.资产类　　B.负债类
C.所有者权益类　　D.损益类

3.按照所归属的会计要素不同，“本年利润”科目属于(　　)。
A.资产类　　B.负债类
C.所有者权益类　　D.成本类

4.按照所归属的会计要素不同，“资本公积”科目属于(　　)。
A.资产类　　B.负债类
C.所有者权益类　　D.成本类

5.按照所归属的会计要素不同，“管理费用”科目属于(　　)。

A.资产类　　B.负债类
C.所有者权益类　　D.损益类

6.按照所归属的会计要素不同,“制造费用”科目属于(　　)。

A. 损益类　　B.负债类
C.所有者权益类　　D.成本类

7.下列属于损益类的是(　　)。

A.生产成本　　B.销售费用
C.制造费用　　D.利润分配

8.账户是根据(　　)设置的,具有一定格式和结构,用于分类反映会计要素增减变动情况及其结果的载体。

A.会计要素　　B.会计对象
C.会计科目　　D.会计信息

9.一个账户的增加发生额与该账户的期末余额一般应该在该账户的(　　)。

A.借方　　B.贷方
C.相同方向　　D.相反方向

10.有关的账户表述,不正确的是(　　)。

A.账户是根据会计科目设置的,没有格式和结果
B.设置账户是会计核算的重要方法之一
C.账户一方记增加发生额,另一方记减少发生额
D.账户中登记的本期增加金额及本期减少金额统称为本期发生额

(二)多项选择题

1.有关会计科目和账户的关系,正确的是(　　)。

A.两者口径一致,性质相同
B.账户是设置会计科目的依据
C.没有账户,就无法发挥会计科目的作用
D.会计科目不存在结构,而账户具有一定的格式和结构
E.会计科目有层次之分,而账户没有

2.下列选项中构成调整与被调整类账户的是(　　)。

A.在建工程　　B.累计折旧
C.待处理财产损溢　　D.固定资产
E.坏账准备

3.下列选项中,属于损益类会计科目的有(　　)。

A.财务费用　　B.长期待摊费用
C.生产成本　　D.主营业务收入
E.投资收益

4.下列账户不属于损益类的是(　　)。

A.制造费用　　B.主营业务收入
C.财务费用　　D.主营业务成本
E.生产成本

5.账户中的金额包括(　　)。

A.期初余额　　B.增加发生额

C.减少发生额　　D.期末余额

E.科目编号

6.以下有关明细分类科目的表述中,正确的有(　　)。

A.明细分类科目也称一级会计科目

B.明细分类科目是对总分类科目做进一步分类的科目

C.明细分类科目是对会计要素具体内容进行总括分类的科目

D.明细分类科目是能提供更加详细、具体会计信息的科目

E.原材料的二级明细分类科目比三级明细分类科目能提供更具体的原材料信息

7.下列会计科目中,属于成本类科目的有(　　)。

A.生产成本　　B.主营业务成本

C.制造费用　　D.销售费用

E.其他业务成本

8.关于总分类会计科目与明细分类会计科目的表述,正确的有(　　)。

A.明细分类会计科目概括地反映会计对象的具体内容

B.总分类会计科目详细地反映会计对象的具体内容

C.总分类会计科目对明细分类科目具有控制作用

D.明细分类会计科目是对总分类会计科目的详细说明

E.总分类会计科目与明细分类会计科目反映的对象一致

9.下列项目中,属于所有者权益类科目是(　　)。

A.实收资本　　B.盈余公积

C.利润分配　　D.本年利润

E.股本

10.下列各项反映企业经营成果的会计科目有(　　)。

A.投资收益　　B.主营业务收入

C.资本公积　　D.主营业务成本

E.营业外支出

(三)判断题

1.会计科目不能记录经济业务的增减变化及结果。(　　)

2.在不违反国家统一会计制度的前提下,明细会计科目可以根据企业内部管理的需要自行制定。(　　)

3.总分类科目与其所属的明细分类科目的核算内容相同,所不同的是前者提供的信息比后者更加详细。(　　)

4.总分类科目与其所属的明细分类科目的核算内容相同,所不同的是前者提供的信息比后者更加概括。(　　)

5.会计科目和账户相比,会计科目不存在结构问题,而账户必须具有一定的结构,用以登记经济业务。(　　)

6.“固定资产”账户是抵减调整类账户,“累计折旧”是被调整账户,两个账户的余额相

抵减后的结果反映固定资产的账面价值。　（　）

7.属于负债结算账户的主要有:“应付账款”“其他应付款”“短期借款”“预付账款”等。（　）

8.在抵减调整账户中,被调整账户的余额为借方时,调整账户的余额必然在贷方。（　）

9.“应收账款”“库存商品”“其他应收款”“应付职工薪酬”“应付股利”等账户同属于结算类账户。（　）

10.账户的发生额包括增加发生额、减少发生额、期末余额和期初余额。（　）

(四)计算题

企业月初，“固定资产”账户的余额是100,“累计折旧”账户的余额是12。本月,“累计折旧”的增加发生额为0.8。

要求：

(1)计算固定资产的期初账面价值。

(2)计算固定资产的期末账面价值。

第三章

借贷记账法

学习目的:通过本章学习,了解单式记账法和复式记账法的区别,理解复式记账法的概念及其原理,掌握借贷记账法账户的基本结构、借贷记账法的记账规则,了解会计分录的概念和种类,掌握会计分录的编制方法、基本账户的过账与结账和试算平衡表的编制。

引导案例

记账方法的比较

张西和李辉是大学一年级的新生,两人都计划把生活费的花销做一下记录。第一天张西花费 200 元购买了日用品,记录:现金减少 200 元;第二天张西交了手机费 50 元,记录:现金减少 50 元。李辉第一天花费 300 元购买了一辆自行车,记录:增加一辆自行车,现金减少 300 元;第二天李辉购买了一个篮球,记录:增加篮球一个,现金减少 80 元。你觉得张西和李辉的记账方法哪种更好呢?

第一节 复式记账的原理

一、记账方法的概念和分类

企业在设置了会计科目和账户后,应采用科学的记账方法对企业发生的经济业务进行确认、计量、记录和报告。记账方法是利用一定的方式和技术,借助会计科目和账户,在账簿中记录经济业务的方法。记账方法可分为单式记账法和复式记账法。

(一)单式记账法

单式记账法(single entry bookkeeping)是指一项经济业务发生以后,一般只在一个账户中进行登记的方法。这种方法的主要特征是:对于每项经济业务,通常只登记现金和银行存款的收付业务,以及应收、应付款的结算业务,而不登记实物收付的业务。实物性资产的结存数额只能从定期的实地盘存得到。比如,用 1 000 元现金购买一批材料,仅在库存现金账上记录 1 000 元库存现金的减少。单式记账法下,对于有关应收、应付款项产生的现金收付业务，虽然在记现金账的同时也记往来账，但现金账与往来账是各记各的，彼此没有直接的联系。

单式记账法是人类早期使用的记账方法，是在原始计量、记录方法的基础上适应自然经济的需要而产生并发展起来的。由于单式记账法没有完整的账簿体系，账户之间没有直接的联系和相互平衡的关系，这种记账方法不能全面、系统地反映经济业务的来龙去脉，也不便于检查账簿记录的正确性，因此不能适应复杂的商品生产和交换的需要，逐渐被复式记账方法取代。

(二)复式记账法

复式记账法(double entry bookkeeping)是指一项经济业务发生后，同时在两个或两个以上相互联系的账户中以相等的金额进行登记的方法。复式记账法需要设置完整的账簿体系，在发生经济业务时，必然在两个或两个以上的相互联系的账户中进行登记。比如，用 1 000 元现金购买一批材料，采用复式记账法，这项经济业务除了在库存现金账上记录库存现金减少 1 000 元以外，还要在有关的材料账户中做记录增加 1 000 元，使得现金的支付与材料的购进两者之间的关系一目了然。复式记账法作为一种科学的记账方法，一直得到广泛的运用。

复式记账法的主要特征是：需要设置完整的账户体系，除了货币资产账户和其他实物性资产账户，还要设置收入、费用和各种权益类账户；由于对每一项经济业务都在相互联系的两个或两个以上的账户中做记录，不仅记录货币资金的收付和债权债务的发生，还要对经营过程中发生的费用和获得的收入做全面的记录；根据账户记录的结果，不仅可以了解每一项经济业务的来龙去脉，而且可以通过合计要素的增减变动全面、系统地了解经济活动的过程和结果；对经济业务进行记录时，账户之间具有直接的对应关系和数字的平衡关系，因此可以对账户记录的结果进行试算平衡，以检查账户记录的正确性。

二、复式记账法的基本原理

企业生产经营过程中发生的能够引起会计要素发生变化的事项，会计上称为经济业务或会计事项。复式记账法的理论依据是会计要素的关系式。基本的会计等式反映了资产与负债和所有者权益之间的恒等关系，用公式表示为：

资产＝负债＋所有者权益

企业生产经营的目标是从生产经营活动中获得收入，在取得收入的同时必然会发生相关的费用，一定期间内的收入大于费用的差额为利润，收入小于费用的差额为亏损。收入的增加会引起资产的增加或负债的减少；反之，费用的增加会引起资产的减少或负债的增加。结合基本会计等式综合理解，利润的增加会导致所有者权益的增加。上述关系可以通过扩展的会计等式进行表示：

资产＝负债＋所有者权益＋收入－费用

在这些会计要素内涵与外延确定的基础上，设置完整的账户体系，使每一类要素具体经济内容的增加变化的记录得以实现。复式记账法原理就是对发生的每一项经济业务，都要在两个或两个以上相互联系的账户以相等的金额进行登记，并且经济业务的发生不会影响会计等式的恒等关系。

企业的一项经济业务发生后，对会计要素的影响有多种情况，根据对会计等式的不同影响，企业的经济业务可以归纳为以下几种主要类型：

(1)经济业务涉及资产类和所有者权益类的项目同时增加。

(2)经济业务涉及资产类和负债类的项目同时增加。

(3)经济业务涉及资产类和所有者权益类的项目同时减少。

(4)经济业务涉及资产类和负债类的项目同时减少。

(5)经济业务涉及资产类的内部一个项目增加，另一个项目减少。

(6)经济业务涉及负债类的内部一个项目增加，另一个项目减少。

(7)经济业务涉及所有者权益类的内部一个项目增加，另一个项目减少。

(8)经济业务涉及负债类和所有者权益类之间一个项目增加，另一个项目减少。

(9)经济业务涉及资产类和收入类的项目同时增加。

(10)经济业务涉及费用类的项目增加和资产类的项目减少。

经济业务对会计等式的影响见表 3-1。

表 3-1　经济业务对扩展会计等式的影响

资　产　＝　负　债　＋　所有者权益　＋　收　入　－　费　用				
资　产	负　债	所有者权益	收　入	费　用
(1)增加		(1)增加		
(2)增加	(2)增加			
(3)减少		(3)减少		
(4)减少	(4)减少			
(5)一项增加 (5)一项减少				
	(6)一项增加 (6)一项减少			
		(7)一项增加 (7)一项减少		
	(8)增加(减少)	(8)减少(增加)		
(9)增加			(9)增加	
(10)减少				(10)增加

下面举例说明复式记账法原理：一项经济业务发生后必然涉及两个或两个以上账户，并且经济业务的发生不会影响会计等式的恒等关系。

【例 3-1】新建企业盛通接受了一项投资，投资款 500 000 元，已存入银行。

这项经济业务属于第一种类型，该项经济业务涉及资产类和所有者权益类的项目同时增加。投资人进行了投资，使盛通的资产类的银行存款增加 500 000 元；所有者权益类中的实收资本增加 500 000 元。这项业务发生后，该企业的资产总额为500 000元，所有者权益的金额为 500 000 元。会计要素之间的关系满足"资产＝负债＋所有者权益"这一等式，具体计算过程见表 3-2。

表 3-2 计算表

金额单位:元

资产		= 负债＋所有者权益	
银行存款	500 000	实收资本	500 000
总计	500 000	总计	500 000

【例 3-2】盛通购入不需要安装的设备一台，价值 200 000 元，价款未付，固定资产已交付使用。

这项经济业务属于第二种类型，该项经济业务涉及资产类和负债类的项目同时增加。由于购买商品未支付货款，盛通资产类中的固定资产增加 200 000 元，负债类中的应付账款增加 200 000 元。该项经济业务发生后，企业资产增加固定资产 200 000 元，银行存款依然是 500 000 元，资产总额为 700 000 元；同时该企业形成一项负债，应付账款增加 200 000元，所有者权益类中的实收资本没有发生变化，依然是 500 000 元。会计要素之间的关系满足"资产＝负债＋所有者权益"这一等式，具体计算过程见表 3-3。

表 3-3 计算表

金额单位:元

资产		= 负债＋所有者权益	
银行存款	500 000	应付账款	200 000
固定资产	200 000	实收资本	500 000
总计	700 000	总计	700 000

【例 3-3】盛通用银行存款偿还了前欠设备价款 50 000 元。

这项经济业务属于第四种类型，涉及资产类和负债类的项目同时减少。由于偿还了一部分应付账款，盛通资产类中的银行存款就减少 50 000 元，同时负债类中的应付账款也减少 50 000 元。该项经济业务发生后，该企业资产总额为 650 000 元，其中银行存款 450 000 元，固定资产 200 000 元。负债的金额为应付账款 150 000 元，所有者权益类中实收资本金额不变，依然是 500 000 元。负债与所有者权益之和为 650 000 元。会计要素之间的关系满足"资产＝负债＋所有者权益"这一等式，具体计算过程见表 3-4。

表 3-4 计算表

金额单位:元

资产	=	负债+所有者权益	
银行存款	450 000	应付账款	150 000
固定资产	200 000	实收资本	500 000
总计	650 000	总计	650 000

【例 3-4】盛通购买一批商品,价值 150 000 元,已经用银行存款支付。

这项经济业务属于第五种类型,该项经济业务涉及资产类项目内部一个项目增加,而另一个项目减少。由于盛通购买了商品,使该企业资产类中的库存商品增加 150 000 元,同时使资产类中的银行存款减少 150 000 元,其他类要素没有发生变化。发生了该项业务后,"资产=负债+所有者权益"这一等式成立,会计要素之间的具体关系见表 3-5。

表 3-5 计算表

金额单位:元

资产	=	负债+所有者权益	
银行存款	300 000	应付账款	150 000
库存商品	150 000	实收资本	500 000
固定资产	200 000		
总计	650 000	总计	650 000

【例 3-5】盛通开出一张商业汇票抵偿应付账款 50 000 元。

这项经济业务属于第六种类型,涉及负债类项目和收入类项目内部一个项目增加,而另一个项目减少。商业汇票具有到期日,企业需要在规定的到期日支付给特定收款人相应金额,盛通开出商业汇票意味着应付票据这一负债形式增加,同时,企业的应付账款得到偿还,应付账款这一负债形式减少,其他类要素没有发生变化。发生该项业务后,"资产=负债+所有者权益"这一等式成立,会计要素之间的具体关系见表 3-6。

表 3-6 计算表

金额单位:元

资产	=	负债+所有者权益	
银行存款	300 000	应付账款	100 000
库存商品	150 000	应付票据	50 000
固定资产	200 000	实收资本	500 000
总计	650 000	总计	650 000

【例 3-6】盛通向银行申请并获得期限为 1 年的贷款 100 000 元,已存入银行。

这项经济业务属于第二种类型，该项经济业务涉及资产类项目减少和负债类项目增加。盛通通过获得短期借款，其银行存款增加 100 000 元，短期借款增加 100 000 元。这项业务发生后，资产总额增加 100 000 元，负债类的金额增加 100 000 元，会计要素之间的具体关系见表 3-7。

表 3-7 计算表

金额单位：元

资产 = 负债＋所有者权益			
银行存款	400 000	应付账款	100 000
库存商品	150 000	应付票据	50 000
固定资产	200 000	短期借款	100 000
实收资本	500 000		
总计	750 000	总计	750 000

【例 3-7】盛通通过银行存款支付广告费 30 000 元。

这项经济业务属于第十种类型，一项资产减少，一项费用增加。

盛通支付广告费，银行存款减少 30 000 元，同时使企业的销售费用增加 30 000 元，会计要素之间的具体关系见表 3-8。

表 3-8 计算表

金额单位：元

资产＋费用 = 负债＋所有者权益			
银行存款	370 000	应付账款	100 000
库存商品	150 000	应付票据	50 000
固定资产	200 000	短期借款	100 000
销售费用	30 000	实收资本	500 000
总计	750 000	总计	750 000

【例 3-8】盛通销售商品一批，商品售价 200 000 元，收到货款后存入银行。

这项经济业务属于第九种类型，一项资产减少，一项收入增加。盛通该销售业务使其银行存款增加 200 000 元，属于资产类的项目的增加。通过该销售业务，盛通实现了经济利益的流入，即产生了收入，因为销售业务是该企业的主营业务，因此企业的主营业务收入增加 200 000 元。会计要素之间的具体关系见表 3-9。

表 3-9　计算表

金额单位:元

资产+费用		= 负债+所有者权益+收入	
银行存款	570 000	应付账款	100 000
库存商品	150 000	应付票据	50 000
固定资产	200 000	短期借款	100 000
销售费用	30 000	实收资本	500 000
主营业务收入	200 000		
总计	950 000	总计	950 000

【例 3-9】承**【例 3-8】**,盛通的该笔销售业务售出的商品账面价值 100 000 元,需结转已销库存商品的成本 100 000 元。

这项经济业务是第十种类型,企业一项资产减少,同时一项费用增加。盛通结转已销库存商品成本的业务确认库存商品减少 100 000 元,这笔资产的减少实际上是企业经济利益的流出,使企业的主营业务成本这一费用增加 100 000 元。会计要素之间的具体关系见表 3-10。

表 3-10　计算表

金额单位:元

资产+费用		= 负债+所有者权益+收入	
银行存款	570 000	应付账款	100 000
库存商品	50 000	应付票据	50 000
固定资产	200 000	短期借款	100 000
销售费用	30 000	实收资本	500 000
主营业务成本	100 000	主营业务收入	200 000
总计	950 000	总计	950 000

通过对盛通以上发生的经济业务进行分析可以看出,一项经济业务发生后必然要涉及两个或两个以上账户,而且经济业务的发生不会影响会计等式的恒等关系。

第二节　借贷记账法

一、借贷记账法概述

借贷记账法是以"借""贷"为记账符号,记录会计要素增减变动情况的一种复式记账方法。借贷记账法起源于 12—15 世纪的意大利,1494 年,意大利数学家卢卡·帕乔利

(Luca Pacioli)的《算术、几何、比及比例概要》一书问世,标志着借贷记账法正式成为公认的复式记账法,也标志着近代会计的开始。之后,借贷记账法在英、美等国家得到完善和发展,并于清朝末年经日本传入我国。

最早的“借”“贷”二字表示债权、债务的增减变化。借贷记账法起源时,出现了经营商向银钱业商人取得一定时期货币的使用权并支付高额利息的信用行为。“借”和“贷”表示两个方向相反的资金流向,银钱业商人吸收存款时,记在“贷主”名下,表示“欠人”,即债务;对外放债时,记在“借主”名下,表示“人欠”,即债权。随着经济活动的内容日益复杂,“借”“贷”二字逐渐脱离了自身的含义,成为纯粹的记账符号。记账对象不再局限于债权、债务关系,而是扩大到要记录财产物资的增减变化和经营损益,能够反映全部要素的增减变化。目前,借贷记账法是世界各国普遍采用的记账方法,借贷记账法也是我国法定的记账方法。借贷记账法的广泛应用,使得会计信息成为一种国际商业语言。

借贷记账法的应用包括记账符号、账户结构、记账规则、会计分录与试算平衡等内容。

二、借贷记账法的记账符号和账户结构

借贷记账法是以“借”“贷”作为记账符号,所谓记账符号是指记账的方向,在借贷记账法下,账户的基本结构将账户分为左、右两块区域,用来记录增加额与减少额。账户的左边区域称为“借方”(debit),账户的右边区域称为“贷方”(credit)。“借方”和“贷方”登记的内容并不必然对应增加或减少,而需要根据账户的性质来确定。

按其所归属的会计要素不同,会计科目分为资产类、负债类、所有者权益类、成本类、损益类五大类,相应形成了资产类、负债类、所有者权益类、成本类、损益类五大类账户,其中损益类账户可细分为费用类和收入类,分别具有不同的账户结构。

1.资产类账户的结构

资产类账户“借方”登记增加额,“贷方”登记减少额,余额在“借方”。资产类账户的基本结构见图 3-1。

资产类账户

借方	贷方
期初余额 增加额	减少额
本期发生额	本期发生额
期末余额	

图 3-1 资产类账户

资产类账户期末余额的计算公式如下:

资产类账户期末借方余额 = 期初借方余额 + 本期借方发生额 − 本期贷方发生额

2.负债类账户的结构

负债作为资产来源之一,登记的方向与资产类账户的方向相反。负债类账户“贷方”登记增加额,“借方”登记减少额,余额在“贷方”。负债类账户的基本结构见图 3-2。

负债类账户

借方	贷方
期初余额 减少额	 增加额
本期发生额	本期发生额
期末余额	

图 3-2　负债类账户

负债类账户期末余额的计算公式如下：

负债类账户期末贷方余额＝期初贷方余额＋本期贷方发生额－本期借方发生额

3.所有者权益类账户的结构

所有者权益作为资产的来源，登记的方向与资产类账户相反，与负债类账户登记的方向相同。所有者权益类账户“贷方”登记增加额，“借方”登记减少额，余额在“贷方”。所有者权益类账户的基本结构见图 3-3。

所有者权益类账户

借方	贷方
 减少额	期初余额 增加额
本期发生额	本期发生额
	期末余额

图 3-3　所有者权益类账户

所有者权益类账户期末余额的计算公式如下：

所有者类权益类账户期末贷方余额＝期初贷方余额＋本期贷方发生额－本期借方发生额

4.成本类账户的结构

成本类账户与资产类账户的结构相似。成本类账户的“借方”登记增加额，“贷方”登记结转额，余额在“借方”。所谓结转额是由于核算上的需要，把已经记入账户中的数据结转出来，然后将其登记到另外一个账户中去。成本类账户的基本结构见图 3-4。

成本类账户

借方	贷方
期初余额 增加额	 结转额
本期发生额	本期发生额
	期末余额

图 3-4　成本类账户

5.损益类账户的结构

损益类账户包括费用类账户和收入类账户两大类别。

费用类账户与资产类、成本类账户的结构相似。费用类账户在“借方”登记增加额，“贷方”登记结转额，也可以理解为减少额，由于结转额与增加额相等，费用类账户期末没有余额。这里所说的费用是广义的费用，费用类账户包括“主营业务成本”“营业税金及附加”“管理费用”“销售费用”“财务费用”“营业外支出”等账户。费用类账户的基本结构见图3-5。

费用类账户

借方	贷方
增加额	结转额
本期发生额	本期发生额
期末无余额	

图3-5　费用类账户

收入类账户的结构与负债类、所有者权益类账户的结构相似。收入类账户也是在“贷方”登记增加额，收入类账户“借方”登记的是结转额，由于结转额与增加额相等，收入类账户期末没有余额。为了说明借贷记账法账户的基本结构，这里的收入是广义的收入，收入类账户包括“主营业务收入”“其他业务收入”“营业外收入”等账户。

企业在日常的生产经营过程中会随时取得收入，由于无须每天计算利润，因此平时将取得的各项收入暂时记在收入类相关账户的“贷方”。期末计算利润时，根据核算的需要，分别将已记在收入类各账户中的收入结转出来以确定利润。一定时期计入各账户的收入有多少就转出多少，因此收入类账户期末没有余额。收入类账户的基本结构见图3-6。

收入类账户

借方	贷方
结转额	增加额
本期发生额	本期发生额
期末无余额	

图3-6　收入类账户

6.“本年利润”账户的结构

在介绍完费用类和收入类账户的结构后，为全面理解会计等式的动态变化如何体现在账户的登记过程中，在此介绍“本年利润”账户的结构。“本年利润”属于所有者权益类账户，其账户的“借方”“贷方”登记的都是结转额。“贷方”登记的是期末转入的各项收入，“借方”登记的是期末转入的各项费用、支出。期末“贷方余额”是收入大于费用的差额，表示累计实现的净利润导致所有者权益的增加额；“借方余额”是收入小于费用的差额，表示累计发生的亏损导致所有者权益的减少额。在进行年终决算时，还应将累计实现的净利润或累计发生的亏损额结转至年终决算账户，结转后年末余额为零。“本年利润”账户的基本结构见图3-7。

本年利润账户

借方	贷方
转入的费用发生额	转入的收入发生额
累计发生的亏损	累计实现的净利润
转出累计实现的净利润	转出累计发生的亏损

图 3-7　本年利润账户

三、借贷记账法的记账规则

借贷记账法的记账规则(accounting rule)是“有借必有贷,借贷必相等”。复式记账法原理中强调一项经济业务的发生必然涉及两个或两个以上的相关账户,根据借贷记账法的账户结构,在登记经济业务时,一个账户登记在“借方”,而另一个账户必然登记在“贷方”,并且登记在“借方”“贷方”的金额是相等的。按照记账规则登记账户的过程称为过账。

如果一项经济业务较为复杂,涉及两个以上的账户,那么一个账户登记在“借方”,其他账户则登记在“贷方”,并且登记在“借方”“贷方”的金额相等;或者一个账户登记在“贷方”,而其他账户登记在“借方”,并且登记在“借方”和“贷方”的金额相等;再者几个账户登记在“借方”而另外几个账户登记在“贷方”,并且登记在“借方”“贷方”的金额相等。

案例

借贷记账法的困惑

张西在基础会计课上学习了借贷记账法。开超市的叔叔想考一考张西对借贷记账法的理解,问张西:“我花费 50 元购进一箱饮料,以 80 元的价格销售出去,应该如何记账?”张西心想:“饮料是库存商品,属于资产类,销售出去以后,库存商品减少 50 元记贷方,这笔销售使 80 元库存现金增加,资产类增加记贷方。但是,借方 80 元,贷方只有 50 元,借贷为什么不相等呢?”你能判断出张西的分析哪里出现了问题吗?

下面以盛通主要的经济业务为例说明借贷记账法的记账规则。

【例 3-1】新建企业盛通接受了一项投资,投资款 500 000 元,已存入银行。

该项经济业务涉及“银行存款”和“实收资本”两个账户,一个账户记“借方”,而另一个账户记“贷方”。“银行存款”是资产类账户,增加额记在该账户的“借方”,“实收资本”是所有者权益类的账户,增加额记入该账户的“贷方”,并且“借方”和“贷方”登记的金额相等,均为 500 000 元,如图 3-8、图 3-9 所示。

银行存款

借方	贷方
期初余额　0 (1)500 000	

图 3-8

实收资本

借方	贷方
	期初余额　0 (1)500 000

图 3-9

【例 3-2】盛通购入不需要安装的设备一台，价值 200 000 元，价款未付，固定资产已交付使用。

该项经济业务涉及“固定资产”和“应付账款”两个账户，一个账户记“借方”，而另一个账户记“贷方”。“固定资产”是资产类账户，增加额记在该账户的“借方”，“应付账款”是负债类账户，增加额记在该账户的“贷方”，并且“借方”和“贷方”登记的金额相等，均为 200 000元，如图 3-10 图、图 3-11 所示。

固定资产

借方	贷方
期初余额 0	
(2)200 000	

图 3-10

应收账款

借方	贷方
	期初余额 0
	(2)200 000

图 3-11

【例 3-3】盛通用银行存款偿还了前欠设备价款 50 000 元。

该项经济业务涉及“银行存款”和“应付账款”两个账户，“应付账款”是负债类账户，减少额记在该账户的“借方”，“银行存款”是资产类账户，减少额记在该账户的“贷方”，并且“借方”和“贷方”登记的金额相等，均为 50 000 元，如图 3-12、图 3-13 所示。

银行存款

借方	贷方
期初余额 0	
(1)500 000	(3)50 000

图 3-12

应付账款

借方	贷方
	期初余额 0
(2)200 000	(3)50 000

图 3-13

【例 3-4】盛通购买一批商品，价值 150 000 元，已经用银行存款支付。

该项经济业务涉及“库存商品”和“银行存款”两个账户，“库存商品”是资产类账户，增加额 150 000 元记在该账户的“借方”；“银行存款”是资产类账户，减少额 150 000 元记在该账户的“贷方”，如图 3-14、图 3-15 所示。

银行存款

借方	贷方
期初余额 0	
(1)500 000	(3) 50 000
	(4)150 000

图 3-14

库存商品

借方	贷方
	期初余额 0
	(4)150 000

图 3-15

【例 3-5】盛通开出一张商业汇票抵偿应付账款 50 000 元。

该项经济业务涉及“应付票据”和“应付账款”两个账户，“应付票据”和“应付账款”均为负债类账户，应付账款减少 50 000 元，记入该账户的“借方”；应付票据增加 50 000 元，记入该账户的“贷方”，如图 3-16、图 3-17 所示。

应付票据

借方	贷方
期初余额 0	
	(5)500 000

图 3-16

应付账款

借方	贷方
	期初余额 0
(3)50 000	(2)200 000
(5)50 000	

图 3-17

【例 3-6】盛通向银行申请并获得期限为 1 年的贷款 100 000 元，已存入银行。

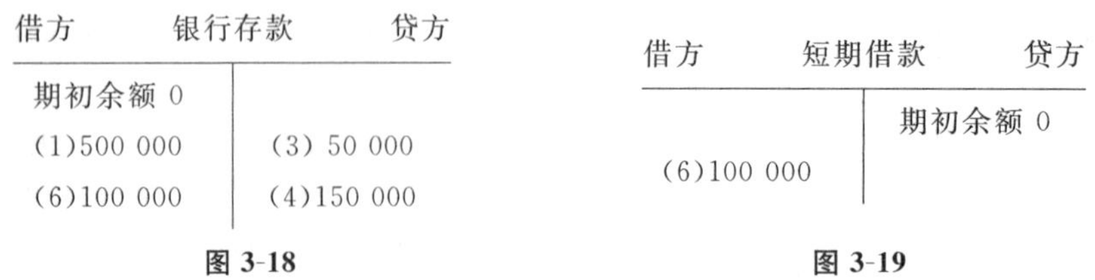

图 3-18　　图 3-19

【例 3-7】盛通用银行存款支付广告费用 30 000 元。

该项业务涉及“销售费用”和“银行存款”账户，一个账户记“借方”，另一个账户记“贷方”，而且“借方”“贷方”登记的金额相等，均为 30 000 元。“销售费用”是费用类账户，增加额记在该账户的“借方”；“银行存款”是资产类账户，减少额应记在该账户的“贷方”，如图 3-20、图 3-21 所示。

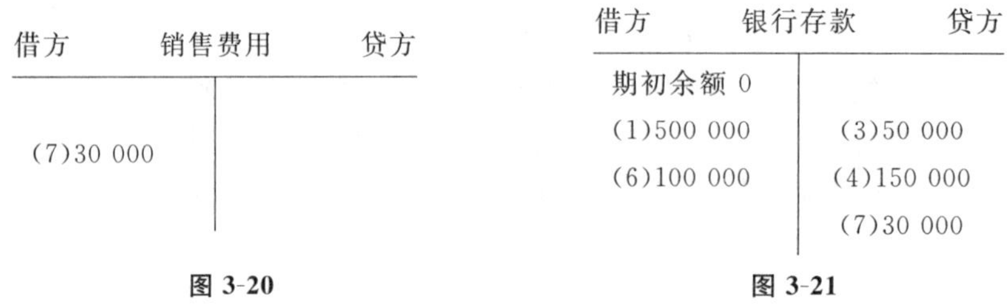

图 3-20　　图 3-21

【例 3-8】盛通销售商品一批，商品售价 200 000 元，收到货款后存入银行。

该项业务涉及“银行存款”和“主营业务收入”账户，“银行存款”为资产类账户，银行存款的增加额 200 000 元记在该账户的“借方”；“主营业务收入”是收入类账户，增加额 200 000 元应记在该账户的“贷方”，如图 3-22、图 3-23 所示。

借方	销售费用	贷方
期初余额 0		
(1)500 000		(3) 50 000
(6)100 000		(4)150 000
(8)200 000		(7) 30 000

图 3-22

借方	主营业务收入	贷方
(8)200 000		

图 3-23

【例 3-9】盛通结转已销商品的成本 100 000 元。

该项业务涉及“主营业务成本”及“库存商品”两个账户，“主营业务成本”是费用类账户，增加额 100 000 元记在该账户的“借方”；“库存商品”是资产类账户，减少额 100 000 元记在该账户的“贷方”，如图 3-24、图 3-25 所示。

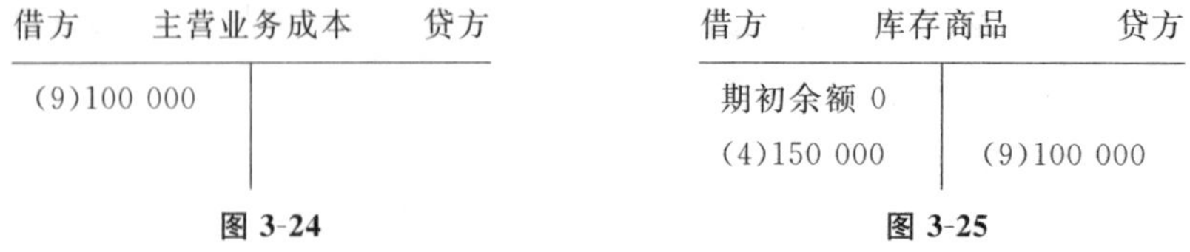

图 3-24　　图 3-25

以下两例是月末的损益结转业务。

【例 3-10】盛通将本期实现的销售收入 200 000 元结转到“本年利润”账户。

这项经济业务涉及“主营业务收入”及“本年利润”两个账户，一个账户记“借方”，另一个账户记“贷方”，而且“借方”“贷方”登记的金额相等，均为 200 000 元。“主营业务收入”

是收入类账户，结转额记在该账户的“借方”；“本年利润”是所有者权益类账户，“贷方”登记转入的销售收入，表示所有者权益额的增加，如图 3-26、图 3-27 所示。

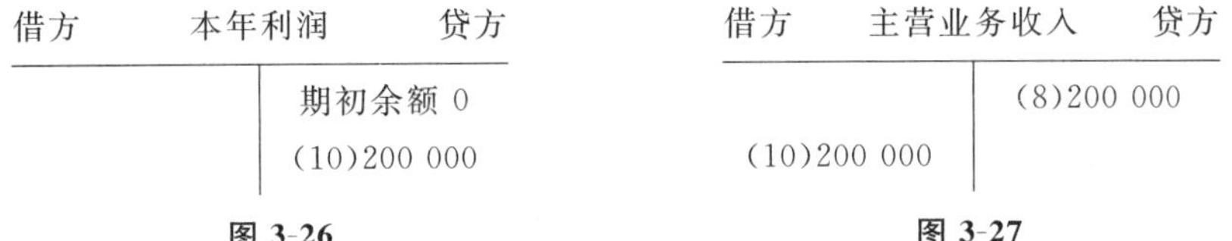

图 3-26　　图 3-27

【例 3-11】盛通将主营业务成本 100 000 元及销售费用 30 000 元结转到“本年利润”账户。

这项经济业务涉及“主营业务成本”“销售费用”和“本年利润”三个账户。这三个账户根据各自要素的性质，相应的发生额登记在“借方”或“贷方”，并且登记在“借方”和“贷方”的金额相等，均为 130 000 元。“主营业务成本”“销售费用”都属于费用类账户，结转时应记入该账户的“贷方”；“本年利润”是所有者权益类账户，转入的成本费用表示所有者权益的减少，应记入该账户的“借方”，如图 3-28、图 3-29 所示。

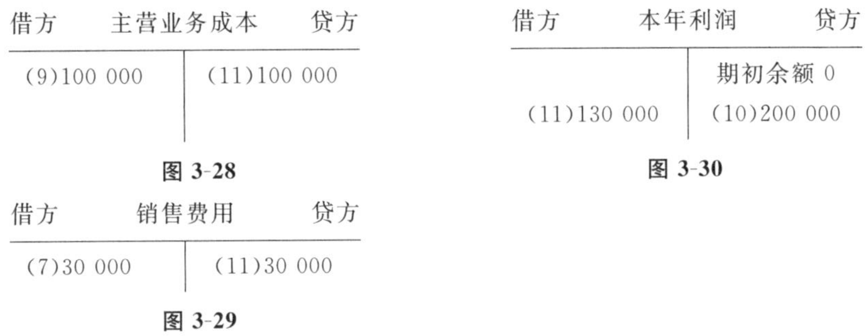

图 3-28　　图 3-30

图 3-29

四、借贷记账法的会计分录

(一)会计分录的相关概念和编制意义

1.会计分录的概念

对发生的每一项经济业务都要按借贷记账法的记账规则，确定应借、应贷的账户及其记录的金额，这一记录形式简称会计分录(entry)。会计分录的编制是通过登记分录凭证实现的。

会计分录具有规范的格式，每个会计分录都包括记账符号、对应账户和金额三个要素。

2.对应账户

在借贷记账法下，一项业务发生后都会涉及两个或两个以上的相关账户。当发生了某项经济业务时，就必然涉及与该项业务有关的一些账户，而这些账户之间就形成了一种对应关系。具有这种对应关系的账户称为对应账户。

3.编制会计分录的意义

为了便于对账和查账，以保证记账的正确性，要求在发生经济业务时，先根据审核无误的原始凭证编制会计分录，然后根据会计分录确定的记账方向、对应账户以及金额，在各相关账户中进行登记。

（二）会计分录的分类

会计分录可分为简单会计分录和复杂会计分录两类。

1.简单会计分录

简单会计分录是指，一项经济业务发生后涉及两个对应账户，一个账户记“借方”，另一个账户记“贷方”的会计分录。

2.复杂会计分录

复杂会计分录，亦称复合会计分录，是指一项经济业务涉及两个以上对应账户而编制的会计分录。复杂会计分录还可分为“一借多贷”“一贷多借”和“多借多贷”的形式。复杂会计分录可以分解为若干个简单的会计分录。

“一借多贷”的复杂会计分录是指，一项经济业务发生后，涉及一个账户的“借方”与多个账户的“贷方”相对应，而且“借方”和“贷方”登记的金额相等。

“一贷多借”的复杂会计分录是指，一项经济业务发生后，涉及一个账户的“贷方”与多个账户的“借方”相对应，而且“借方”和“贷方”登记的金额相等。

“多借多贷”的复杂会计分录是指，一项经济业务发生以后涉及多个账户的“借方”与多个账户的“贷方”相对应，而且“借方”和“贷方”登记的金额相等。由于第三种形式的复杂分录中账户之间的对应关系不清楚，应尽可能采用“一借多贷”或“一贷多借”这两种方式编制复杂会计分录。

（三）会计分录的编制

编制会计分录可以按下列步骤进行：

第一步，分析经济业务发生所涉及的账户，同时判断所涉及账户的性质，是属于资产类、负债类、所有者权益类的账户，还是属于收入类和费用类账户；

第二步，分析所发生的经济业务对所涉及账户的影响，使账户发生了增加额、减少额还是结转额；

第三步，根据借贷记账法的账户结构、记账规则确定经济业务涉及账户的记账方向；

第四步，根据上述分析的结果，编写会计分录。

下面根据**【例 3-1】**至**【例 3-11】**的经济业务，说明会计分录的编制。

【例 3-1】新建企业盛通接受了一项投资，投资款 500 000 元，已存入银行。

借：银行存款　　500 000

　贷：实收资本　　　　500 000

【例 3-2】盛通购入不需要安装的设备一台，价值 200 000 元，价款未付，固定资产已交付使用。

借：固定资产　　200 000

　贷：应付账款　　　　200 000

【例 3-3】盛通用银行存款偿还了部分前欠设备价款 50 000 元。

借：应付账款　　50 000

　贷：银行存款　　　　50 000

【例 3-4】盛通购买一批商品，价值 150 000 元，已经用银行存款支付。

借：库存商品　　150 000

　贷：银行存款　　　　150 000

【例 3-5】盛通开出一张商业汇票抵偿应付账款 50 000 元。

借:应付账款 50 000
　贷:应付票据 50 000

【例 3-6】盛通向银行申请并获得期限为 1 年的贷款 100 000 元,已存入银行。

借:银行存款 100 000
　贷:短期借款 100 000

【例 3-7】盛通用银行存款支付广告费用 30 000 元。

借:销售费用 30 000
　贷:银行存款 30 000

【例 3-8】盛通销售商品一批,商品售价 200 000 元,收到货款后存入银行。

借:银行存款 200 000
　贷:主营业务收入 200 000

【例 3-9】盛通结转已销商品的成本 100 000 元。

借:主营业务成本 100 000
　贷:库存商品 100 000

【例 3-10】盛通将本期实现的销售收入 200 000 元结转到"本年利润"账户。

借:主营业务收入 200 000
　贷:本年利润 200 000

【例 3-11】盛通将主营业务成本 100 000 元及销售费用 30 000 元结转到"本年利润"账户。

借:本年利润 130 000
　贷:销售费用 30 000
　　主营业务成本 100 000

可以将上述复杂会计分录分解成两笔简单会计分录:

借:本年利润 30 000
　贷:销售费用 30 000
借:本年利润 100 000
　贷:主营业务成本 100 000

五、借贷记账法的试算平衡

所谓试算平衡,就是根据"资产=负债+所有者权益"的平衡关系,按照记账规则的要求,通过汇总计算和比较,检查账户记录的正确性和完整性。如果记账是正确的,那么一定时期所有账户的借方发生额合计应该等于贷方发生额合计,所有账户借方余额合计应该等于贷方余额合计。根据这种账户登记的平衡关系编制账户发生额试算平衡表和余额试算平衡表,可以初步检查账户记录的正确性。

(一)过账与结账

根据借贷记账法的记账规则,每一笔经济业务发生后都以相等的金额分别在相应的账户中进行记录,并在期末计算出每个账户的本期借方及贷方发生额和期末余额。

1.过账

所谓过账,就是根据发生的经济业务在账户中进行登记。当发生经济业务时,首先应根据所发生的经济业务编制会计分录,然后根据会计分录确定的记账方向、对应账户及其金额，在各相关账户中进行登记。

2.结账

所谓结账，就是结算账目。期末结账时，要求计算出每个账户的发生额及期末余额。发生额是本期发生的金额，也就是本期增加额、减少额或结转额的合计数，表示某一特定经济内容本期发生的增减变化。期末余额是某一特定经济内容增减变化的结果。

根据**【例 3-1】**至**【例 3-11】**的经济业务编制的会计分录逐笔登记相关的账户，并计算各账户的发生额和余额，各账户格式见图 3-31～图 3-41。

银行存款 账户

借方	贷方
期初余额 0 (1)500 000 (6)100 000 (8)200 000	 (3) 50 000 (4)150 000 (7) 30 000
本期发生额 800 000	本期发生额 230 000
期末余额 570 000	

图 3-31

实收资本 账户

借方	贷方
	期初余额 0 (1)500 000
本期发生额	本期发生额 500 000
	期末余额 500 000

图 3-32

固定资产 账户

借方	贷方
期初余额 0 (2)200 000	
本期发生额 200 000	本期发生额
期末余额 200 000	

图 3-33

应付账款 账户

借方	贷方
 (3)50 000 (5)50 000	期初余额 0 (2)200 000
本期发生额 100 000	本期发生额 200 000
	期末余额 100 000

图 3-34

库存商品 账户

借方	贷方
期初余额 0 (4)150 000	 (9)100 000
本期发生额 150 000	本期发生额 100 000
期末余额 50 000	

图 3-35

应付票据 账户

借方	贷方
期初余额 0	 (5)50 000
本期发生额	本期发生额 50 000
	期末余额 50 000

图 3-36

短期借款 账户

借方	贷方
	期初余额 0 (6)100 000
本期发生额	本期发生额 100 000
	期末余额 100 000

图 3-37

主营业务收入 账户

借方	贷方
(10)200 000	期初余额 0 (8)200 000
本期发生额 200 000	本期发生额 200 000
	期末无余额

图 3-38

主营业务成本 账户

借方	贷方
期初余额 0 (9)100 000	(11)100 000
本期发生额 100 000	本期发生额 100 000
期末无余额	

图 3-39

销售费用 账户

借方	贷方
期初余额 0 (7)30 000	(11)30 000
本期发生额 30 000	本期发生额 30 000
	期末无余额

图 3-40

本年利润 账户

借方	贷方
(11)1300	期初余额 0 (10)200 000
本期发生额 130 000	本期发生额 200 000
	期末余额 70 000

图 3-41

（二）试算平衡

根据借贷记账法的记账规则，每一笔经济业务发生后均编制会计分录，并且据以登记账户。为了保证账户记录的正确性，期末一般要通过编制“试算平衡表”对账户的记录进行检查。

1.发生额试算平衡表

根据借贷记账法的记账规则，每一笔经济业务发生后都以相等的金额分别在相应的账户中进行记录，如果记账是正确的，那么一定时期的借方发生额合计应该等于贷方发生额合计。发生额试算平衡的作用在于检查账户记录的正确性。发生额试算平衡的公式如下：

全部账户的借方发生额合计＝全部账户的贷方发生额合计

根据【例 3-1】至【例 3-11】发生的经济业务涉及相关账户的发生额编制的发生额试算平衡表见表 3-11。

表 3-11　发生额试算平衡表

××××年××月　　金额单位:元

会计科目	借方发生额	贷方发生额
银行存款	800 000	230 000
库存商品	150 000	100 000
固定资产	200 000	—
应付账款	100 000	200 000
应付票据	—	50 000
实收资本	—	500 000
短期借款	—	100 000
主营业务收入	200 000	200 000
主营业务成本	100 000	100 000
销售费用	30 000	30 000
本年利润	130 000	200 000
合　计	1 710 000	1 710 000

2.余额试算平衡表

根据借贷记账法的记账规则,每一笔经济业务发生后都以相等的金额分别在相应的账户中进行记录,如果记账是正确的,那么所有账户借方余额合计应该等于贷方余额合计。余额试算平衡公式如下:

全部账户的借方余额合计=全部账户的贷方余额合计

根据【例 3-1】至【例 3-11】发生的经济业务涉及相关账户的余额编制的余额试算表见表 3-12。

表 3-12　余额试算表

××××年××月××日　　金额单位:元

会计科目	借方余额	贷方余额
银行存款	570 000	—
库存商品	50 000	—
固定资产	200 000	—
应付账款	—	100 000
应付票据	—	50 000

续表

会计科目	借方余额	贷方余额
短期借款		100 000
实收资本	—	500 000
本年利润		70 000
合　计	820 000	820 000

在进行试算平衡时，如果所有账户的借方发生额合计与所有账户贷方发生额的合计不等或所有账户的借方余额合计与所有账户的贷方余额合计不等，账户的记录肯定有错误，应进一步进行检查。如果借方、贷方发生额合计数相等或借方、贷方余额合计相等，只能说明账户记录基本上是正确的。因为有一些差错并不影响借贷的平衡关系，比如：在会计期间会计人员漏记或重复登记了某项经济业务、对一项经济业务的记录使用了错误的账户或记录了错误的金额，所以试算平衡相等只能说明账户记录的结果基本正确。

本章小结

本章主要介绍了会计核算的基本方法之一——借贷记账法及其具体应用。本章的内容与前后章节的知识点有紧密的相关性，理解、掌握会计要素的内容与特征是学好借贷记账法的基础，掌握借贷记账法的基本原理、理解会计分录的编制能够为以后各章的学习奠定良好的基础。

在日常会计核算中，从编制凭证到登记账簿，都采用借贷记账这一复式记账方法。复式记账法就是对发生的每一项经济业务，都要至少在两个互相联系的账户中，以相等的金额进行记录，从而系统地反映每一项经济业务引起的资金运动的来龙去脉，全面、完整地反映经济业务的全貌。

借贷记账法应用的前提是会计要素体系的建立，并对不同的会计要素内容进行具体分类，称为会计科目，再以会计科目为名称设置账户。账户能够反映会计要素具体内容的增加变化以及变动后的结果，这一功能的实现离不开完备的账户结构安排。借贷记账法下，账户结构可以简化为：左边是“借方”，右边是“贷方”。“借”“贷”作为记账符号，代表记账的方向，即经济业务引起资金运动后以货币表示的相应会计要素具体内容金额的增加或者减少。究竟哪一方表示增加，哪一方表示减少，与会计账户的具体类别紧密相关。

按其所归属的会计要素不同，会计科目包括资产类、负债类、所有者权益类、成本类、损益类等类别，账户进一步相应细分为资产类、负债类、所有者权益类、成本类、费用类和收入类等，分别具有不同的账户结构。其中，资产类、成本类和费用类账户经济内容的增加额登记在“借方”，减少额登记在“贷方”；负债类、所有者权益类和收入类账户经济内容的增加额登记在“贷方”，减少额登记在“借方”。根据经济内容的性质和账户核算的要求，资产类、成本类、负债类和所有者权益类账户期末有余额，余额记录在各自账户的增加方向，根据公式“期末余额＝期初余额＋本期增加额－本期减少额”计算出本期期末余额。

费用类和收入类类账户期末有余额，在期末，通过会计核算中的“结转”程序，将费用类、收入类账户本期发生额从相反的方向转出，同时转入所有者权益类的“本年利润”账户，最终使收入类、费用类账户“借”“贷”两方的发生额相等，实现账户期末无余额。

借贷记账法的记账规则“有借必有贷，借贷必相等”在实务过程中是通过编制会计分录和过账工作实现的。当发生经济业务时，首先应根据所发生的经济业务编制会计分录，然后根据会计分录确定的记账方向、对应账户及其金额，在各相关账户中进行登记，即为“过账”。期末在账户中结出本期借贷双方的发生额，有期末余额的账户，再结出本期期末余额。根据账户之间的平衡关系，编制发生额试算平衡表、期末余额试算平衡表，可以初步检查账户记录的正确性。

借贷记账法的重点和难点内容包括：复式记账法的原理、借贷记账法的概念、借贷记账法的账户基本结构、借贷记账法的记账规则、会计分录的编制和试算平衡表的编制。

思考题

1.什么是复式记账方法？

2.企业经济业务对会计要素的影响类型有哪些？

3.什么是借贷记账法？

4.借贷记账法账户的基本结构是怎样的？

5.如何理解“有借必有贷，借贷必相等”的记账规则？

6.什么是会计分录？会计分录构成的要素有哪些？

7.为什么要编制会计分录？

8.会计分录如何分类？

9.借贷记账法的试算平衡公式有哪些？

10.应用借贷记账法时怎样进行试算平衡？

11.如何判断账户记录是否正确？

练习题

一、单项选择题

1.复式记账法对每项经济业务都以相等的金额，在(　　)中进行登记。

A.一个账户　　B.两个账户

C.全部账户　　D.两个或两个以上的账户

2.账户余额一般与(　　)在同一方向。

A.增加额　　B.减少额

C.借方发生额　　D.贷方

3.借贷记账法下，借方代表简易账户的(　　)。

A.左边　　B.右边

C.增加　　D.减少

4.复式记账法的基本理论依据是（　　）。

A.资产＝负债＋所有者权益　　B.借方发生额＝贷方发生额

C.本期增加额＝本期减少额　　D.收入－费用＝利润

5.收入类账户的结构与费用类账户的结构（　　）。

A.完全一致　　B.借方记录增加额

C.贷方记录减少额　　D.无余额

6.下列会计分录中，属于简单分录的有（　　）的会计分录。

A.一借一贷　　B.一借多贷

C.一贷多借　　D.多借多贷

7.存在着对应关系的账户，称为（　　）。

A.关联账户　　B.平衡账户

C.恒等账户　　D.对应账户

8.下列账户中与负债账户结构相同的是（　　）账户。

A.资产　　B.所有者权益

C.费用　　D.收入

9.“生产成本”账户期初余额 2 000 元，本期借方发生额 7 000 元，贷方发生额 8 000 元，该账户期末余额是（　　）元。

A.3 000　　B.2 000

C.1 000　　D.无余额

10.费用类账户期末应（　　）。

A.一般没有余额　　B.借方存在余额

C.贷方存在余额　　D.借、贷方均有可能存在余额

11.下列科目中不具有期末余额的是（　　）。

A.固定资产　　B.原材料

C.长期借款　　D.财务费用

12.“短期借款”账户期初余额 5 000 元，本期借方发生额 6 000 元，贷方发生额 10 000 元，该账户期末余额是（　　）元。

A.11 000　　B.9 000

C.1 000　　D.无余额

13.下列经济业务使资产与负债同增的是（　　）。

A.接受出资者出资的机器设备一台，价值 80 000 元

B.用银行存款预付购货款 10 000 元

C.用银行存款支付利息 3 000 元

D.向银行取得短期借款 50 000 元

14.下列错误中，能够通过试算平衡发现的有（　　）。

A.重复记录经济业务　　B.漏记经济业务

C.借、贷方向相反　　D.借、贷金额不等

15.企业用银行存款偿还短期借款，在借贷记账法下影响（　　）。

A.会计等式左边会计要素一增一减　　B.会计等式右边会计要素一增一减
C.会计等式两边会计要素同增　　D.会计等式两边会计要素同减

二、多项选择题

1.借贷记账法下的试算平衡公式有(　　)。
A.借方科目金额 = 贷方科目金额
B.借方期末余额 = 借方期初余额 + 本期借方发生额 − 本期贷方发生额
C.全部账户借方发生额合计 = 全部账户贷方发生额合计
D.全部账户借方余额合计 = 全部账户贷方余额合计

2.下列错误中(　　)不能通过试算平衡发现。
A.某项经济业务未入账
B.应借应贷的账户中借贷方向颠倒
C.借贷双方同时多计了经济业务的金额
D.借贷双方中一方多计金额,一方少计金额

3.每一笔会计分录都包括(　　)。
A.对应账户　　B.记账符号
C.金额　　D.会计账户

4.期末结转到“本年利润”账户借方的发生额有(　　)账户。
A.主营业务收入　　B.主营业务成本
C.所得税　　D.销售费用

5.下列经济业务中,引起资产一增一减的有(　　)。
A.以银行存款购买设备　　B.从银行提取现金
C.以银行存款购买债券　　D.以银行存款偿还欠货款

6.借贷记账方法的基本内容包括(　　)。
A.记账符号　　B. 账户结构
C.记账规则　　D. 试算平衡

7.债权债务结算类账户的借方发生额表示(　　)。
A.债权增加额　　B.债务增加额
C.债权减少额　　D.债务减少额

8.以下账户期末一般有余额的是(　　)。
A.资产类　　B.负债类
C.所有者权益类　　D.费用类

9.以下账户增加记贷方的是(　　)。
A.资产类　　B.负债类
C.所有者权益类　　D.收入类

10.下列经济业务中,引起会计等式两边同时变化的有(　　)。
A.接受出资人投资　　B.从银行提取现金
C.以银行存款购买债券　　D.以银行存款偿还欠货款

11.借贷记账法下,借方表示(　　)。

A.资产的增加　　B.负债的减少

C.收入的结转　　D.成本费用的增加

12.通过账户的对应关系可以(　　)。

A.了解经济业务的内容　　B.进行试算平衡

C.判断借贷方向　　D.实现期末结账

13.下列经济业务中,不影响资产总额的是(　　)。

A.用银行存款购入原材料　　B.从银行提取现金

C.向银行取得短期借款　　D.向供应商赊购库存商品

14.下列经济业务使两个会计要素的金额同时发生变化的有(　　)。

A.开除商业汇票偿还应付账款　　B.用银行存款购入固定资产

C.接受出资者出资　　D.用银行存款偿还长期借款

15.期末结转到"本年利润"账户贷方的发生额有(　　)账户。

A.主营业务收入　　B.主营业务成本

C.其他业务收入　　D.其他业务成本

三、判断题

1."借""贷"二字不仅是作为记账符号,其本身的含义也应考虑,"借"只能表示债权增加,"贷"只能表示债务增加。(　　)

2.借贷记账法要求:如果在一个账户中记"借方",在另一个或几个账户中也一定记"借方"。(　　)

3.通过试算平衡检查账簿记录后,若左右平衡就可以肯定记账没有错误。(　　)

4.账户的余额,以及增加、减少记在账户的"借方"还是"贷方",取决于账户本身的性质。(　　)

5.复式记账法的理论依据是会计恒等式。(　　)

6.借贷记账法属于复式记账法。(　　)

7.借贷记账法的试算平衡公式包括发生额试算平衡公式和余额试算平衡公式。(　　)

8.损益类账户包括费用类账户和收入类账户,二者的记录方向完全一致。(　　)

9.丁字账的结构中,左边代表"借方",右边代表"贷方"。(　　)

10.借贷记账法下,负债类账户的结构与资产类账户的结构一致。(　　)

四、业务题

1.资料:20×5 年 1 月份意达公司发生下列经济业务(不考虑增值税)。

(1)1 日,为满足资金周转需要,向银行借款 150 000 元,期限为 6 个月。

(2)3 日,购入甲材料 3 000 千克,每千克 20 元,已通过银行付款,材料已验收入库。

(3)6 日,收到出资人 A 公司新投入的货币资金 100 000 元,已存入银行。

(4)9 日,向客户销售乙产品 800 台,每台 300 元,已通过银行收款。

(5)11 日,为满足零星开支需要,从银行提取现金 5 000 元。

(6)16 日,通过银行收到 B 公司前欠的货款 30 000 元。

(7)26 日,通过银行支付前欠供货商 C 公司购货款 20 000 元。

(8)30 日,用银行存款购买不需要安装的设备一台,价值 60 000 元。

(9)30 日,结转已销商品的成本 150 000。

(10)31 日,将本期实现的销售收入 200 000 元结转到“本年利润”账户。

(11)31 日,将本期发生的主营业务成本 150 000 元结转到“本年利润”账户。

要求:根据意达公司以上经济业务编制会计分录。

2.资料:20×5 年 1 月份意达公司有关账户期初余额如下表。该企业本期发生的经济业务见业务题 1。

账户期初余额表

金额单位:元

借方余额		贷方余额	
库存现金	3 000	应付账款	30 000
银行存款	20 000	短期借款	30 000
应收账款	60 000	应付利息	3 000
原材料	50 000	实收资本	550 000
库存商品	180 000		
固定资产	300 000		
合　计	613 000	合　计	613 000

要求:

(1)根据意达公司各账户的期初余额设置丁字账户。

(2)根据业务题 1 的资料编制的会计分录,登记丁字账户。

(3)计算期末结算各账户的发生额及余额。

3.资料:见业务题 1 和业务题 2 的资料。

要求:

(1)编制意达公司本期的发生额试算平衡表。

(2)编制意达公司本期的余额试算平衡表。

4.资料:东盛公司是一个零售商业企业,20×5 年 1 月份期初余额见下表:

账户期初余额表

金额单位:元

借方余额		贷方余额	
库存现金	5 000	应付账款	32 000
银行存款	30 000	应付利息	2 000
应收账款	20 000	本年利润	40 000
其他应收款	2 000	实收资本	346 000
库存商品	160 000		
固定资产	203 000		
合　计	420 000	合　计	420 000

本期该企业发生下列经济业务：

(1)该企业接受了 2 000 000 元的投资，投资款已存入银行。

(2)该企业从银行存款中提取现金 20 000 元备用。

(3)该企业购买了电脑等经营用机器设备 10 台，价款 600 000 元，用银行存款支付。

(4)该企业取得一项 6 个月期限的短期银行借款金额 300 000 元，已划入该企业账户。

(5)该企业用银行存款购买商品一批，价款 800 000 元。

(6)该企业购买商品一批，货款 200 000 元尚未支付。

(7)该企业用银行存款偿还应付账款 2 000 元。

(8)职工王某出差预支差旅费 2 000 元，企业以现金支付。

(9)该企业将现金 10 000 元存入银行。

(10)该企业用银行存款偿还前欠货款 200 000 元。

(11)该企业接到银行通知，收到买方偿还的货款 20 000 元。

(12)该企业开出商业汇票一张，抵偿应付账款 30 000 元。

要求：

(1)根据期初余额设置账户。

(2)根据东盛公司本期发生的经济业务编制会计分录。

(3)根据会计分录登记账户。

5.资料：见业务题 4 的账户资料。

要求：

(1)编制东盛公司本期的发生额试算平衡表。

(2)编制东盛公司本期的余额试算平衡表。

第四章

账户与借贷记账法的应用

学习目的：通过本章学习，理解和掌握所有者权益、负债、资产、费用、成本、收入和利润等会计要素的核算。

引导案例

王凯职专毕业以后，办了一家高级服装定制店。因为没有接受过专门的会计知识培训，他认为只要用一借一贷把经济业务和事件进行记录就可以。当向布料供应商赊销布料生产服装时，借：生产成本　3000　贷：应付账款　3 000；当向银行贷款购买缝纫机等机器时，借：固定资产　10 000　贷：短期借款　10 000；当用销售服装的资金购买布料时，借：原材料　6 000　贷：主营业务收入。

王凯的记录有什么问题？应该怎样记录呢？

第一节　制造业主要经济业务概述

一、制造业经营过程

反映制造企业经营过程的资金运动包括资金进入企业和资金周转。在企业经营过程中，资金运动反映了会计对象要素及其相互关系。

企业开始进行生产经营活动前，资金进入企业表现为取得一定数量的经营资金。资金的来源渠道有两个：一方面来源于投资者对企业的投资，按会计对象要素的划分，属于所有者权益；另一方面来源于债权人，按会计对象要素的划分，属于企业的负债。从这两个来源取得的资金，在会计核算上以货币形式表现其占用形态为资产这一会计对象要素。

资金进入企业后，伴随着生产经营活动的持续进行，不断地进行周转，体现在工业企业的生产经营过程（包括供应过程、生产过程、销售过程）中，资产要素发生各种形态的变化，并形成其他要素。在供应过程中，企业用货币资产购买各种材料，形成生产的储备，使货币资产转化为储备资产。在生产过程中，劳动者借助劳动资料对劳动对象进行加工，制造出新的产品，生产过程既是产品的生产过程，同时也是物化劳动和活劳动的耗费过程。其耗费主要有：生产资料的耗费，包括材料耗费、人工耗费、固定资产的折旧费和其他费用等。在这一过程中，资产要素表现为由储备资产、固定资产、货币资产等形态转化为生产资产形态，并形成企业的各种费用；生产过程结束时，生产资金形态转化为成品资金形态。在销售过程中，企业将产品销售出去，取得收入，会计对象要素表现为由成品资金形态转化为货币资金形态，同时形成企业的收入，将收入与费用进行比较就可以计算出企业的利润（或亏损）。企业实现的利润在依法向国家交纳所得税和向投资者分配利润后，余下的部分形成企业的积累，属于所有者权益。

二、制造业成本核算的意义

制造业是按照社会主义市场经济体制的要求面向市场、独立核算、自负盈亏、自我积累、自我发展、制造产品的营利性组织。它的基本任务就是满足市场需求，提高产品质量，不断提高产品技术含量，不断创新；降低产品成本，降低费用，提高经济效益和社会效益。

成本控制是制造业从内部提高经济效益的有效手段，企业在进行生产活动中经常发生经济资源的耗费，如各种人力、物力和财力的消耗，这种消耗的货币表现就是经济利益的流出，即费用。在生产过程中发生的直接材料、直接人工和其他间接费用，构成了各种产品的制造成本。通过成本的计算和核算，可以确定实际成本和计划成本的差异，就其差异进行企业内部纵向分析以及同行业的横向比较分析，挖掘潜力，采取积极措施有效控制各项成本费用开支，以达到预期的成本目标。

第二节　筹资业务的核算

一、企业筹资渠道

企业作为一个营利性的经济实体，为开展生产经营活动，实现其赢利的目的，必须筹集足够的资金。企业筹集资金的渠道有两种：权益资本筹资和债务资本筹资。权益资本筹资是企业所有者对企业投入的资金，企业所有者提供的资金被称为所有者权益（在股份公司中称为股东权益）；债务资本筹资是通过举债向债权人借入的资金，向债权人借入的资金在会计平衡公式中被称为负债。

（一）所有者投入资本

投入资本是所有者投入企业的、由所有者拥有的权益。投入资本包括实收资本或股本账户和资本公积核算的内容。它是所有者权益的主要来源和表现形式，是投资者拥有的根本权益，对企业的盈余分配和净资产处置权利起着直接影响作用。

按投资主体分，投入资本分为国家投入资本、法人投入资本、个人投入资本和外商投入资本四类。国家投入资本，是有权代表国家投资的政府部门或机构，以国有资产投入的资本。法人投入资本，是其他企业法人以其依法可支配的财产，投入本企业的资本。事业单位和社会团体以国家允许其用于生产经营的资产向本企业投入的财产，亦属于法人投入资本;个人投入资本,是社会个人或企业内部职工以个人合法财产投入企业的资本。外商投入资本,是中国境外的法人和个人以其外币、设备、无形资产或其他资产投入的资本。

按投资方式分,投入资本分为货币资产投入、实物资产投入、无形资产投入。货币资产投资是指投资者投资时以现金、银行存款等货币资产作为投资投入企业,形成企业的所有者权益。实物资产投资是以存货、固定资产等投入企业。无形资产投资则以商标、专利、特许经营权等资产作为投资。

根据2014年最新公司法,第二十六条修改为:“有限责任公司的注册资本为在公司登记机关登记的全体股东认缴的出资额。”“法律、行政法规以及国务院决定对有限责任公司注册资本实缴、注册资本最低限额另有规定的,从其规定。”即公司股东可以自主约定认缴出资额、出资方式、出资期限等,并记载于公司的章程。

(二)举借债务

通过举借债务筹资是企业解决权益资金不足的主要方式。方式可以采取向银行或其他非金融机构借款、企业发行债券,或者进行融资租赁等。

(1)从银行取得借款。从银行或其他金融机构取得借款是企业解决长期或短期资金缺口的一种间接融资方式。

(2)发行企业债券。与通过银行取得资金相比,发行企业债券属于一种直接融资方式,即企业与最终资金提供者签订借款合同。

二、投入资本的确认与计量

所有者权益是所有者在企业资产中享有的经济利益,其金额为资产减去负债后的余额。企业所有者所拥有的权益,最初只是以投入企业资产的形式得以表现,随着生产经营活动的进行,投入资本自身的增值按税后利润的一定比例提取的盈余公积以及未分配利润也应归属于企业所有者。因此,所有者权益包括投资人投入企业的资本、直接计入所有者权益的利得和损失(其他综合收益)、留存收益等,通常由实收资本(股本)、资本公积(含股本溢价或资本溢价、其他资本公积)、盈余公积和未分配利润构成。

企业将资本金投入企业后,在企业生产经营期间,投资者除依法转让外,一般不得抽回投资。

(一)实收资本的确认与计量

实收资本是企业的投资者按照企业章程,或合同、协议的约定,实际投入企业的资本。实收资本是企业所有者权益的主体,也是企业进行正常生产经营活动所必需的资金。

股东可以用货币出资,也可以用实物、知识产权、土地使用权等可以用货币估价并可以依法转让的非货币财产作价出资;对作为出资的非货币财产应当评估作价,核实财产,不得高估或者低估作价。法律、行政法规对评估作价有规定的,从其规定。

企业应该设置“实收资本”账户核算企业实际收到投资人投入的资本,账户应按投资者设置明细账户。账户贷方登记企业实际收到的投资人投入的资本;借方登记投入资本的减少额;余额在贷方,表示投资者投入企业的投资总额。

(二)资本公积的确认与计量

资本公积是企业收到的投资者的投资额超出其在注册资本或股本中所占份额的部

分,即资本溢价。投入企业的资本,由于出资的时间不同,其对企业的影响程度不同,由此而带给投资者的权利也不同,往往是先投资者权利大于后投资者。所以,新加入的投资者要付出大于原投资者的出资额,才能取得与原投资者相同的投资比例,其大于部分就是资本溢价。股票溢价是指企业采用溢价发行股票筹集资金时,超过股票面值的溢价收入。资本溢价或股票溢价属于所有者权益,作为资本公积处理。

企业应该设置"资本公积"账户。本账户核算企业取得的资本公积。账户贷方登记资本公积的增加数额;借方登记资本公积的减少数额;余额在贷方,表示企业所拥有的资本公积的数额。

(三)核算举例

【例 4-1】曙光公司收到投资人投入的货币资金 500 000 元,存入银行。

这项经济业务使企业银行存款增加 500 000 元,同时使实收资本增加 500 000 元。"银行存款"账户属于资产类账户,增加额应记录到该账户借方,"实收资本"账户属于所有者权益类账户,增加额应记录到该账户贷方。会计分录如下:

借:银行存款　　500 000
　贷:实收资本　　500 000

【例 4-2】曙光公司收到投资人投入的新设备一台,公允价值和双方协议价均为 150 000元。

这项经济业务使企业固定资产原值增加 150 000 元,同时实收资本增加 150 000 元。"固定资产"账户属于资产类账户,增加额应记录到该账户借方,"实收资本"账户属于所有者权益类账户,增加额应记录到该账户贷方。会计分录如下:

借:固定资产　　150 000
　贷:实收资本　　150 000

【例 4-3】曙光公司收到投资人投入企业旧设备一台,该设备经评估确认价值为 40 000元。

这项经济业务使企业固定资产增加 40 000 元,同时实收资本增加 40 000 元。"固定资产"账户属于资产类账户,增加额应记录到该账户借方,"实收资本"账户属于所有者权益类账户,增加额应记录到该账户贷方。会计分录如下:

借:固定资产　　40 000
　贷:实收资本　　40 000

【例 4-4】某公司发行股票,面值为 1 000 万元,收到 1 300 万元存入银行。

这项经济业务使银行存款增加 13 000 000 元,同时股本增加 10 000 000 元,两者之间的差额为股本溢价,属于资本公积。"银行存款"账户属于资产类账户,增加额应记录到该账户借方;"资本公积"和"实收资本"账户属于所有者权益类账户,增加额 300 万元和 1 000万元分别记录到两个账户贷方。会计分录如下:

借:银行存款　　13 000 000
　贷:股本　　10 000 000
　　资本公积　　3 000 000

【例 4-5】曙光公司收到投资人投入的材料一批,价值 560 000 元,材料已验收入库,假设不考虑相关税费。

这项经济业务使企业库存材料增加 560 000 元，同时实收资本增加 560 000 元。“原材料”账户属于资产类账户，增加额应记录到该账户借方，“实收资本”账户属于所有者权益类账户，增加额应记录到该账户贷方。会计分录如下：

借：原材料　　560 000

　贷：实收资本　　560 000

三、负债的确认与计量

负债是过去的交易、事项形成的现时义务，履行该义务预期会导致经济利益流出企业。根据负债的这一定义，可以概括出负债的如下基本特征：第一，负债是一项经济责任，它需要企业偿还，只有在偿还，或债权人自动放弃债权，或情况发生变化后才能消失。第二，清偿负债会导致企业未来经济利益的流出。第三，负债是企业过去已经发生的交易、事项的一种后果。

按照偿付期期限的长短，负债可分为流动负债和非流动负债。

(一)流动负债的确认与计量

流动负债是将在 1 年或者超过 1 年的一个营业周期内偿还的债务，按照流动负债的应付金额是否肯定，可以分为以下三种情况：

①应付金额肯定的流动负债。这种流动负债是根据合同、契约或法律的规定具有确切的金额、债权人和到期日，并且到期必须偿还，例如短期借款、应付账款、应付票据、应付职工薪酬等。

②应付金额视经营情况而定的流动负债。这类流动负债需待经营期末才能确定负债金额，在该经营期未结束前，负债金额不能以货币计量，如应交税费、应付股利等。

③应付金额需予估计的流动负债。这类负债因过去发生的经济业务而存在，但其金额乃至偿还日期和债权人都无法确定，应根据以往的经验或依据有关的资料估计确定其负债金额。

各项流动负债应按实际发生额入账。

(二)非流动负债的确认与计量

非流动负债，又称长期负债，是偿还期在 1 年或者超过 1 年的一个营业周期以上的债务。非流动负债除了具有负债的共同特点外，还具有偿还期长、举债金额大的特点。非流动负债主要包括长期借款、应付债券和长期应付款等。

①长期借款。企业向金融机构等借入的长期借款。

②应付债券。企业为筹集长期资金通过发行债券而形成的长期债务。

③长期应付款。企业采用融资租入方式租入固定资产和补偿贸易方式引进设备而形成的长期负债。

(三)负债的核算

(1)设置的账户

负债核算设置的主要账户有：

①“短期借款”账户。本账户核算企业从银行借入的各种短期借款。该账户的贷方登记借入的各种短期借款；借方登记归还的借款；期末余额在贷方，表示尚未归还的借款。

②"应付账款"账户。本账户核算企业因购买材料、商品和接受劳务等而发生的应付而未付供应单位的款项。该账户贷方登记应付给供应单位的款项；借方登记已归还供应单位的款项；余额在贷方，表示尚未归还的应付账款。该账户应按照供应单位分别设置明细账。作为负债主要账户的对应账户，一般应设置"库存现金""银行存款""原材料"等。

③"应付票据"账户。该账户主要核算企业采用商业汇票计算方式延期付款购入货物的票据款。在我国，商业汇票的付款期限最长为 6 个月，根据承兑人的不同可以分为商业承兑汇票和银行承兑汇票。企业取得结算凭证并签付商业汇票后，应按照票据价值借记"原材料"等账户，贷记"应付票据"账户；票据到期有能力支付票据款时，借记"应付票据"账户，贷记相关货币资金账户；票据到期无力支付票据款时，借记"应付票据"账户，商业承兑汇票和银行承兑汇票分别贷记"应付账款"账户和"短期借款"账户。

(2)核算举例

【例 4-6】曙光公司向银行借款 100 000 元，期限为半年，款项已存入银行。

这项经济业务使企业的银行存款增加 100 000 元，同时使短期借款增加 100 000 元。"银行存款"账户属于资产类账户，增加额应记录到该账户借方；"短期借款"账户属于负债类账户，增加额应记录到该账户贷方。会计分录如下：

借：银行存款　　100 000

　贷：短期借款　　100 000

【例 4-7】曙光公司购入材料一批，价值 140 000 元，材料已验收入库，货款尚未支付。

这项经济业务使企业库存材料增加 140 000 元，同时应付账款增加 140 000 元。"原材料"账户属于资产类账户，增加额应记录到该账户借方；"应付账款"账户属于负债类账户，增加额应记录到该账户贷方。会计分录如下：

借：原材料　　140 000

　贷：应付账款　　140 000

如果以商业汇票来结算，则会计分录如下：

借：原材料　　140 000

　贷：应付票据　　140 000

【例 4-8】曙光公司用银行存款归还短期借款 100 000 元。

这项经济业务使企业银行存款减少 100 000 元，短期借款减少 100 000 元。"短期借款"账户属于负债类账户，减少额应记录到该账户借方；"银行存款"账户属于资产类账户，减少额应记录到该账户贷方。会计分录如下：

借：短期借款　　100 000

　贷：银行存款　　100 000

【例 4-9】用银行存款归还应付账款 140 000 元。

这项经济业务使企业银行存款减少 140 000 元，应付账款减少 140 000 元。"应付账款"属于负债类账户，减少额应记录到该账户借方；"银行存款"属于资产类账户，减少额应记录到该账户贷方。会计分录如下：

借：应付账款　　140 000

　贷：银行存款　　140 000

第三节 资产的核算

资产是过去的交易、事项形成并由企业拥有或者控制的资源,该资源预期会给企业带来经济利益。根据资产的这一定义,可以概括出资产的如下基本特征:

(1)资产是企业的资源。资产的本质是经济资源,这一点是强调资产的有用性,即它可以作为要素投入生产经营中去。资产同已经不能再投入作为生产经营要素的耗费项目有区别。

(2)资产是过去的交易、事项形成的。这一点是强调资产的历史性和现实性,即它是以往事项的结果和现实的客观实在。资产同未来的、尚未发生的事项的可能后果有区别。

(3)资产是由企业所拥有或控制的。这一点是强调资产的权属关系。企业对资产的权属有两种情况:拥有和控制。其中,拥有是指资产的法定所有权属于该企业;控制是指资产的所有权虽不为企业所拥有,但资产的收益与风险已由企业所承担。资产尽管有不同的来源渠道,但一旦进入企业便置于企业的控制之下,成为企业能够自主运用、处置的资源。

(4)资产预期应能给企业带来经济利益。这一点是强调资产的效益性,即它强调对未来经济利益流入的作用。资产同已经不能带来未来经济利益流入的项目有区别。

资产的计价方法有历史成本法、重置成本法、可变现净值法、现值法与公允价值法等,我国是以历史成本即实际成本对资产计价。

企业的资产分为流动资产、长期投资、固定资产、无形资产和其他资产等。上述资产按其流动性又可以分为流动资产和非流动资产。除流动资产外,其他均属于非流动资产。

一、流动资产的确认与计量

流动资产是可以在 1 年或者超过 1 年的一个营业周期内变现或耗用的资产。变现是指转化为货币资金;耗用是指在生产经营过程中消耗、使用。流动资产主要包括货币资金(现金和银行存款)、应收及预付款项、存货等。

(一)货币资金

货币资金是企业资金周转过程中以货币形态存在的那部分资金,包括库存现金、银行存款等。

(1)库存现金。存放于财会部门的库存现金。

(2)银行存款。企业存放在银行和其他金融机构的货币资金。

(3)其他货币资金。除库存现金、银行存款以外的其他货币资金。包括外埠存款、银行汇票存款、银行本票存款、信用卡存款、信用证保证金存款等。

(二)应收及预付款项

应收及预付款项是指在活跃市场中没有报价、回收金额固定或可确定的非衍生金融资产,在非金融企业一般是指企业在日常生产经营过程中发生的各种债权,包括应收款项(应收账款、应收票据、其他应收款)和预付款项等。

(1)应收账款。企业因销售商品、产品或提供劳务而形成的债权。

(2)应收票据。企业在采用商业汇票结算方式下,因销售商品或提供劳务而收到商业汇票所形成的债权。

(3)其他应收款。应收账款、应收票据和预付账款以外的各种应收、暂付款项。

(4)预付账款。企业按购货合同规定预付给供货单位的货款,它属于企业的债权。

(三)存货

存货是企业在日常生产活动中持有以备出售的产成品或商品、处在生产过程的在产品、在生产或提供劳务过程中将消耗的材料或物料等。按经济用途分类,存货可分为商品存货、制造业存货及其他存货三类。

(1)商品存货。商业流通企业在其经营过程中为销售而储备的商品。

(2)制造业存货。从事产品制造的工业企业的存货。制造业存货按其存在形态又可以分为材料存货、在产品存货和产成品存货三类:材料存货,是指工业企业库存的各种材料,包括原料及主要材料、辅助材料、低值易耗品、包装物等;在产品存货,是指工业企业正在各生产阶段加工、尚未最后制造完工的产品;产成品存货,是指工业企业已经完成全部加工过程、验收入库的产品。

(3)其他存货。商品存货和制造业存货以外,供一般性耗用的库存事务用品,如办公用品等。

流动资产应当按取得时的实际成本记账。

二、固定资产的确认与计量

固定资产是企业用于生产商品、提供劳务、出租或经营管理而持有的,预计使用年限超过一个会计年度的有形资产,包括房屋及建筑物、机器、机械、运输工具以及其他与生产、经营有关的设备、器具、工具等。固定资产具有以下特征:

(1)使用年限在 1 年以上。企业的固定资产必须能为企业的生产经营活动提供 1 年以上的服务,不足 1 年的就不能列为固定资产,而只能列为流动资产。

(2)实物形态在使用中不改变。企业的固定资产在企业的生产经营过程中使用,其价值以折旧的方式逐渐地转移到成本、费用中去,并从企业实现的营业收入中得到补偿,但其实物形态在使用过程中始终保持不变,直至报废。

(3)持有目的是为用于生产经营活动。作为企业的固定资产,必须是以为企业服务为目的,而不能用于对外销售。对于准备用于销售的,不能列为固定资产,而应列为存货。

(4)使用寿命有限。除土地以外,其他固定资产均有各自一定的使用寿命期限,期满则将报废。

固定资产的计价是以货币为计量单位来确定固定资产的价值的。企业对固定资产的计价标准不同,固定资产的计价方法也就不同。固定资产的计价主要有原始价值、重置完全价值、公允价值等。原始价值也称原始成本,是指企业购建某项固定资产并达到可以使用前所发生的全部支出。原始价值是固定资产的计价基础。

三、资产的核算

(一)设置账户

资产核算应设置的主要账户如下：

(1)“应收账款”账户。本账户核算企业因销售产品或提供劳务等应向购货单位收取的款项。该账户借方登记企业因销货而发生的应收款项;贷方登记已收回的应收款项;余额在借方,表示尚未收回的应收款项。“应收账款”账户应按购货单位设置明细账。

(2)“预付账款”账户。本账户核算企业因购货而按合同规定预先付给供货单位的货款。该账户借方登记预付给供货单位的款项;贷方登记从供货方收到货物时或退回余款时核销的预付账款;余额在借方,表示已预付但尚未收到货物、尚未结算的预付款项。预付款项不多的企业,可不设本科目,将预付款项直接记入“应付账款”科目的借方,将收到货物或退回余款时核销的预付款项记入“应付账款”科目的贷方。

(3)“其他应收款”账户。本账户核算应收账款、预付账款以外的各种应收、暂付款项。该账户借方登记企业发生的各种其他应收款;贷方登记收回及结转的其他应收款;余额在借方,表示尚未收回的其他应收款。

(4)“在途物资”账户。“在途物资”账户用于核算企业采用实际成本(进价)进行材料、商品等物资的日常核算时,货款已付但尚未验收入库的各种物资(即在途物资)的采购成本,该科目应按供应单位和物资品种进行明细核算。该科目的借方登记企业购入的在途物资的实际成本;贷方登记验收入库的在途物资的实际成本;期末余额在借方,反映企业在途物资的采购成本。

(5)“原材料”账户。本账户核算企业库存的各种材料包括原料及主要材料、辅助材料、外购半成品(外购件)、修理用备件(备品备件)、包装材料、燃料等的增减变动和结存情况。该账户借方登记已验收入库材料的实际成本;贷方登记发出材料的实际成本;余额在借方,表示库存材料的实际成本。该账户可按材料品种设置明细账。

(6)“固定资产”账户。本科目核算企业持有的固定资产原价,建造承包商的临时设施,以及企业购置计算机硬件所附带的、未单独计价的软件,也通过该科目核算。借方登记增加的固定资产价值,贷方登记固定资产转出的价值,其借方余额反映企业固定资产的原价。

(7)“无形资产”账户。本科目核算企业持有的无形资产成本,包括专利权、非专利技术、商标权、著作权、土地使用权等。借方登记增加的无形资产价值,贷方登记无形资产转出的价值,其借方余额反映企业无形资产的成本。

(二)核算举例

【例 4-10】凯华工厂用银行存款购入材料一批,价值 30 000 元,材料验收入库。

这项经济业务使企业材料增加 30 000 元,同时使银行存款减少 30 000 元。“原材料”属于资产类,增加额应记录到该账户借方,“银行存款”属于资产类账户,减少额应记录到该账户贷方。会计分录如下：

借:原材料　　　　30 000

贷：银行存款　　30 000

如果购买材料的相关手续已经办妥，但原材料没有验收入库，则借记"在途物资"账户，具体会计分录如下：

借：在途物资　　30 000

贷：银行存款　　30 000

【例 4-11】企业从银行存款中提取现金 4 000 元备用。

这项经济业务使企业库存现金增加 4 000 元，同时使银行存款减少 4 000 元。"库存现金"属于资产类账户，增加额应记录到该账户借方；"银行存款"也是资产类账户，减少额应记录到该账户贷方。会计分录如下：

借：库存现金　　4 000

贷：银行存款　　4 000

【例 4-12】厂长王成出差，预借差旅费 2 000 元，付现金。

这项经济业务使企业其他应收款增加 2 000 元，同时使库存现金减少 2 000 元。"其他应收款"属于资产类账户，增加额应记录到该账户借方；"库存现金"也是资产类账户，减少额应记录到该账户贷方，会计分录如下：

借：其他应收款——王成　　2 000

贷：库存现金　　2 000

【例 4-13】以银行存款 20 000 元预付先达工厂购料款。

这项经济业务使企业预付账款增加 20 000 元，同时使银行存款减少 20 000 元。"预付账款"或"应付账款"账户记借方（假设企业未专门为先达工厂设置"预付账款"明细账户，则记入"应付账款"的借方），"银行存款"账户记贷方。会计分录如下：

借：应付账款　　20 000

贷：银行存款　　20 000

【例 4-14】收到从先达工厂发来的材料 16 000 元，余款退回，存入银行。

这项经济业务使企业库存材料增加 16 000 元、银行存款增加 4 000 元，同时使预付账户（应付账款）减少 20 000 元。"原材料""银行存款"账户属于资产类账户，增加额应记录到账户借方；"预付账款"或"应付账款"账户记贷方。会计分录如下：

借：原材料　　16 000

银行存款　　4 000

贷：应付账款　　20 000

【例 4-15】销售甲产品 10 件，单价 5 000 元，货款 50 000 元尚未收到。

这项经济业务使企业应收账款增加 50 000 元，同时使企业主营业务收入增加 50 000 元。"应收账款"属于资产类账户，增加额记录到该账户借方，"主营业务收入"属于损益类收入账户，增加额记录到该账户贷方。会计分录如下：

借：应收账款　　50 000

贷：主营业务收入　　50 000

【例 4-16】用银行存款 60 000 元，购置新设备一台。

这项经济业务使固定资产增加 60 000 元，同时使银行存款减少 60 000 元。"固定资产”属于资产类账户，增加额记录到该账户借方；“银行存款”也是资产类账户，减少额记录到该账户贷方。会计分录如下：

借：固定资产　　60 000
　贷：银行存款　　60 000

【例 4-17】收到某购货单位归还前欠甲产品货款 50 000 元。

这项经济业务使银行存款增加 50 000 元，同时使应收账款减少 50 000 元。“银行存款”属于资产类账户，增加额记录到该账户借方；“应收账款”同属于资产类账户，减少额记录到该账户贷方。会计分录如下：

借：银行存款　　50 000
　贷：应收账款　　50 000

第四节　生产业务的核算

一、费用与成本的概念

对费用的概念，有广义和狭义两种理解。广义的费用包括企业的各种费用和损失；狭义的费用是企业为销售商品、提供劳务等日常活动而发生的经济利益的流出，即仅指与商品或劳务提供相联系的资产耗费。凡是同提供商品或劳务无关的资产耗费或资产减少都不是费用。此处述及的费用指狭义费用。

成本也有广义和狭义之分：广义上的成本，泛指取得资产的代价；狭义上的成本是企业为生产产品、提供劳务而发生的各种耗费，即仅指产品的制造成本。此处述及的成本指狭义成本。

二、费用、成本的确认

(一)费用的分类

费用可按不同的标准进行分类。费用按照经济用途分类是最基本的分类，可以分为计入产品成本的费用和期间费用。

1.计入产品成本的费用

计入产品成本的费用是指为生产产品而发生的费用。按计入成本计算对象的方法不同，计入产品成本的费用可以分为直接费用和间接费用。直接费用，是指为某一成本计算对象而发生的，在费用发生时可根据原始凭证直接计入这一对象的成本中，包括直接材料费和直接人工费；间接费用，是指为几个成本计算对象而共同发生的费用，这种费用不能根据原始凭证直接计入某一对象的成本中，而需要采用适当的分配方法在有关成本计算对象之间分配后计入。企业为生产产品和提供劳务而发生的各项间接费用包括职工薪酬、折旧费、办公费、水电费、机物料消耗、劳动保护费、季节性和修理期间的停工损失等。

2.期间费用

在生产经营过程中支出的、但产品与生产活动没有直接关系而与时期有直接关系的费用。期间费用包括管理费用、财务费用和销售费用。

管理费用，是指企业为管理和组织企业的生产经营活动而发生的各项费用。管理费用具体包括公司经费(行政管理人员的薪酬、修理费、物料消耗、周转材料的摊销、办公费、折旧费、差旅费等)、工会经费、待业保险费、劳动保险费、董事会费、聘请中介机构费、咨询费(含顾问费)、诉讼费、业务招待费、技术转让费、矿产资源补偿费、无形资产摊销费、职工教育经费、研究与开发费、排污费、存货盘亏或盘盈。

财务费用，是企业为筹集生产经营所需资金等而发生的各项费用，包括企业支付流动负债和经营期间长期负债所应计的利息支出(减利息收入)、汇兑损失(减汇兑收益)，企业通过金融机构办理往来结算业务所支付的手续费等。

销售费用，是指企业在销售商品过程中所发生的各项费用，一般包括由企业负担的运输费、装卸费、包装费、广告费、展览费、保险费、手续费以及专门设置销售机构的经费等。

(二)费用与成本的关系

费用与成本有着密切的关系，费用的计算和核算是成本计算的基础和前提。成本是生产一定种类和数量的产品而发生的费用，即成本是对象化的费用。费用与成本也有着明显的区别。费用是和一定的时期相联系的，它按照费用发生的期间组织核算；成本是和一定种类与数量的产品相联系的，它按照成本计算对象组织核算。本期实际支出的费用，可能已经计入前期产品成本或需要延迟计入以后各期；而计入当期产品成本的费用，可能已在以前各期支付或要等到以后各期支付。

三、费用、成本的计量

(一)正确划分各种费用界限

(1)正确划分资本性支出和收益性支出的界限。凡为取得本期收益而发生的支出，即支出的效益仅与本年度相关的，应作为收益性支出。如产品生产成本、管理费用、财务费用、销售费用等。凡支出的效益与几个会计年度相关的，应当作为资本性支出。如购建固定资产、对外进行长期投资等。

(2)正确划分产品成本和期间费用的界限。企业发生的各项费用，只有与产品生产有直接关系的费用才能计入产品成本，包括直接材料、直接人工、制造费用等。对于那些与企业生产经营有关但与产品成本无直接关系的费用，如管理费用、财务费用、销售费用等，应作为期间费用计入当期损益。

(3)正确划分各个月份的费用界限。按照权责发生制的原则，对发生期与归属期不一致的费用进行划分。对于本期已支付但应由本期和以后各期负担的费用，应作为待摊费用分期摊入各期的费用成本中；对于应由本期负担而尚未支出的费用，应作为预计的费用预先提取计入本期费用或成本中。

(4)正确划分不同成本计算对象的成本界限。对应计入本期产品成本的费用，要进一步确定应计入的成本计算对象。凡能直接计入有关产品的各项费用，要直接计入；与几种产品有关的费用，需按照合理的分配标准，分配计入各产品生产成本。

(5)正确划分在产品成本与完工产品成本的界限。期末已计入各成本计算对象的费用,对于有期末在产品的产品,还需将其费用在完工产品和期末在产品之间进行分配,分别计算出完工产品成本和期末在产品成本。

(二)成本核算程序

1.确定成本计算对象

成本计算对象就是费用的归集对象。确定成本计算对象就是指以什么来归集生产费用和计算产品成本。根据企业生产类型的特点和管理要求对成本的影响,企业的成本计算对象主要有三种类型,即产品品种、产品批别和产品生产步骤。相应采用的成本计算方法为:

(1)品种法,以产品品种为成本计算对象,适用于单步骤大量生产企业;

(2)分批法,以产品批别为成本计算对象,适用于单件、小批量的单步骤生产企业,或虽是多步骤生产但管理上不要求分步骤计算成本的生产企业;

(3)分步法,以产品生产步骤为成本计算对象,适用于大量、大批多步骤生产企业。

2.按成本项目归集和分配生产费用

企业在生产过程中发生的各项费用按其经济用途分类,称为产品成本项目。工业企业一般设置以下三个成本项目:

(1)直接材料,指直接用于产品生产、构成产品实体的原料及主要材料,以及有助于产品形成的辅助材料等;

(2)直接人工,指直接从事产品生产的工人工资,以及按生产工人工资总额和规定的比例计算提取的职工福利费;

(3)制造费用,指企业内部各生产单位为组织和管理生产而发生的各项间接费用。

3.计算产品生产成本

成本计算是指在生产经营过程中,按照成本计算对象归集和分配发生的各项费用支出,以确定该对象的总成本和单位成本。在各项费用按成本项目分别归集分配到各成本计算对象的基础上,就可以计算各种对象的总成本和单位成本。对于月末没有在产品的产品,将按成本项目归集和分配的费用经过汇总,就是该种产品的完工产品成本。对于既有当期完工产品又有期末在产品的产品,应将月初在产品成本与本月产品费用之和在本月完工产品与月末在产品之间进行分配和归集,分别计算出该种完工产品成本与月末在产品成本。本月发生的产品费用和月初、月末在产品及完工产品成本之间的关系如下:

$$\text{月初在产品成本}+\text{本月发生产品费用}=\text{本月完工产品成本}+\text{月末在产品成本}$$

或

$$\text{月初在产品成本}+\text{本月发生产品费用}-\text{月末在产品成本}=\text{本月完工产品成本}$$

四、费用、成本的核算

（一）设置账户

费用、成本核算设置的主要账户有：

（1）“应付职工薪酬”账户。本账户核算企业应付给职工的各种薪酬。该账户贷方登记应付职工的薪酬数额；借方登记实际已支付的薪酬数额；月末一般无余额，该账户如有余额，表示实际已支付的薪酬数额与应付薪酬数额之间的差额。

（2）“累计折旧”账户。本账户核算企业固定资产因磨损而减少的价值。企业的固定资产在使用过程中磨损的价值，通过计提折旧的方式逐步转移到产品成本和期间费用中。“累计折旧”账户是“固定资产”的调整账户，固定资产账面原值减累计折旧即为固定资产净值。“累计折旧”账户的贷方登记按月提取的固定资产折旧数额；借方登记累计折旧的减少数额；余额在贷方，表示固定资产累计已提折旧数额。

（3）“生产成本”账户。本账户核算产品生产过程中所发生的各项费用，计算确定产品的实际生产成本。该账户的借方登记企业产品生产过程中发生的生产费用，本期发生的直接费用直接计入，间接费用通过分配计入；贷方登记已完工入库产成品的实际生产成本；期末如有余额在借方，表示尚未完工的在产品的实际生产成本。该账户应按照产品的品种或类别设置明细账。

（4）“库存商品”账户。本账户核算企业生产完工并验收入库的产成品的增减变动及结存情况。该账户借方登记生产完工并验收入库产成品的实际成本；贷方登记发出产成品的实际成本；余额在借方，表示库存产成品的实际成本。该账户应按产品的品种或类别设置明细账。

（5）“制造费用”账户。本账户核算企业各生产单位（如生产车间）为组织和管理生产而发生的各项间接费用。该账户的借方登记企业各生产单位发生的各项间接费用；贷方登记月末分配转入各产品成本的制造费用，该账户月末一般没有余额。

（6）“管理费用”账户。本账户核算企业行政管理部门为组织和管理生产经营活动而发生的各项费用。该账户的借方登记企业发生的各项管理费用，贷方登记期末结转的管理费用；该账户期末没有余额。

（7）“财务费用”账户。本账户核算企业为筹集生产经营所需资金而发生的各项费用。该账户借方登记企业发生的各项财务费用，包括利息支出、汇兑损失以及支付金融机构的手续费等，贷方登记期末结转的财务费用；该账户期末没有余额。

（二）核算举例

【例 4-18】仓库汇总本月材料发出材料如下：生产甲产品领用材料 30 000 元，乙产品领用材料 20 000 元，车间一般消耗领用材料 6 000 元，企业行政管理部门领用 2 000 元。

以上经济业务发生使企业的生产成本和费用增加，同时使库存材料减少。费用增加应按费用的用途进行归集，记入相应费用账户的借方，生产耗用材料应记入“生产成本”账户、车间耗用材料应记入“制造费用”账户、企业耗用材料应记入“管理费用”账户；材料的减少应记入“原材料”账户的贷方。会计分录如下：

借:生产成本——甲产品　　30 000

借:生产成本——乙产品　　20 000

借:制造费用　　6 000

借:管理费用　　2 000

　贷:原材料　　58 000

【例 4-19】结算本月预付职工工资:生产甲产品工人工资 45 600 元,生产乙产品工人工资 22 800 元,车间管理人员工资 5 700 元,企业行政管理人员工资 17 100 元。

以上经济业务的发生使企业费用增加,同时使应付工资这一负债项目增加。费用的增加应按费用的用途进行归集,记入相应费用账户的借方,生产工人的工资应记入“生产成本”,车间管理人员的工资应记入“制造费用”,企业行政管理人员的工资应记入“管理费用”。应付未付的工资记入“应付工资”账户的贷方。会计分录如下:

借:生产成本——甲产品　　45 600

借:生产成本——乙产品　　22 800

借:制造费用　　5700

借:管理费用　　17 100

　贷:应付职工薪酬　　91 200

【例 4-20】企业计提固定资产折旧:生产车间使用的固定资产折旧费 30 300 元,企业行政管理部门使用的固定资产折旧费 20 000 元。

以上经济业务使企业的费用增加,同时使累计折旧增加。费用的增加记入相关费用账户的借方,“累计折旧”账户记贷方。会计分录如下:

借:制造费用　　30 300

借:管理费用　　20 000

　贷:累计折旧　　50 300

【例 4-21】续**【例 4-12】**,厂长王成报销差旅费 1 400 元,余款 600 元退回现金。这项经济业务使企业的管理费用增加 1 400 元,现金增加 600 元,同时其他应收款减少 2 000 元。“管理费用”账户、“库存现金”账户记借方,“其他应收款”账户记贷方。会计分录如下:

借:管理费用　　1 400

借:库存现金　　600

　贷:其他应收款——王成　　2 000

【例 4-22】支付企业的银行借款利息 1 200 元。

这项经济业务使企业财务费用增加,同时使银行存款减少。“财务费用”账户记借方,“银行存款”账户记贷方。会计分录如下:

借:财务费用　　1 200

　贷:银行存款　　1 200

【例 4-23】支付企业财产保险费 800 元。

这项经济业务使管理费用增加 800 元,银行存款减少 800 元。“管理费用”账户记借方,“银行存款”记贷方。会计分录如下:

借:管理费用　　800

　贷:银行存款　　800

【例 4-24】将生产产品发生的间接费用，即制造费用，按照一定的标准分配计入各个产品的生产成本。分配制造费用采用的标准可以是产品的生产工时、生产工人的工资等。分配公式如下：

$$分配率=\frac{制造费用总额}{生产工时总额（或生产工人工资总额）}$$

某种产品应付担的制造费用（或生产工人工资）＝该种产品生产工时×分配率

假设该企业制造费用以生产工人工时工资作为分配标准，本月制造费用总额为42 000元，甲产品人员的工时为 400 h，乙产品人员的工时为 200 h。则制造费用分配如下：

分配率＝42 000/600＝70

甲产品应负担的制造费用＝400×70＝28 000（元）

乙产品应负担的制造费用＝200×70＝14 000（元）

根据以上的计算结果编制会计分录，“生产成本”账户记借方，“制造费用”账户记贷方。会计分录如下：

借：生产成本——甲产品　　28 000

借：生产成本——乙产品　　14 000

　贷：制造费用　　42 000

【例 4-25】本月份生产的 50 件甲产品全部完工验收入库，乙产品尚未完工，结转已完工甲产品的全部生产成本 103 600 元。

这项经济业务使库存产成品增加，同时使生产成本减少。“库存商品”账户记借方，“生产成本”账户记贷方。会计分录如下：

借：库存商品——甲产品　　103 600

　贷：生产成本——甲产品　　103 600

前已述及企业应按产品品种设置生产产品明细账，在该明细账中按成本项目设置专栏，直接费用直接计入，间接费用经分配后计入。最后，企业对于已完工的产品，根据生产成本明细账的计算结果编制其产品成本计算表，以计算出完工产品的总成本和单位成本。

根据上述举例，甲、乙产品的生产成本明细账及已完工甲产品的成本计算表见表4-1、表 4-2、表 4-3。

表 4-1　生产成本明细账　　甲产品

20××年		凭证号数	摘要	借方金额				贷方金额
月	日			直接材料	直接人工	制造费用	合计	
			领　料	30 000				
			职工薪酬		45 600			
			制造费用			28 000		
			完工产品成本					103 600
			月　结	30 000	45 600	28 000	103 600	103 600

表 4-2 生产成本明细账 乙产品

20××年		凭证号数	摘要	借方金额				贷方金额
月	日			直接材料	直接人工	制造费用	合计	
			领　料	20 000				
			工　资		22 800			
			制造费用			14 000		
			月　结	20 000	22 800	14 000	56 800	

表 4-3 甲产品成本计算表 产量:50 件

成本项目	总成本	单位成本
直接材料	30 000	2 072
直接人工	45 600	
制造费用	28 000	
合　计	103 600	

第五节 收入的确认与计量

收入的概念有广义和狭义两种理解。广义的收入指企业所有经营和非经营所得。这种广义上的收入包括营业收入、投资收入、营业外收入等。狭义的收入仅指营业收入,其他不属于营业收入的所得除外。我国《企业会计准则》对收入做了狭义的规定,即"收入是企业在日常活动中形成的、会导致所有者权益增加的与投资者投入资本无关的经济利益的总流入"。

狭义的收入即营业收入,是企业在销售商品、提供劳务及让渡资产使用权等日常活动中所形成的经济利益的总流入,包括主营业务收入和其他业务收入两部分。主营业务收入,指企业在其主要的或主体业务活动中所取得的营业收入。其他业务收入,指企业除主营业务以外的其他业务活动所取得的收入。收入不包括为第三方或者客户代收的款项。

一、收入的确认

企业的经营活动是连续不断地进行的,投入企业的资金也随着经营活动的进行而不断地改变其占用形态及数量。合理地确认营业收入,对于正确计算企业经营成果、评价企业经济效益具有重要的意义。

我国 2017 年 7 月 5 日最新修订的《企业会计准则——收入》第四条规定,企业应当在履行了合同中的履行义务,即在客户取得相关商品控制权时确认收入。取得相关商品控制权,是指能够主导该商品的使用并从中获得几乎全部的经济利益。当企业与客户之间的合同同时满足下列条件时，企业应当在客户取得相关商品控制权时确认收入：

(1)合同各方已批准该合同并承诺将履行各自义务；

(2)该合同明确了合同各方与所转让商品或提供劳务相关的权利和义务；

(3)该合同有明确的与所转让商品相关的支付条款；

(4)该合同具有商业实质，即履行该合同将改变企业未来现金流量的风险、时间分布或金额；

(5)企业因向客户转让商品而有权取得的对价很可能收回。

二、收入的计量

企业应当按照分摊至各单项履行义务的交易价格计量收入。交易价格，是指企业因向客户转让商品而预期有权收取的对价金额。企业代第三方收取的款项以及企业预期将退还给客户的款项，应当作为负债进行会计处理，不计入交易价格。企业应当根据合同条款，并结合以往的习惯做法确定交易价格。在确定交易价格时，企业应当考虑可变对价、合同中存在的重大融资成分、非现金对价、应付客户对价等因素的影响。

三、收入的核算

(一)设置的账户

收入核算设置的主要账户有：

(1)“主营业务收入”账户。本账户核算企业销售产品或提供劳务而确定的收入。该账户的贷方登记企业取得的销售收入，借方登记期末转入“本年利润”账户的销售收入；结转后该账户期末无余额。

(2)“主营业务成本”账户。本账户核算企业已售出产品、劳务的成本。该账户的借方登记已售产品、劳务的成本，贷方登记期末转入“本年利润”账户的销售成本；结转后该账户期末无余额。

(3)“销售费用”账户。本账户核算企业在销售过程中所发生的各项销售费用。该账户借方登记发生的销售费用，贷方登记期末转入“本年利润”账户的销售费用；结转后该账户期末无余额。

(4)“税金及附加”账户。本账户核算企业在经营活动中发生的消费税、城市维护建设税、资源税和教育费附加等相关税费。该账户的借方登记应交纳的销售税费，贷方登记期末转入“本年利润”账户的销售收入；结转后该账户期末无余额。

(5)“应交税费”账户。本账户核算企业应交纳的销售税金。该账户贷方登记按规定计算出的应交纳的销售税费，贷方登记通过银行已交纳的销售税费；余额在贷方，表示应交未交的税费。

(6)“预收账款”账户。本账户核算企业按照合同规定向购货单位预收的货款。该账户的贷方登记按照合同预收的货款，借方登记发货后与购货单位结算的货款；余额在贷方，表示已预收但尚未发货的款项。预收款项不多的企业可不设本科目，将预收款项直接记入“应收账款”科目的贷方，将发货后与购货单位结算的预收款项记入“应收账款”科目的借方。

（二）核算举例

【例 4-26】企业销售甲产品 40 件，单价 5 000 元，收到货款 150 000 元并存入银行，其余 50 000 元尚未收到。

这项经济业务使企业银行存款、应收账款增加，同时取得销售收入。所以“银行存款”“应收账款”账户记借方，“主营业务收入”账户记贷方。会计分录如下：

借：银行存款　　150 000
　　应收账款　　50 000
　贷：主营业务收入　　200 000

【例 4-27】企业用银行存款 10 000 元支付产品广告费。

这项经济业务使企业银行存款减少，同时使销售费用形成。“销售费用”账户记借方，“银行存款”账户记贷方。会计分录如下：

借：销售费用　　10 000
　贷：银行存款　　10 000

【例 4-28】根据合同预收某单位购货款 6 000 元。

这项经济业务使银行存款增加，同时使预收账款增加。“银行存款”账户增加记借方，“预收账款”或“应收账款”账户增加记贷方。会计分录如下：

借：银行存款　　6 000
　贷：应收账款　　6 000

【例 4-29】企业计算并结转应交纳的 15 000 元销售税金。

这项经济业务使销售税金增加，同时使应交税金增加。“税金及附加”账户记借方，“应交税费”账户记贷方。会计分录如下：

借：税金及附加　　15 000
　贷：应交税费　　15 000

【例 4-30】企业结转已销售甲产品 50 件的实际生产成本，单位成本为 2 072 元，总成本 103 600 元。

这项经济业务使企业的销售成本增加，同时使库存产成品减少。“销售成本”账户记借方，“产成品”账户记贷方。会计分录如下：

借：主营业务成本　　103 600
　贷：库存商品　　103 600

第六节　利润的确认与计量

利润是企业在一定期间生产经营的最终成果。它是收入与费用相抵以后的差额，如果收入大于费用，其间差额为利润；反之为亏损。

一、利润的确认

利润是综合反映企业一定时期生产经营成果的重要指标。企业各方面的情况，诸如劳动生产率的高低、产品是否适销对路、产品成本和期间费用的节约与否，都会通过利润指标得到综合反映。因此，透过利润指标可以发现企业在生产经营中存在的问题，以便不断改善经营管理，提高经济效益。

利润按照配比的原则，是将一定时期内相对应的收入与费用进行配比，收入大于费用的部分为利润，反之则为亏损。利润的确认，是以企业生产经营活动过程中所产生的收入和费用的确认为基础，同时也包括通过投资活动而获得的投资收益，还包括那些与生产经营活动无直接关系的营业外收入和营业外支出。

二、利润的计量

（一）利润总额的计算

企业的利润总额可以通过以下公式来计算：

营业利润＝营业收入－营业成本－税金及附加－管理费用－财务费用－销售费用等

利润总额＝营业利润＋营业外收入－营业外支出

营业外收入反映企业发生的营业利润以外的收益，主要包括债务重组利得，与企业日常活动无关的政府补助、盘盈利得、捐赠利得等。

营业外支出反映企业发生的营业利润以外的支出，主要包括债务重组损失、公益性捐赠支出、非常损失、盘亏损失、非流动资产毁损报废损失等。此处需要注意的是，企业处置固定资产和无形资产的收益（或损失），应该填列在“资产处置收益”项目（损失以“－”填列）；如果固定资产出现毁损报废的损失，应该填列在“营业外支出”项目。

（二）净利润的计算

企业的净利润是利润总额减去所得税后的余额。计算公式如下：

净利润＝利润总额－所得税费用

当期所得税＝应纳税所得额×所得税税率

（三）利润分配的计算

企业实现的利润，按照国家固定的税率计算交纳所得税。对于交纳所得税后的净利润，企业应按照规定的顺序进行分配。净利润的分配主要有：按税后利润的规定比例提取盈余公积金，作为企业的公共积累；向投资者分配利润。

三、利润的核算

（一）设置的账户

利润核算设置的主要账户有：

（1）“营业外收入”账户。本账户核算企业所取得的各项营业外收入。该账户贷方登记企业取得的各项营业外收入，借方登记期末转入“本年利润”账户的营业外收入；结转后该账户无余额。

（2）“营业外支出”账户。本账户核算企业发生的各项营业外支出。该账户的借方登记企业发生的各项营业外支出，贷方登记期末转入“本年利润”账户的营业外支出；结转后该账户无余额。

（3）“所得税费用”账户。本账户核算企业应交的所得税额。该账户的借方登记企业按规定计算的应交所得税,贷方登记期末结转“本年利润”账户的应交所得税;结转后该账户无余额。

(4)“盈余公积”账户。本账户核算企业盈余公积的提取和使用。该账户的贷方登记企业提取的盈余公积;借方登记使用的盈余公积,如弥补亏损、转增资本等;余额在贷方,表示结余的盈余公积。

(5)“应付股利(利润)”账户。本账户核算股份制企业(或非股份制企业)应付给投资者的股利或利润。该账户的贷方登记企业计算出的应付投资者的股利(利润),借方登记已支付给投资者的股利(利润);余额在贷方,表示尚未支付的应付利润。

(6)“本年利润”账户。本账户核算企业实现的利润或亏损总额。贷方登记由各项收入账户转入的收入,包括主营业务收入、营业外收入等;借方登记由各项费用账户转入的费用,包括主营业务成本、销售费用、税金及附加、管理费用、财务费用、营业外支出等。余额若在贷方,表示企业本年内实现的利润总额;余额若在借方,表示企业本年内实现的亏损总额。按规定将所得税记入该账户的借方后,此时该账户贷方余额为企业的税后净利润,年终将此余额结转“利润分配”账户,结转后“本年利润”账户无余额。

(7)“利润分配”账户。本账户核算企业税后净利润的分配。该账户的借方登记已分配的利润,包括提取的盈余公积金、向投资者分配的利润等;贷方登记从“本年利润”账户转入的企业税后净利润;余额在贷方,表示未分配的利润。

该账户下应设置“利润分配——提取盈余公积”“利润分配——应付股利”“利润分配——未分配利润”三个明细账户。年终将企业实现的税后净利润从“本年利润”账户转入“利润分配——未分配利润”明细账户的贷方,同时再将另外两个明细账户的余额转入“利润分配——未分配利润”明细账户的借方,结转后,除“利润分配——未分配利润外”,其他明细账户应无余额。

(二)核算举例

【例 4-31】企业以银行存款支付违约罚款 1 300 元。

这项经济业务使企业营业外支出增加,同时使企业银行存款减少。“营业外支出”记借方,“银行存款”账户记贷方。会计分录如下:

借:营业外支出　　1 300
　贷:银行存款　　1 300

【例 4-32】企业将无法支付的应付账款 2 400 元转作营业外收入。

这项经济业务使企业营业外收入增加,同时使本企业的应付账款减少。“应付账款”账户记借方,“营业外收入”账户记贷方。会计分录如下:

借:应付账款　　2 400
　贷:营业外收入　　2 400

【例 4-33】将企业本期实现的主营业务收入 250 000 元、营业外收入 2 400 元结转“本年利润”账户。

这项经济业务是将主营业务收入、营业外收入结转本年利润。“主营业务收入”账户、“营业外收入”账户记借方,“本年利润”账户记贷方。会计分录如下:

借:主营业务收入　　250 000

　营业外收入　　2 400

贷:本年利润　　252 400

【例 4-34】将企业本期发生的主营业务成本 103 600 元、销售费用 10 000 元、税金及附加 15 000 元、管理费用 41 300 元、财务费用 1 200 元、营业外支出 1 300 元结转"本年利润"账户。

以上经济业务是将企业本期的各项费用账户余额结转"本年利润"账户,"本年利润"账户记借方,所涉及的六个对应费用账户记贷方。会计分录如下:

借:本年利润　　172 400

　贷:主营业务成本　　103 600

　　销售费用　　10 000

　　税金及附加　　15 000

　　管理费用　　41 300

　　财务费用　　1 200

　　营业外支出　　1 300

【例 4-35】按规定税率 25%,计算企业应交纳的所得税。

首先应计算企业的应纳税所得额,此处即指企业实现的利润总额,然后计算应交纳的所得税。计算过程如下:

营业利润=主营业务收入－主营业务成本－税金及附加－销售费用－管理费用－财务费用

　　　　= 250 000－103 600－15 000－10 000－41 300－1 200

　　　　= 78 900(元)

利润总额=营业利润＋营业外收入－营业外支出

　　　　= 78 900＋2 400－1 300

　　　　= 80 000(元)

应纳所得税=应纳税所得额×所得税税率

　　　　=80 000×25%

　　　　=20 000(元)

这项经济业务使企业的所得税增加,同时使应交所得税增加。"所得税费用"账户记借方,"应交税费"账户记贷方。会计分录如下:

借:所得税费用　　20 000

　贷:应交税费　　420 000

【例 4-36】将应交所得税费用结转"本年利润"账户。

这项经济业务是将"所得税费用"账户余额结平,"本年利润"账户记借方,"所得税费用"账户记贷方。会计分录如下:

借:本年利润　　20 000

　贷:所得税费用　　20 000

【例 4-37】按企业净利润的 10%提取盈余公积金。

应提盈余公积=净利润×提取比例

=(80 000－20 000)×10%

=6 000(元)

这项经济业务使利润分配增加,同时使盈余公积增加。利润分配的增加实质上是企业净利润的减少，应记入“利润分配——提取盈余公积”账户的借方，盈余公积的增加应记入“盈余公积”账户的贷方。会计分录如下：

借：利润分配——提取盈余公积　　6 000
　贷：盈余公积　　6 000

【例 4-38】企业决定向投资者分配利润 18 240 元。

这项经济业务使利润分配增加，同时使应付投资者的利润增加。利润分配的增加是企业净利润的减少，应记入“利润分配——应付利润”账户的借方，应付利润的增加是负债的增加，应记入“应付利润”账户的贷方。会计分录如下：

借：利润分配——应付利润　　18 240
　贷：应付利润　　18 240

【例 4-39】企业将实现的净利润 60 000 元(80 000－20 000)转入“利润分配——未分配利润”账户。

这项经济业务是结平“本年利润”账户，因此，“本年利润”账户记借方，“利润分配——未分配利润”由于转入了净利润，应记贷方。会计分录如下：

借：本年利润　　60 000
　贷：利润分配——未分配利润　　60 000

【例 4-40】将“利润分配”账户下其他两个明细账户的余额转入“利润分配——未分配利润”明细账户。会计分录如下：

借：利润分配——未分配利润　　24 240
　贷：利润分配——提取盈余公积　　6 000
　　利润分配——应付利润　　18 240

年终，该企业“利润分配——未分配利润”账户的贷方余额为 35 760 元(60 000－24 240)，表示企业年末的未分配利润是企业留存收益 41 760 元(6 000＋35 760)的组成部分，也是所有者权益的组成部分。

思考题

1.简述制造业生产过程的核算
2.简述企业筹集资金的渠道。
3.如何核算产品的制造成本？
4.如何计算企业的营业利润、利润总额和净利润？

本章小结

(1)制造业是按照社会主义市场经济体制的要求面向市场、独立核算、自负盈亏、自我积累、自我发展、制造产品的营利性组织。它的基本任务就是满足市场需求，提高产品质量，不断提高产品技术含量，不断创新；降低产品成本，降低费用，提高经济效益和社会效益。

(2)企业作为一个营利性的经济实体，为开展生产经营活动，实现其营利的目的，必须筹集足够的资金。企业筹集资金的渠道有两种:权益资本筹资和债务资本筹资。权益资本筹资是企业所有者对企业投入的资金,企业所有者提供的资金被称为所有者权益(在股份公司中称为股东权益);债务资本筹资是通过举债向债权人借入的资金,向债权人借入的资金在会计平衡公式中被称为负债。

(3)成本核算程序

①确定成本计算对象。成本计算对象就是费用的归集对象。确定成本计算对象就是指以什么来归集生产费用和计算产品成本。根据企业生产类型的特点和管理要求对成本的影响,企业的成本计算对象主要有三种类型,即产品品种、产品批别和产品生产步骤。相应采用的成本计算方法为品种法、分批法、分步法。

②按成本项目归集和分配生产费用。企业在生产过程中发生的各项费用按其经济用途分类,称为产品成本项目。工业企业一般设置以下三个成本项目:直接材料、直接人工、制造费用。

③计算产品生产成本。成本计算是指在生产经营过程中,按照成本计算对象归集和分配发生的各项费用支出,以确定该对象的总成本和单位成本。在各项费用按成本项目分别归集分配到各成本计算对象的基础上,就可以计算各种对象的总成本和单位成本。对月末没有在产品的产品,将按成本项目归集和分配的费用汇总,就是该种产品的完工产品成本。对于既有当期完工产品又有期末在产品的产品,应将月初在产品成本与本月产品费用之和,在本月完工产品与月末在产品之间进行分配和归集,分别计算出该种完工产品成本与月末在产品成本。

(4)利润是综合反映企业一定时期生产经营成果的重要指标。企业各方面的情况,诸如劳动生产率的高低、产品是否适销对路、产品成本和期间费用的节约与否,都会通过利润指标得到综合反映。因此,透过利润指标可以发现企业在生产经营中存在的问题,以便不断改善经营管理,提高经济效益。

(5)营业利润 = 营业收入－营业成本－税金及附加－管理费用－财务费用－销售费用等

利润总额＝营业利润＋营业外收入－营业外支出

净利润＝利润总额－所得税费用

(6)本章重点要求学生掌握负债、资产、成本、费用、收入、利润等的核算;掌握短期借款、长期借款、实收资本(股本)、资本公积、库存现金、银行存款、固定资产、在途物资、原材料、生产成本、制造费用、库存商品、主营业务收入、主营业务成本、管理费用、财务费用、销售费用、本年利润、利润分配、盈余公积等会计科目的使用。

练习题

(一)单项选择题

1.甲公司以现金 2 000 万元向乙企业投资,投资后占到乙企业注册资本的 20%,乙企业在甲公司投资后的注册资本为 8 000 万元,则乙企业在“资本公积”应该登记的金额是(　　)万元

A.2 000　　B.1 600　　C.400　　D.1 200

2.如题1条件，乙企业在“实收资本”应该登记的金额是(　　)万元。

A.2 000　　B.1 600　　C. 400　　D.1 200

3.企业对开出并承兑的商业汇票使用(　　)核算

A.应付票据　　B.应付账款　　C.其他货币资金　　D.应收票据

4.企业的应收票据在到期时，承兑人无力偿还票款的，应将其转入(　　)科目。

A.应收账款　　B.应付账款　　C.预收账款　　D.预付账款

5.企业每期摊销无形资产价值时，贷记(　　)账户。

A.累计摊销　　B.累计折旧　　C.无形资产　　D.资产减值损失

6.企业提取盈余公积时，应借记的账户是(　　)。

A.利润分配　　B.本年利润　　C.库存现金　　D.盈余公积

7.货币资金不包括(　　)。

A.货币资金　　B.银行存款　　C.其他货币资金　　D.长期股权投资

8.下列各项属于留存收益的是(　　)。

A.盈余公积　　B.资本公积　　C.实收资本　　D.生产成本

9.下列不属于狭义收入内容的是(　　)。

A.销售商品的收入　　B.运输服务收入　　C.罚款收入　　D.利息收入

10.下列科目中，属于调整类账户的是(　　)。

A.累计折旧　　B.管理费用　　C.主营业务收入　　D.预收账款

11.下列支出中，不属于期间费用支出的是(　　)。

A.管理费用　　B.销售费用　　C.财务费用　　D.制造费用

12.下列科目中，属于流动资产的是(　　)。

A.固定资产　　B.无形资产　　C.预收账款　　D.应收账款

13.下列税金中，不能通过“税金及附加”科目核算的是(　　)。

A.增值税　　B.消费税　　C.教育费附加　　D.车船税

14.“累计摊销”属于(　　)科目。

A.资产类　　B.负债类　　C.所有者权益类　　D.损益类

15.下列项目中，不属于制造企业存货的是(　　)。

A.原材料　　B.在产品　　C.产成品　　D.工程物资

(二)多项选择题

1.制造业资金筹集的主要渠道有(　　)。

A.负债　　B.投入资本　　C.成本　　D.费用　　E.收入

2.下列项目中，属于企业留存收益的有(　　)。

A.实收资本　　B.资本公积　　C.盈余公积

D.未分配利润　　E.生产成本

3.企业计提职工薪酬时，可以借记的账户有(　　)。

A.生产成本　　B.制造费用　　C.管理费用

D.销售费用　　E.固定资产

4.我国会计核算中的货币资金主要包括(　　)。

A.库存现金　　B.银行存款　　C.其他货币资金
D.交易性金融资产　　E.应收款项
5.下列不属于固定资产的是(　　)。
A.工具、器具　　B.商标权　　C.机器　　D.房屋　　E.汽车
6.将一项负债确认为流动负债,应满足的条件有(　　)。
A.预计在一个正常营业周期内清偿
B.主要为交易目的而持有
C.有清偿债务的系统计划
D.自资产负债表日起1年内到期应予以清偿
E.企业无权自主将清偿推迟至资产负债表日后1年以上
7.下列各项属于长期负债的有(　　)。
A.长期借款　　B.应付债券　　C.长期应付款
D.制造费用　　E.预付账款
8.下列账户中,属于损益类的有(　　)。
A.主营业务收入　　B.主营业务成本　　C.生产成本
D.管理费用　　E.制造费用
9.下列账户中,不应该在期末转入"本年利润"账户的有(　　)。
A.主营业务收入　　B.主营业务成本　　C.生产成本
D.管理费用　　E.制造费用
10.下列账户中,不构成营业利润的项目有(　　)。
A.制造费用　　B.营业外支出　　C.生产成本
D.管理费用　　E.主营业务收入
11.下列项目中,不构成产品成本的有(　　)。
A.销售费用　　B.直接材料　　C.直接人工
D.管理费用　　E.制造费用
12.收入增加可能表现为(　　)。
A.资产增加　　B.负债减少　　C.资产减少
D.负债增加　　E.所有者权益减少
13.费用增加可能表现为(　　)。
A.资产增加　　B.负债减少　　C.资产减少
D.负债增加　　E.所有者权益减少
14.下列项目中,构成利润总额的有(　　)。
A.主营业务收入　　B.主营业务成本　　C.营业外收入
D.营业外支出　　E.所得税费用
15.影响期末在产品成本的因素有(　　)。
A.期初在产品成本　　B.本期生产费用　　C.本期管理费用
D.本期财务费用　　E.本期销售成本

（三）判断题

1.企业采用预收账款的方式销售，应在预先收取货款时确认收入和负债。 （ ）

2.企业的应付票据在到期日无法支付的，应该转为应付账款。 （ ）

3.预提短期借款利息时，通过“短期借款”贷方核算。 （ ）

4.为获得职工提供当前服务而在其离职后给予的报酬不属于职工薪酬。 （ ）

5.所有固定资产均应该每期计提折旧。 （ ）

6.所有的无形资产均应该每期摊销其价值。 （ ）

7.收入就是利得。 （ ）

8.所得税费用就是企业应交的所得税。 （ ）

9.税金及附加是指企业在销售商品和提供劳务等环节交纳的除增值税以外的税金及附加。 （ ）

10.管理费用是指企业为了组织和管理企业生产经营所发生的费用。 （ ）

11.企业确认存货时，应以存货是否具有法定所有权和是否存放在企业为依据。 （ ）

12.企业借给职工的差旅费，应通过应收账款进行核算。 （ ）

13.所有者权益仅包括实收资本和资本公积。 （ ）

14.留存收益包括盈余公积和未分配利润。 （ ）

15.“累计折旧”账户是“固定资产”的调整账户，以固定资产账面原值减累计折旧即为固定资产净值。 （ ）

（四）业务题

1.所有者权益的核算：

(1)收到甲公司投资兴建的新厂房一幢，价值 3 000 万元。

(2)收到乙公司投入货币资金 700 万元，已存入银行。

(3)收到丙公司投入的一批钢材，确认价值为 4 万元。

(4)收到丁公司投入设备一台，经评估确认的价值为 10 万元。

(5)收到李强先生作为新投资人投入的汽车，公允价值 21 万元，双方确认的价值为 20 万元。

2.负债的核算：

(1)向银行借入短期借款 30 万元存入银行。

(2)从某企业购入原料一批，价值 1 万元，货款暂欠，材料已验收入库。

(3)以银行存款归还银行借款 30 万元。

(4)用银行存款归还材料款 1 万元。

(5)从实利公司购入原料一批，价值 10 万元，其中 5 万元已用银行存款支付，其余货款暂欠，并开出商业承兑汇票，材料已验收入库。

3.资产的核算：

(1)用支票购入机器一台，价值 30 万元。

(2)购入钢板一批，价值 25 000 元，材料已验收入库，用银行支票付款。

(3)从银行提取现金 8 000 元备用。

(4)经理出差预借差旅费,支付现金 7 000 元。

(5)用支票 4 000 元购入原料一批,材料未收到。

(6)将库存现金 8 500 元送存银行。

4.成本综合练习:

某企业生产 A、B 两种产品。A 产品期初在产品成本为 1 000 元,其中直接材料费 700 元,直接人工费 200 元,制造费用 100 元。本月发生材料费用 35 000 元,生产工人工资 5 000 元,月末在产品成本为 1 200 元,其中直接材料费 800 元,直接人工费 300 元,制造费用 100 元。A 产品完工产量为 400 件;B 产品期初在产品为 1 500 元,本月发生材料费用 31 200 元,生产工人工资 4 000 元,月末无在产品,完工产量为 300 件。本月共发生制造费用 4 500 元。要求:

(1)计算 A 完工产品的总成本和单位成本。

(2)制造费用按生产工时比例分配法分配(A 产品生产工时为 800 h,B 产品生产工时为 700 h),并将计算结果填在下列分配表和明细账中。

制造费用分配表

产品名称	生产工时(h)	分配率	分配额(元)
合　计			

生产成本——基本生产成本

产品名称:A 产品　　　　完工产量:400 件

20××年		凭证		摘要	借方			
月	日	字	号		直接材料费	直接人工费	制造费用	合计
				期初在产品成本				
				领用材料				
				分配职工薪酬				
				分配制造费用				
				生产费用合计				
				完工产品成本转出				
				完工产品单位成本				
				期末在产品成本				

5.费用、成本、收入和利润核算：

(1)购买办公用品，价值 2 000 元，已用支票付款。

(2)以银行存款支付本月电费 6 000 元，其中：甲产品耗电价值 1 400 元，乙产品耗电价值 2 000 元，车间耗电价值 700 元，企业管理部门耗电价值 1 900 元。

(3)从银行存款提取现金 104 650 元，发放职工薪酬。

(4)以支票 700 元、现金 300 元支付企业排污费、绿化费等。

(5)结转本月领料情况，其中：甲产品领用材料费 11 400 元，乙产品领用材料费 17 100元，车间领用材料费 2 850 元，企业领用材料费 6 840 元。

(6)职工李海预借差旅费 1 300 元。

(7)用银行存款支付广告费 1 000 元。

(8)支付银行借款利息 6 000 元。

(9)用现金支付违约罚款 200 元。

(10)用支票支付车间财产保险费 1 000 元。

(11)提取本月固定资产折旧，其中车间 3 000 元，企业行政管理部门 2 000 元。

(12)职工李海出差回来报销差旅费 1 200 元，余款退回。

(13)生产本月应付职工薪酬，甲产品生产工人工资 40 000 元，乙产品生产工人工资 60 000元，车间管理人员工资 1 450 元，企业管理部门人员工资 3 200 元。

(14)按生产工时比例分配制造费用，其中：甲产品工时为 4 000 h，乙产品工时为 6 000 h。

(15)假设没有期初、期末在产品，本月生产甲产品 100 件全部完工，结转其完工产品成本。

(16)向红光商贸中心销售甲产品 80 件，单价 1 300 元，将部分货款 60 000 元存入银行，其余货款尚未收回，假设不考虑税费。

(17)计算并结转本月应交的销售税金 3 200 元。

(18)结转已售甲产品的销售成本(按本月完工产品成本计算)。

(19)将无法支付的应付账款 12 000 元转为营业外收入。

(20)将“主营业务收入”“营业外收入”“主营业务成本”“营业税金及附加”“销售费用”“管理费用”“财务费用”“营业外支出”等账户余额结转“本年利润”账户，计算当期损益。

(21)按税率 25%计算应交所得税并结转计入本年利润。

(22)企业按税后利润的 10%提取盈余公积。决定按税后利润的 20%向投资者分配利润。

(23)年终结转“本年利润”和“利润分配”账户的余额，确定本年的未分配利润。

第五章

会计凭证

学习目的：通过本章学习，了解会计凭证的作用、意义、种类、传递和保管；理解原始凭证的概念、作用、种类、编制和审核；理解记账凭证的概念、作用、种类、编制和审核；掌握会计凭证的审核及审核后的处理；能够运用本章所学知识对原始凭证和记账凭证的用途进行区分，并正确地编制记账凭证。

引导案例

拒交公司会计凭证 安庆一出纳员获刑

安徽省安庆市大观区人民法院公开宣判一起隐匿会计凭证案。被告人出纳员王某由于个人对公司不满故意将依法由其保管的会计凭证、会计账簿隐匿拒不交出，其隐匿会计账册的票面金额总计为 321 万元，其行为已构成隐匿会计凭证罪，法院依法判处被告人有期徒刑 1 年，缓刑 1 年，并处罚金人民币 2.5 万元。该公司聘用的会计师事务所审核过程中需要审核王某保管的会计凭证才能完成对该公司的审计工作。

会计凭证是会计实现核算和监督职能的重要会计资料之一，它支持账簿记录和财务会计报表编制。我国《会计法》规定："各单位必须根据实际发生的经济业务事项进行会计核算，填制会计凭证，登记会计账簿，编制财务会计报告。"

第一节　会计凭证的概念与种类

一、会计凭证的概念

企业、事业单位经济活动中发生的各种经济业务，如支付职工薪酬、开支管理费用等，都需要进行记录，以便反映经济业务发生的具体情况，表明经办单位和人员的经济责任，并作为进一步会计处理的依据。根据实际发生的经济业务填制会计凭证是进入会计核算系统的第一步。

会计凭证(accounting document)是记录经济业务、明确经济责任的按一定格式编制的作为记账依据的书面证明。例如，A 企业从外部购入机器设备的配件一个，价款 2 000

元。A 企业会计根据采购人员取得的发票进行账务处理，编制反映该笔交易的会计分录。本例中，发票是原始凭证，A 企业会计用于编制会计分录的凭证是记账凭证。

二、会计凭证的种类

按照填制程序和用途进行分类，会计凭证可分为原始凭证和记账凭证两大类。

（一）原始凭证

原始凭证（source document）是指在经济业务发生时取得或填制的、用以记录经济业务发生或完成情况且具有法律效力的书面证明。原始凭证是在经济业务的发生时取得或填制的，是进行会计核算的初始资料和依据。因此，原始凭证必须能够证明经济业务已经发生或完成。

原始凭证可以按不同标准进一步进行分类。

（1）按来源不同分为外来原始凭证和自制原始凭证。外来原始凭证是指经济业务发生时从其他单位或个人取得的原始凭证，如购买材料从外单位取得的发票，银行转来的收款通知单、付款通知单等。自制原始凭证是指本单位内部经办业务的部门和人员在办理经济业务时自行填制的原始凭证，如销售产品时开具的发货票、材料验收入库时开具的收料单、材料领用出库时开具的领料单等。例如，天津 A 企业从北京 B 企业购买商品，同时取得 B 企业开出的“北京增值税普通发票”的“发票联”，见图 5-1。本例中，A 企业取得的发票联是 A 企业取得的外来原始凭证，B 企业开出并保留的“记账联”是 B 企业自制的原始凭证。

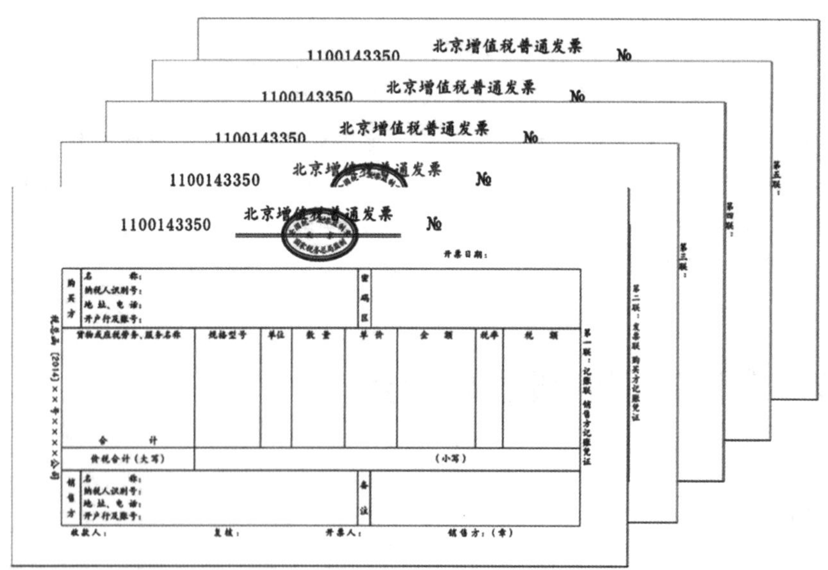

1100143350 北京增值税普通发票 №

开票日期：

购买方	名称： 纳税人识别号： 地址、电话： 开户行及账号：					密码区		
货物或应税劳务、服务名称	规格型号	单位	数量	单价	金额	税率	税额	
合计								
价税合计（大写）				（小写）				
销售方	名称： 纳税人识别号： 地址、电话： 开户行及账号：					备注		

收款人： 复核： 开票人： 销售方：（章）

批准文号 [2014]××号××××公司

第一联：记账联 销售方记账凭证

第二联：发票联 购买方记账凭证

第三联

第四联

第五联

图 5-1 发票

（2）按填制次数分为一次凭证和累计凭证。一次凭证是指在经济业务发生时一次填制完成、用以记录一项或若干项同类经济业务的原始凭证，如发票。累计凭证是指在一定时期内连续多次记载若干项不断重复发生的同类经济业务的原始凭证。累计凭证直到期末方能填制完成，并以其累计数作为记账的依据，如工业企业发出材料时填制的限额领料单(表 5-1)。

表 5-1　限额领料单

领料部门：　　　　　　　　　　　　　　　　　　　　　　第　　号

用途：　　　　　　20　　年　　月　　日　　　　　　　发料仓库：

<table>
<tr><td rowspan="3">材料编号</td><td rowspan="3">材料名称规格</td><td rowspan="3">计量单位</td><td rowspan="3">计划投产量</td><td rowspan="3">单位消耗定额</td><td rowspan="3">领用限额</td><td colspan="19">实发</td></tr>
<tr><td rowspan="2">数量</td><td colspan="8">单价</td><td colspan="10">金额</td></tr>
<tr><td>百</td><td>十</td><td>万</td><td>百</td><td>十</td><td>元</td><td>角</td><td>分</td><td>千</td><td>百</td><td>十</td><td>万</td><td>千</td><td>百</td><td>十</td><td>元</td><td>角</td><td>分</td></tr>
<tr><td></td><td></td><td></td><td></td><td></td><td></td><td></td><td></td><td></td><td></td><td></td><td></td><td></td><td></td><td></td><td></td><td></td><td></td><td></td><td></td><td></td><td></td><td></td><td></td><td></td></tr>
</table>

<table>
<tr><td rowspan="2">日期</td><td colspan="3">领用</td><td colspan="3">退料</td><td rowspan="2">限额结余数量</td></tr>
<tr><td>数量</td><td>领料人</td><td>发料人</td><td>数量</td><td>退料人</td><td>收料人</td></tr>
<tr><td></td><td></td><td></td><td></td><td></td><td></td><td></td><td></td></tr>
<tr><td></td><td></td><td></td><td></td><td></td><td></td><td></td><td></td></tr>
<tr><td></td><td></td><td></td><td></td><td></td><td></td><td></td><td></td></tr>
</table>

仓库保管：　　　　　　　　　　　　　　　　　　　　　　制单：

(3)按记录经济业务数量的多少分为单项原始凭证和汇总原始凭证。单项原始凭证是指只记录一项经济业务的原始凭证,如“发货票”“借款单”等。汇总原始凭证是指反映一定期间许多同类经济业务的原始凭证汇总编制的原始凭证,如收料汇总表、发料汇总表、工资结算汇总表等。

(4)按适用范围不同分为通用原始凭证和单位内部使用原始凭证。通用原始凭证是指在全国或某一地区统一格式、统一印制、统一使用的原始凭证,如增值税专用发票。单位内部使用原始凭证是指根据单位自身经济业务特点自行设计印制且仅限于本单位使用的原始凭证,如收料单、领料单、差旅费报销单、借款单等。

(二)记账凭证

记账凭证(journal voucher)是指会计人员根据审核无误后的原始凭证或原始凭证汇总表填制的、据以登记会计账簿的会计凭证。实际会计工作中,编制会计分录是通过填制记账凭证来实现的。

记账凭证按其用途分类可分为分录记账凭证和汇总记账凭证。

1.分录凭证

分录记账凭证,简称分录凭证,是填写会计分录的记账凭证。它一般根据原始凭证编制,在凭证上写明会计科目的对应关系、记账方向和金额。

(1)按反映经济业务性质不同分类。分录凭证按其反映经济业务性质不同可分为收款凭证、付款凭证和转账凭证三种凭证。收款凭证是记录库存现金、银行存款收款业务的分录凭证;付款凭证是记录库存现金、银行存款支付业务的分录凭证;转账凭证是记录与货币收付无关的其他业务的分录凭证。这种凭证的分类便于区别经济业务的性质,便于编制会计分录。分录凭证还可分为现金凭证、银行凭证和转账凭证。如果企业库存现金、银行存款业务多，且对现金、银行存款的收支设专人分管，则可将企业使用的分录凭证分为五种，即现金收款凭证、现金付款凭证、银行存款收款凭证、银行存款付款凭证和转账凭证。

(2)按使用范围不同分类。分录凭证按其使用范围不同分为通用记账凭证和专用记账凭证。通用记账凭证是适用于各种经济业务的会计凭证，它采用转账凭证的格式；专用记账凭证是适用于某种经济业务的分录凭证，如收款凭证、付款凭证和转账凭证。

企业的记账凭证多种多样，为了便于识别，对不同种类的记账凭证，可以选用不同颜色印制，如收款凭证用红色，付款凭证用蓝色，转账凭证用绿色等。

企业单位在选用记账凭证时，要考虑本单位会计事项的多少，采用一种或数种记账凭证；要结合会计人员分工情况和采用的会计核算形式，选用一种或数种记账凭证。

2.汇总记账凭证

汇总记账凭证，简称汇总凭证，是根据分录凭证汇总编制的记账凭证。它可简化登记总账的手续。汇总凭证按其内容不同，分为分类汇总记账凭证和全部汇总记账凭证。

(1)分类汇总记账凭证。分类汇总记账凭证是指分别对每一种专用凭证定期进行汇总的记账凭证。如果企业采用的记账凭证为收款凭证、付款凭证和转账凭证，定期对这三种专用记账凭证进行汇总的记账凭证分别称为汇总收款凭证、汇总付款凭证和汇总转账凭证。

(2)全部汇总记账凭证。全部汇总记账凭证是指汇总一定时期全部记账凭证的汇总记账凭证。这种凭证集中反映一定时期的经济活动情况，便于登记总账。全部汇总记账凭证亦称为综合汇总记账凭证、科目汇总表或记账凭证汇总表。

第二节 原始凭证

一、原始凭证的构成要素

原始凭证是用来记录经济业务发生或完成情况的，而经济业务又是多种多样的，那么就需分别填制或取得内容各不相同的原始凭证。但是，无论什么原始凭证，都要遵循如实反映经济业务发生的原貌(发生的时间、内容、数量、金额等方面)、明确经办人员责任等原则，所以，原始凭证的格式就有其共同的构成要素。

(1)凭证的名称；

(2)填制凭证的日期；

(3)填制凭证单位的名称或者填制人姓名；

(4)经办人员的签名或者盖章；

(5)接受凭证单位的名称；

(6)经济业务的内容；

(7)数量、单位和金额。

原始凭证除了必须具备以上基本要素外，还可根据单位自身经济活动的特点及经营管理的需要，补充一些必要的内容。例如，为防止伪造，凭证采用在凭证上印出单位的地址、开户银行账号；指出办理业务时需要附加说明的情况，有的凭证还印有备注栏。

二、原始凭证的填制要求

(1)填制必须及时。原始凭证应在经济业务发生时及时填制，不得拖延。

(2)内容必须真实、可靠。对经济业务发生情况应如实地进行记录，不得弄虚作假。

(3)记录必须完整、清晰。原始凭证中有关项目必须逐项填写齐全，不得遗漏。各项目要填写清晰，特别是文字说明应字迹工整，简单明了。另外，原始凭证需用蓝色或黑色墨水填写。若需填制多联原始凭证，可用蓝、黑色圆珠笔复写，但各联字迹必须清晰，易于辨认。随着技术进步，现在单位填制凭证时更多使用开票软件和针式打印机填制。原始凭证不得涂改、挖补。发现原始凭证有错误的，应当由开出单位重开或者更正，更正处应当加盖单位的公章。

(4)数字必须准确无误。首先，数字书写应规范。阿拉伯数字应当一个一个地写，不得连笔写。阿拉伯金额数字前面应当书写货币币种符号或者货币名称简写及币种符号。币种符号与阿拉伯金额数字之间不得留有空白。凡阿拉伯数字前写有币种符号的，数字后面不再写货币单位。其次，所有以元为单位的阿拉伯数字，除表示单价情况外，一律填写到分；无角、分的，角位和分位可写“00”，或者符号“—”；有角无分的，分位应当写“0”，不得用符号“—”代替。再次，金额大写数字应规范，即壹、贰、叁、肆、伍、陆、柒、捌、玖、拾、佰、仟、万、亿、元(或圆)、角、分、零、整等，一律用正楷或者行书体书写。填写大写金额时，事先印好的“人民币”字样与大写数字之间不得留空；大写金额数字到元或角为止的，应在其后书写“整”字，如到分为止的，后面不写“整”字；阿拉伯数字中间有“0”时，汉字大写金额要对应书写“零”字。最后，数字计算应正确，大小写金额应相符。如￥1201.50，汉字大写金额应写成“人民币壹仟贰佰零壹元伍角整”。阿拉伯金额数字中间连续有几个“0”时，汉字大写金额中可以只写一个“零”字，如￥3004.56，汉字大写金额应写成“人民币叁仟零肆元伍角陆分”。阿拉伯金额数字元位是“0”，或数字之间连续有几个“0”，元位也是“0”，但角、分不是“0”时，汉字大写金额可只写一个“零”字，也可不写“零”字。如￥5320.56，汉字大写金额应写成“人民币伍仟叁佰贰拾元零伍角陆分”，或“人民币伍仟叁佰贰拾元伍角陆分”；又如￥6000.56，汉字大写金额应写成“人民币陆仟元零伍角陆分”，或“人民币陆仟元伍角陆分”。在使用软件开票系统时，输入数量、单价、税率之后，金额、税款和总额自动生成，总额的大写金额也自动生成。

(5)从外单位取得的原始凭证必须盖有填制单位的公章，从个人取得的原始凭证必须有填制人的签名或者盖章。自制原始凭证必须由经办单位领导人或者其指定的人员签名或者盖章。对外开出的原始凭证必须加盖本单位的公章。

(6)凡填有大写和小写金额的原始凭证，大写与小写金额必须相符。购买实物的原始凭证必须有验收证明。支付款项的原始凭证必须有收款单位和收款人的收款证明。

(7)一式多联的原始凭证应当注明各联的用途，只能以一联作为报销凭证。一式多联的发票和收据必须用双面复写纸(发票和收据本身具备复写纸功能的除外)套写，并连续编号。作废时应当加盖“作废”戳记，连同存根一起保存，不得撕毁。

(8)发生销货退回的,除填制退货发票外,还必须有退货验收证明;退款时,必须取得对方的收款收据或者汇款银行的凭证,不得以退货发票代替收据。

(9)职工公出借款凭据必须附在记账凭证之后。收回借款时,应当另开收据或者退还借据副本,不得退还原借款收据。

(10)经上级有关部门批准的经济业务,应当将批准文件作为原始凭证附件。如果批准文件需要单独归档的,应当在凭证上注明批准机关名称、批准日期和文件字号。

三、原始凭证的填制方法

企业、事业单位经济业务发生后,要由经办单位和人员根据所取得的资料填制自制原始凭证。填制自制原始凭证有三种方法:

(1)在经济业务发生之前填制。经办人员根据有关政策、制度、法律,或定额、计划的规定,或主管人员的要求,填写具有指示、通知、命令、要求性质的凭证,如车间或班组材料核算人员根据材料消耗定额和生产计划填写领料单,向仓库提出某种材料的请领数量。

(2)在经济业务发生当时填制。经办人员根据经济业务实际执行和完成情况填写凭证,如借款人员交回现金时填制的现金收据,仓库保管人员根据材料验收情况而填写实收数量的收料单等。

(3)在经济业务发生之后填制。有关人员根据凭证和账簿的有关记录整理而填制凭证,如原材料发出汇总表、工资结算汇总表、工资及福利费分配表以及产品成本计算单等。

经办人员在填制原始凭证时,要对经济业务的内容进行审核,经审核无误后,才能根据经济业务的性质,按照填制原始凭证的要求,填制相应的凭证,并与经济业务的实际情况核对相符,检查有关业务手续健全,凭证填制才算完成。

四、原始凭证的审核

案例

原始凭证审核与反腐

最近,百万名酒、万元豪宴都被一张张薄薄的发票披露到了公众面前:上海卢湾区红十字会 9 859 元的餐费发票、中石化广东分公司 168 万元的购买名酒发票,还有国家资助科研项目资金被用于"支持"项目主持人家人出国旅游。会计人员在原始凭证审核过程中未能按照财务管理制度发挥监督职能。

会计机构、会计人员应当对原始凭证进行审核和监督。会计人员要重视对原始凭证的审核,只有审核无误的原始凭证才能作为会计核算的基础,据以编制记账凭证和登记会计账簿,保证会计核算的正确性。

会计人员对外来的和自制的原始凭证都要进行审核。审核的内容是:

(1)审核原始凭证的真实性。审核凭证的基本要素——凭证的名称;填制凭证的日期;填制凭证单位名称或者填制人姓名;经办人员的签名或者盖章;接受凭证单位名称;经

营业务内容;数量、单位和金额。凡有下列情况之一者不能作为正确的原始凭证:

①未写接受单位或名称不符;

②数量和金额计算不正确;

③有关责任人员没有签字或盖章;

④凭证联次不符;

⑤有污染、抹擦、刀刮和挖补等。

(2)审核原始凭证的合规性。审核经济业务的发生是否符合党和国家的方针、政策、制度和法律。有的凭证内容填写齐全、手续完备,但实际上存在违反财经法纪的现象。凡有下列情况的不能作为合法的会计凭证:

①多计或少计收入、支出、费用、成本;

②擅自扩大开支范围,提高开支标准;

③不按国家规定的资金渠道和用途使用资金,或挪用资金进行计划外基本建设;

④巧立名目,虚报冒领,违反规定出借公款公物;

⑤套取现金,签发空头支票;

⑥不按国家规定的标准、比例提取费用;

⑦私分公共财物和资金;

⑧擅自动用公款、公物请客送礼;

⑨不经上级批准,购买、自制属于国家控制购买的商品。

(3)审核原始凭证的合理性。审核经济业务的发生,根据党和国家的方针、政策、制度和法律,从经营和管理的具体情况出发,按照厉行节约、反对浪费、提高经济效益的原则,看是否合理。如用预算节余购买不需用的物品,对陈旧过时的设备进行大修理。

会计人员要认真对原始凭证进行审核,严格从凭证的真实性、合规性和合理性等方面"把关",使每一张凭证具有真实性、合规性和合理性。会计人员要坚持原则,对审核后的凭证进行正确的处理。

(1)对于经审核符合要求的原始凭证,应按规定及时办理会计手续,据以编制记账凭证,并作为记账凭证的附件保存,以备核对使用。

(2)对不真实、不合法的原始凭证,不予受理。对弄虚作假、严重违法的原始凭证,在不予受理的同时,应当予以扣留,并及时向单位领导人报告,请求查明原因,追究当事人的责任。

(3)对记载不准确、不完整的原始凭证,予以退回,要求经办人员更正、补充。

第三节　记账凭证

一、记账凭证的构成要素

记账凭证的内容必须具备:

(1)填制凭证的日期;

(2)凭证编号;

(3)经济业务摘要;

(4)会计科目;

(5)金额;

(6)所附原始凭证张数;

(7)填制凭证人员、稽核人员、记账人员、会计机构负责人、会计主管人员签名或者盖章;

(8)收款和付款记账凭证还应当由出纳人员签名或者盖章。

以自制的原始凭证或者原始凭证汇总表代替记账凭证的,也必须具备记账凭证应有的项目。

二、分录记账凭证的编制

1.编制分录记账凭证的要求

(1)依据要正确。除结账和更正错误的记账凭证可以不附原始凭证外,其他记账凭证必须附有原始凭证。编制记账凭证时,要依据经过审核、记录真实、符合手续的原始凭证,原始凭证正确,编制的记账凭证才正确。

(2)内容要全面。编制记账凭证填写的内容要全面,包括编制记账凭证的日期、摘要、会计科目(包括明细分类科目)、金额、编号、附件和责任人员签字等,不得漏填或错填。

(3)编写要规范。凭证内容的各要素要按规定填写,注意阿拉伯金额数字、汉字大写金额数字和货币符号要按规定填写正确。

(4)编制要及时。

(5)字迹要清楚。

2.分录记账凭证的编制方法

(1)凭证的名称。凭证上已事先印制凭证的名称,编制时要根据经济业务的性质,选用相应的凭证。

(2)编制日期。编制凭证的日期反映会计事项处理完毕时的日期。

(3)摘要。根据原始凭证的记录,通过摘要简明地反映经济业务,作为分析和检查的参考。填写摘要时,要考虑全面,突出中心,言简意赅。

(4)会计科目。列明总账科目和明细分类科目。会计科目和明细科目要写全称,不能省略,以便日后核查。

(5)金额。数字要填写清楚,角、分位不留空白,可写成"00";记账凭证填制完经济业务事项后,如有空行,应当自金额栏最后一笔金额数字下的空行处至合计数上的空行处画线注销;金额合计第一位数前应写人民币符号"¥"。填写金额要保持会计分录的平衡关系。

(6)填制记账凭证时,应当对记账凭证进行连续编号。采用多种凭证的要分类编号,每月从第1号编起,例如收字第×号,付字第×号,转字第×号。一笔经济业务需要填制两张以上记账凭证的,可以采用分数编号法进行编号,例如一笔会计分录要编制三张转账记账凭证,编号为转字第12 1/3号,转字第12 2/3号,转字第12 3/3号。只采用一种通用的记账凭证，可按编制凭证的先后顺序编号。

(7)记账凭证可以根据每一张原始凭证填制，或者根据若干张同类原始凭证汇总填制，也可以根据原始凭证汇总表填制；但不得将不同内容和类别的原始凭证汇总填制在一张记账凭证上。

(8)除结账和更正错误的记账凭证可以不附原始凭证外，其他记账凭证必须附有原始凭证。如果一张原始凭证涉及几张记账凭证，可以把原始凭证附在一张主要的记账凭证后面，并在其他记账凭证上注明附有该原始凭证的记账凭证的编号或者附原始凭证复印件。

(9)一张原始凭证所列支出需要几个单位共同负担的，应当将其他单位负担的部分开给对方原始凭证分割单，进行结算。原始凭证分割单必须具备原始凭证的基本内容：凭证名称，填制凭证日期，填制凭证单位名称或者填制人姓名，经办人的签名或者盖章，接受凭证单位名称，经济业务的内容、数量、单价、金额和费用分摊情况等。

(10)如果在填制记账凭证时发生错误，应当重新填制。已经登记入账的记账凭证在年内发现填写错误时，可以用红字填写一张与原内容相同的记账凭证，在摘要栏注明"注销××月××日××号凭证"字样，同时再用蓝色签字笔重新填制一张正确的记账凭证，注明"订正××月××日××号凭证"字样。如果会计科目没有错误，只是金额错误，也可以将正确数字与错误数字之间的差额，另编一张调整的记账凭证，调增金额用蓝字，调减金额用红字。发现以前年度记账凭证有错误的，应当用蓝色签字笔填制一张更正的记账凭证。

①收款凭证的编制。凡是同现金收取和通过银行收款有关的经济业务都要编制收款凭证。收款经济业务主要有接受所有者投资取得的现金或银行存款、借款取得现金或银行存款、销货取得现金或银行存款等。

【例 5-1】2015 年 6 月 19 日，某公司从银行借入 1 年期借款 50 000 元。根据该项经济业务，会计处理如下：

借：银行存款　　50 000

　贷：短期借款　　50 000

在实际工作中，该分录在收款凭证上编制如表 5-2。

表 5-2　收款凭证

借方科目：　银行存款　　　2015 年 6 月 19 日　　　收字第×号

摘　要	贷方总账科目	明细科目	记 账	金　额
取得短期借款	短期借款	工商银行		50 000.00
合　计				￥50 000.00

附件　张

财务主管　　记账　　出纳　　审核　　制单

②付款凭证的编制。凡是同付出现金和通过银行付款有关的经济业务都要编制付款凭证。付款经济业务主要有归还借款、支付工资、支付费用、派发利润或股利等。

【例 5-2】某公司购入甲材料一批，价款 30 000 元，增值税款 5 100 元，通过银行付款，材料已验收入库。根据该项经济业务，会计处理如下：

借：原材料——甲材料　　30 000
　　应交税费——应交增值税（进项税额）　　5 100
　贷：银行存款　　35 100

在实际工作中，该分录在付款凭证上编制如表 5-3。

表 5-3　付款凭证

贷方科目：　银行存款　　2015 年 6 月 19 日　　付字第×号

摘　要	借方总账科目	明细科目	记账	金　额
购买原材料	原材料	甲材料		30 000.00
	应交税费	应交增值税（进项税额）		5 100.00
合　计				￥35 100.00

附件　张

财务主管　　记账　　出纳　　审核　　制单

需要注意的是，现金与银行存款之间发生相互转化业务时，如将现金存入银行或从银行提取现金，在企业单位使用收款、付款和转账三种记账凭证的条件下，根据会计一致性原则，为了保持会计手续前后一致，对于同样的经济业务应采用同样的会计处理手续，一般编制付款凭证。也就是说，凡发生现金存入银行，或从银行提取现金，都要编制付款凭证进行会计处理，不得有时编制付款凭证，有时又编制收款凭证，使会计处理的手续前后不一致。现金与银行存款之间发生收付款业务时一律要编制付款凭证，是为了引起注意，加强对付款业务的审核与检查。

③ 转账凭证的编制。凡涉及货币收付业务以外的其他经济业务都要编制转账凭证。

【例 5-3】某公司从 C 公司购入乙材料一批，价款 20 000 元，增值税 3 400 元，未付款，材料已验收入库。根据上述经济业务，会计处理如下：

借：原材料——乙材料　　20 000
　　应交税费——应交增值税（进项税额）　　3 400
　贷：应付账款——C 公司　　23 400

在实际工作中，该分录在转账凭证上编制如表 5-4。

表 5-4　转账凭证

2015 年 6 月 19 日　　　　转字第×号

摘　要	借方总账科目	明细科目	记账	金　额	记账	金　额
购买原材料	原材料	甲材料		20 000.00		
	应交税费	应交增值税(进项税额)		3 400.00		
	应付账款	C 公司				23 400.00
合　计				￥23 400.00		￥23 400.00

附件　张

财务主管　　记账　　出纳　　审核　　制单

三、汇总记账凭证的编制

1.汇总记账凭证的编制要求。

编制汇总记账凭证要符合以下要求：

(1)依据正确的记账凭证。编制汇总记账凭证时，要依据审核无误的分录凭证。分录凭证在使用的会计科目、记账方向和金额等方面都是正确的，才能保证编制汇总记账凭证的正确性；根据汇总记账凭证登记总账时才能保证总账记录的正确性。

(2)定期编制汇总记账凭证。编制汇总记账凭证要定期进行，如每日、5 日、10 日、半月或一月编制一次。

(3)汇总所有记账凭证。采用全部汇总时，应将全部记账凭证按每个科目汇总所有的记账凭证；采用分类汇总时，应将每类记账凭证按每个会计科目不重不漏地进行汇总，以保证编制汇总记账凭证的正确。

2.汇总记账凭证的编制方法和程序

(1)对分录凭证进行归类。采用全部汇总和分类汇总编制汇总记账凭证的方法是：

采用全部汇总，应将一定时期的全部分录凭证按总分类会计科目逐一归类。

采用分类汇总，可将一定时期的全部分录凭证按经济业务性质归类，通常分为收款、付款和转账三类凭证。

(2)进行汇总。汇总计算每个会计科目一定时期的借方和贷方发生额。企业可以设置汇总底表，采用登记统计法汇总记账凭证。汇总底表采用在白纸上设丁字账户的格式，或者采用印制的汇总底表账页。汇总方法是：在汇总底表上按会计科目的顺序填写会计科目；然后按每类分录凭证的顺序号，将其会计科目的发生额逐笔登记在底表相应的会计科目上；全部登记完毕后，加计每个会计科目发生额，并加计全部会计科目发生额。以资产为例编制汇总底表，见表 5-5。

表 5-5 汇总底表

会计科目类别:资产

年		现金		银行存款		应收账款		(略)		合计	
月	日	借方	贷方	借方	贷方	借方	贷方	借方	贷方	借方	贷方

【例 5-4】下面以丁字账为例,介绍汇总记账凭证的编制方法。

资料:新远公司 2015 年 3 月 1 日至 10 日发生如下经济业务:

(1)收到原材料一批,成本 50 000 元,材料已验收入库,货款已于上月支付。

(2)购入原材料一批,收到的增值税专用发票上注明的原材料价款为 100 000 元,增值税进项税额为 17 000 元,款项已通过银行转账支付,材料未验收入库。

(3)收到银行通知,用银行存款支付到期的商业承兑汇票 80 000 元。

(4)用银行汇票支付采购材料价款,公司收到开户银行转来银行汇票多余款收账通知,通知上填写的多余款为 800 元,购入材料及运费 81 600 元,支付的增值税进项税额为 13 600 元,原材料已验收入库。

(5)销售产品一批,开出的增值税专用发票上注明的销售价款为 120 000 元,增值税销项税额为 20 400 元,货款尚未收到。该批产品实际成本 70 000 元,产品已发出。

(6)销售产品一批,开出的增值税专用发票上注明的销售价款为 100 000 元,增值税销项税额为 17 000 元,款项已存入银行。销售产品的实际成本是 60 000 元。

(7)提取应计入本期损益的借款利息共 5 500 元,其中,短期借款利息 500 元,长期借款利息 5 000 元。

(8)偿还长期借款 300 000 元。

(9)用银行存款支付产品展览费 6 000 元。

(10)用银行存款支付广告费 10 000 元。

(11)公司采用商业承兑汇票结算方式销售产品一批,开出的增值税专用发票上注明的销售价款为 180 000 元,增值税销项税额为 30 600 元,收到 210 600 元的商业承兑汇票一张。产品实际成本为 110 000 元。

(12)归还短期借款本金 100 000 元,利息 1 200 元,已预提。

要求:编制新远公司上述经济业务的分录记账凭证(以会计分录替代),并编制全部汇总记账凭证。

(1)编制转账凭证时,记:

借:原材料 50 000

  贷:在途物资 50 000

(2)编制付款凭证时,记:

借:在途物资 100 000

  应交税费——应交增值税(进项税额) 17 000

  贷:银行存款 117 000

(3)编制付款凭证时,记:

借:应付票据　80 000
　贷:银行存款　80 000

(4)编制收款凭证和转账凭证时,记:

借:银行存款　800
　贷:其他货币资金　800

借:原材料　81 600
　　应交税费——应交增值税(进项税额)　13 600
　贷:其他货币资金　95 200

(5)编制转账凭证时,记:

借:应收账款　140 400
　贷:主营业务收入　120 000
　　应交税费——应交增值税(销项税额)　20 400

借:主营业务成本　70 000
　贷:库存商品　70 000

(6)编制收款凭证和转账凭证时,记:

借:银行存款　117 000
　贷:主营业务收入　100 000
　　应交税费——应交增值税(销项税额)　17 000

借:主营业务成本　60 000
　贷:库存商品　60 000

(7)编制转账凭证时,记:

借:财务费用　5 500
　贷:应付利息　500
　　长期借款　5 000

(8)编制付款凭证时,记:

借:长期借款　300 000
　贷:银行存款　300 000

(9)编制付款凭证时,记:

借:销售费用　6 000
　贷:银行存款　6 000

(10)编制付款凭证时,记:

借:销售费用　10 000
　贷:银行存款　10 000

(11)编制转账凭证时,记:

借:应收票据　210 600
　贷:主营业务收入　180 000
　　应交税费——应交增值税(销项税额)　30 600

借:主营业务成本　110 00
　贷:库存商品　110 000

(12)编制付款凭证时,记:

借:短期借款　100 000
　　应付利息　1 200
　贷:银行存款　101 200

以"银行存款"账户为例，说明使用丁字账编制汇总记账凭证的方法，见表5-6。该账户借方发生额为117 800元，贷方发生额为614 200元。其他账户的本期发生额列示在全部汇总记账凭证中。汇总记账凭证在会计实务中也被称作科目汇总表，见表5-7。

表5-6　银行存款

800.00	117000.00
117 000.00	80 000.00
	300 000.00
	6 000.00
	10 000.00
	101 200.00
117 800.00	614 200.00

表5-7　科目汇总表

2015年3月10日

会计科目	总账页次	本期发生额	
		借方	贷方
银行存款		117 800.00	614 200.00
其他货币资金			96 000.00
应收票据		210 600.00	
应收账款		140 400.00	
原材料		131 600.00	
在途物资		100 000.00	50 000.00
库存商品			240 000.00
短期借款		100 000.00	
应付票据		80 000.00	
应交税费		30 600.00	68 000.00
应付利息		1 200.00	500.00
长期借款		300 000.00	5 000.00
主营业务收入			400 000.00
主营业务成本		240 000.00	
销售费用		16 000.00	
财务费用		5 500.00	
合计		1 473 700.00	1 473 700.00

财务主管　　记账　　出纳　　审核　　制单

(3)试算平衡。对经过汇总的会计科目发生额，利用发生额相等平衡公式，即借方发生额等于贷方发生额的平衡公式，进行试算平衡，检查汇总是否正确。

(4)编制汇总记账凭证。正确的汇总记账凭证才是登记总账的依据。

四、记账凭证的审核

记账凭证是登账的直接依据，为了保证账簿记录的正确性，记账凭证填制完毕后，必须进行认真审核。审核的内容有：

(1)所附原始凭证是否完整，记账凭证内容与原始凭证记载的内容是否一致。

(2)记账凭证中会计分录是否正确。

(3)记账凭证中各项内容是否填写齐全、正确，有关人员是否签名盖章。

(4)数字大小写书写是否规范。

(5)有无涂改、伪造记账凭证现象。

(6)实行会计电算化的单位，对于机制记账凭证，要认真审核，做到会计科目使用正确，数字准确无误。打印出的机制记账凭证应由制单人员、审核人员、记账人员及会计机构负责人、会计主管人员盖章或者签字。

经过审核，符合规定要求的记账凭证才能作为记账的依据；不符合规定要求的记账凭证应补办手续、更正错误或重新编制。

第四节 会计凭证的传递与保管

一、会计凭证的传递

会计凭证的传递是在会计凭证的编制到归档保管的过程中，在有关单位和人员之间传送的顺序、时间和手续。

一项经济业务往往要由单位内部若干职能部门分工完成。例如，材料采购入库业务要由采购部门、仓库部门、财会部门共同完成。因此，会计凭证也要随着经济业务的进程在这些部门之间进行传递。一般来说是根据采购材料所取得的“发货票”等有关原始凭证并经采购人员、采购部门负责人签章后连同材料一并送交仓库据以验收入库，仓库填制“收料单”原始凭证，一般一式三份，一份仓库留存，一份交采购部门存查，一份连同“发货票”送交财会部门。财会部门经过审核、制证、会计主管批准等手续后，即可填制记账凭证。若尚未付款，将“发货票”等交由出纳人员通过银行向供应单位办理货款结算，而后将“发货票”连同付款结算凭证交给记账人员以填制付款记账凭证并作为该记账凭证的附件。填好付款凭证后再交由出纳人员据以登记“银行存款日记账”。作为原始凭证的“收料单”可据以填制收料、结转材料采购成本的转账凭证，并作为该记账凭证的附件。填好后的转账记账凭证可作为登记“原材料”“材料采购”账户的依据。材料采购的上述有关原始凭证、记账凭证登账后，就可装订归档保管。可见，正确、及时组织会计凭证的传递，对于及时传递经济业务信息、有效组织经济活动、提高会计工作质量、实行会计监督有重要意义。

会计凭证传递的要求包括：

(1)传递的程序要合理，以便协调有关部门和人员的行为，并可使经办业务的部门和人员之间形成一种相互牵制、相互监督的关系。

(2)传递的时间要节约，以便处理及时、传递迅速。

(3)传递的手续要严密，以便明确责任，确保凭证的安全和完整。

各单位会计凭证的传递程序应当科学、合理，具体办法由各单位根据会计业务的需要自行规定。

二、会计凭证的保管

会计档案是单位在进行会计核算等过程中接收或形成的，记录和反映单位经济业务事项的，具有保存价值的文字、图表等各种形式的会计资料，包括通过计算机等电子设备形成、传输和存储的电子会计档案。会计凭证是会计档案的组成部分。会计机构、会计人员要妥善保管会计凭证。

(1)会计凭证应当及时传递，不得积压，以保证会计核算的及时、正常进行。

(2)会计凭证登记完毕后，应当按照分类和编号顺序保管，不得丢失。

(3)记账凭证应当连同所附的原始凭证或者原始凭证汇总表，按照编号顺序，折叠整齐，按期装订成册，并加具封面，注明单位名称，年度、月份和起讫日期，凭证种类，起讫号码，由装订人在装订线封签处签名或者盖章。

对于数量过多的原始凭证，可以单独装订保管，在封面上注明记账凭证日期、编号、种类，同时在记账凭证上注明“附件另订”和原始凭证名称及编号。

各种经济合同、存出保证金收据以及涉外文件等重要原始凭证，应当另编目录，单独登记保管，并在有关的记账凭证和原始凭证上相互注明日期和编号。

(4)原始凭证不得外借，其他单位如因特殊原因需要使用原始凭证时，经本单位会计机构负责人、会计主管人员批准，可以复制。向外单位提供的原始凭证复制件，应当在专设的登记簿上登记，并由提供人员和收取人员共同签名或者盖章。

(5)从外单位取得的原始凭证如有遗失，应当取得原开出单位盖有公章的证明，并注明原来凭证的号码、金额和内容等，由经办单位会计机构负责人、会计主管人员和单位领导人批准后，才能代作原始凭证。如果确实无法取得证明的，如火车、轮船、飞机票等凭证，由当事人写出详细情况，由经办单位会计机构负责人、会计主管人员和单位领导人批准后，代作原始凭证。

(6)会计凭证的归档保管规定。年度终了，应将装订成册的会计凭证归档保管。会计档案的保管期限从会计年度终了后的第一天算起。企业的原始凭证、记账凭证保管 30 年；银行对账单和银行存款余额调节表保管 10 年。单位档案管理机构负责组织会计档案销毁工作，并与会计管理机构共同派员监销。

本章小结

本章主要阐述了原始凭证和记账凭证的用途、填制、审核、传递和保管。

(1)会计凭证是会计核算和监督的重要会计资料。各单位必须根据实际发生的经济业务事项进行会计核算,填制会计凭证,登记会计账簿,编制财务报告。根据实际发生的经济业务填制会计凭证是进入会计核算系统的第一步。

(2)原始凭证的审核。原始凭证需要审核其真实性、合规性、合理性。对于经审核符合要求的原始凭证,应按规定及时办理会计手续,据此编制记账凭证并作为记账凭证的附件保存,以备核对使用;对不真实、不合法的原始凭证,不予受理;对弄虚作假、严重违法的原始凭证,在不予受理的同时,应当予以扣留,并及时向单位领导人报告,请求查明原因,追究当事人的责任;对记载不准确、不完整的原始凭证,予以退回,要求经办人员更正、补充。

(3)记账凭证的填制。记账凭证分为分录凭证和汇总凭证。分录凭证通常根据原始凭证或原始凭证汇总表编制。分录凭证上记录的是根据经济业务编制的会计分录。企业使用的常见的分录凭证包括收款凭证、付款凭证和转账凭证。汇总凭证是根据分录凭证汇总编制而成,科目汇总表常见的一种全部汇总凭证。编制科目汇总表可以简化总分类账登记程序。

(4)会计凭证的保管。会计凭证属于会计档案,应按照我国《会计档案管理办法》(2015)规定的保管期限进行管理。

思考题

1.什么是会计凭证?

2.会计凭证有哪几种?

3.什么是原始凭证? 原始凭证包括哪些基本要素?

4.在会计凭证上书写金额时应注意哪些问题?

5.原始凭证审核的内容包括哪些? 对审核结果如何处理?

6.什么是记账凭证? 记账凭证包括哪些基本要素?

7.怎样审核记账凭证?

8.什么是记账凭证的传递?

练习题

(一)单项选择题

1.经济业务发生或完成时取得的凭证是(　　)。

A.原始凭证　　B.记账凭证　　C.收款凭证　　D.付款凭证

2.会计分录的编制是通过(　　)记录的。

A.账簿　　B.记账凭证　　C.会计报表　　D.原始凭证

3.从银行提取现金后,登记库存现金日记账的依据是(　　)。

A. 收款凭证　　B.付款凭证　　C.明细账　　D.备查账

4.企业销售产品一批,产品已发出,发票已开出,但货款尚未收到,企业会计人员应根据有关原始凭证编制(　　)。

A.收款凭证　　B.转账凭证　　C.汇总凭证　　D.付款凭证

5.下列原始凭证中属于累计凭证的是(　　)。

A.增值税发票　　B.收料单　　C.借款单　　D.限额领料单

6.企业的原始凭证、记账凭证的保管期限是(　　)。

A.10 年　　B.15 年　　C.30 年　　D.永久保管

7.下列项目中,(　　)是外来原始凭证。

A.材料入库时的"收料单"　　B.企业销货时开的发货票

C.材料发出时的领料单　　D.企业购货时取得的发票

8.某单位购入设备一台,价款 100 万元,用银行存款支付 60 万元,另 40 万元则签发了商业汇票。对这一经济业务,单位应编制的记账凭证为(　　)。

A.编制一张转账凭证　　B.编制一张收款凭证

C.编制一张付款凭证　　D.编制一张转账凭证和一张付款凭证

9.下列关于记账凭证填制的基本要求,不正确的是(　　)。

A.记账凭证各项内容必须完整,并且应当连续编号

B.填制记账凭证时若发生错误,应当重新填制

C.记账凭证填制完经济业务事项后,如有空行,应当自金额栏最后一笔金额数字下的空行处至合计数上的空行处画线注销

D.所有的记账凭证都必须附原始凭证

10.收款凭证的借方科目可能有(　　)。

A.应收账款　　B.其他货币资金　　C.银行存款　　D.应付账款

(二)多项选择题

1.下列属于外来原始凭证的有(　　)。

A.本单位开具的销售发票

B.供货单位开具的发票

C.职工出差取得的飞机票和火车票

D.银行收付款通知单

2.会计凭证按照填制程序和用途进行分类可分为(　　)。

A.原始凭证　　B.外来原始凭证

C.记账凭证　　D.自制原始凭证

3.付款凭证左上角可填制的会计科目有(　　)。

A.银行存款　　B.应收账款

C.库存现金　　D.实收资本

4.下列属于自制原始凭证的有(　　)。

A.付款凭证　　B.工资结算单
C.领料单　　D. 收料单
5.编制记账凭证的依据是(　　)。
A.原始凭证汇总表　　B.收款凭证
C.有关账簿　　D.原始凭证
6.原始凭证的审核内容包括(　　)。
A.有关数量、单价、金额是否正确无误
B.是否符合有关的计划和预算
C.记录经济业务的发生时间
D.有无违反财会制度的行为
7.对原始凭证发生的错误,正确的更正方法是(　　)。
A.由出具单位重开或更正
B.由本单位的会计人员代为更正
C.金额发生错误的,可由出具单位在原始凭证上更正
D.金额发生错误的,应当由出具单位重开
8.以下各项属于一次原始凭证的是(　　)。
A.限额领料单　　B.销售发票
C.收料单　　D.工资结算单
9.下列经济业务中,应填制付款凭证的有(　　)。
A.收到所有者投入的现金资本
B.购买材料预付订金
C.购买材料未付款
D.以银行存款支付应付供货商货款
10.记账凭证的填制必须做到记录真实、内容完整、填制及时、书写清楚外,还必须符合(　　)要求。
A.如有空行,应当在空行处画线注销
B.发生错误应该按规定的方法更正
C.必须连续编号
D.除另有规定外,应该有附件并注明附件张数
(三)判断题
1.会计凭证的意义是记录经济业务,提供记账依据;明确经济责任,强化内部控制;监督经济活动,控制经济运行。(　　)
2.记账凭证的审核与编制不能是同一会计人员。(　　)
3.所有的记账凭证都应附有原始凭证。(　　)
4.从银行提取现金业务一方面引起了库存现金的增加,另一方面引起了银行存款的减少,故应编制库存现金收款凭证和银行存款付款凭证。(　　)
5.任何会计凭证都必须经过有关人员的严格审核,确认无误后,才能作为记账的依据。(　　)

6.会计凭证的保管期满后，企业可自行处理。 （ ）

7.从银行提取现金，既可以编制现金收款凭证，也可编制银行存款付款凭证。（ ）

8.正确填制和审核会计凭证，是会计核算的基本方法之一，也是会计核算工作的起点和基本环节。 （ ）

9. 会计人员可以根据原始凭证直接编制科目汇总表，据以登记账簿。 （ ）

10.付款凭证左上角“借方科目”处，应填写“库存现金”或“银行存款”科目。 （ ）

（四）业务题

胜利有限责任公司为增值税一般纳税企业。适用的增值税税率为17%。原材料按实际成本计算。存货采用先进先出法。2015年12月31日账户余额如下：

库存现金 10 000

银行存款 200 000

交易性金融资产 0

应收票据 275 500。其中：北方公司 175 500，东方公司 100 000

应收账款 900 000。其中：南方公司 600 000，西部公司 300 000

坏账准备 0

预付账款 100 000。其中：西南公司 100 000

其他应收款 2 000。其中：魏琪 2 000

原材料 910 000。其中：甲材料结存 400 吨，成本 100 000；丙材料结存 5 吨，成本 2 500；丁材料结存 400 吨，成本 800 000；辅助材料结存成本 7 500 元

周转材料 66 500。其中：低值易耗品 12 500，包装物 54 000

库存商品 2 545 500。其中：A 产品结存 1 200 件，成本 300 000；B 产品结存 160 件，成本 16 000；C 产品结存 500 件，成本 2 229 500

生产成本 20 500。其中：A 产品 8 100，B 产品 12 400

长期股权投资 300 000

固定资产 5 000 000

累计折旧 600 000

工程物资 0

在建工程 0

无形资产 469 500

长期待摊费用 1 500

短期借款 2 000 000

应付票据 400 000。其中：中南公司 400 000

应付账款 600 000。其中：华东公司 30 000，华南公司 570 000

应付利息 16 000

实收资本 6 000 000

资本公积 292 050

盈余公积 300 000

利润分配 592 950

胜利有限责任公司 2016 年发生下列经济业务：

(1)1 月 1 日，所有者增资：货币资金 500 000 元，收到支票，存入银行。

(2)1 月 1 日，所有者增资：生产用设备一台，价值 200 000 元。

(3)1 月 1 日，所有者增资：乙材料 200 吨，价值 400 000 元。

(4)1 月 1 日，所有者增资：专利权，价值 30 000 元。

(5)1 月 1 日，从银行取得 1 年期借款 1 900 000 元，款存入银行。

(6)3 月 1 日，偿还短期借款 2 000 000 元。

(7)3 月 13 日，采购员魏琪报销差旅费 680 元，余款交回。

(8)6 月 2 日，以银行存款购进乙材料 10 吨，单价 2 000 元，增值税额为 3 400 元。材料已经验收入库。

(9)9 月 5 日，从华东公司购进甲材料 200 吨，单价 200 元，增值税额为 6 800 元，运杂费 1 500 元，材料验收入库，货款未付。

(10)9 月 8 日，购进丙材料 20 吨，单价 500 元，增值税额 1 700 元。甲材料 10 吨，单价 200 元，增值税 340 元。共发生运杂费 240 元，按照甲、丙材料质量分摊。货款已付，材料未到。

(11)9 月 14 日，9 月 8 日购进的丙和甲材料运达胜利公司，经过验收，办理了入库手续。

(12)9 月 15 日，以银行存款偿还所欠华东公司甲材料货款及运杂费 48 300 元。

(13)12 月 2 日，生产 A 产品领用甲材料 240 吨，乙材料 15 吨；生产 B 产品领用甲材料 40 吨，乙材料 2.5 吨；车间领用丙材料 1 吨，厂部领用辅助材料成本 1 000 元。

(14)12 月 5 日，为了发放工资，从银行提取现金 30 000 元。

(15)12 月 6 日，支付职工薪酬 30 000 元。

(16)12 月 21 日，支付车间办公费 320 元，厂部办公费 500 元。用转账支票支付。

(17)12 月 25 日，支付车间水电费 600 元，厂部水电费 300 元。用转账支票支付。

(18)12 月 26 日，支付厂部固定资产修理费 200 元。用转账支票支付。

(19)12 月 28 日，计提本月固定资产折旧 6 000 元，其中车间 4 000 元，厂部 2 000 元。

(20)12 月 28 日，以银行存款支付本月报刊费 900 元，其中车间 300 元，厂部 600 元。

(21)12 月 31 日，计算出本月应付 A 产品工人薪酬 17 100 元，B 产品工人薪酬11 400 元，车间管理人员薪酬 2 280 元，行政管理人员薪酬 320 元。

(22)12 月 31 日，按 A 和 B 产品生产工人的薪酬分配制造费用。

(23)12 月 31 日，A 产品 400 件全部完工，期初在产品生产成本为 8 100 元(其中材料成本 6 800 元、人工成本 800 元、制造费用 500 元)；B 产品完工 500 件，期初在产品成本为 12 400 元(其中材料成本 10 000 元、人工成本 2 000 元、制造费用 400 元)，月末 100 件在产品成本为 2 000 元(其中材料成本 1 400 元、人工成本 320 元、制造费用 280 元)。

(24)12 月 31 日，销售 A 产品 300 件，每件售价 500 元，增值税额 25 500 元，销货款收到支票，存入银行。

(25)12 月 31 日，向西部公司销售 A 产品 400 件，每件 500 元，增值税额 34 000 元，销货款尚未收到。

(26)12 月 31 日，销售 B 产品 400 件，每件 125 元，增值税额为 8 500 元，收到东方公司已承兑的商业汇票一张。

(27)12 月 31 日，结转已销 A、B 产品的销售成本。

(28)12 月 31 日，计算应交城市维护建设税 10 000 元。

(29)12 月 31 日，以银行存款支付广告费 9 000 元。

(30)12 月 31 日，以银行存款支付展览费 7 000 元。

(31)12 月 31 日，收回西部公司的货款 234 000 元，款项存入银行。

(32)12 月 31 日，北方公司的商业汇票到期，收到货款 175 500 元，支票存入银行。

(33)12 月 31 日，计提本月短期借款利息 8 000 元

(34)12 月 31 日，以银行存款支付全季度利息 24 000 元。

(35)12 月 31 日，以银行存款支付金融机构手续费 2 000 元。

(36)12 月 31 日，提取坏账准备 600 元。

(37)12 月 31 日，以银行存款支付技术转让费 1 200 元。

(38)12 月 31 日，将一项专利权出售给外单位，获得 80 000 元；该项出售适用 5%营业税；该专利权账户余额为 69 500 元。已办妥产权交接手续。

(39)12 月 31 日，月末盘点，盘亏全新设备一台，计 3 000 元。经批准，转作营业外支出。

(40)12 月 31 日，按利润总额的 25%(企业所得税税率)计算应交所得税。

(41)12 月 31 日，按净利润的 10%提取法定盈余公积。

(42)12 月 31 日，按净利润的 50%向投资者分配利润。

要求：

(1)根据上述经济业务编制胜利股份有限公司上述经济业务的分录记账凭证(以会计分录替代)。

(2)编制上述分录凭证的科目汇总表。

第六章

会计账簿

学习目的：会计账簿是会计确认和会计计量的结果，是连接会计凭证和会计报表的中间环节。通过本章学习，了解会计账簿的意义和种类，各种账簿的账页格式、适用范围，理解会计账簿的设置和登记方法、总分类账和明细分类账的平行登记要点，掌握会计账簿核对的内容与技术方法、账簿记录误差的更正方法。

引导案例

会计账簿体系的设置

ABC公司是新成立的一家制造业单位，小张被聘为该公司的会计主管。上任伊始，她为公司建立如下账簿体系：(1)总分类账，包括账簿外部形式的确定、账页格式的确定、账户的确定及排列顺序。主要包括启用账簿、设置账户、登记期初余额和填写账户目录。(2)特种日记账，购置库存现金日记账、银行存款日记账各一本。外表采用订本式账簿，内部格式采用三栏式账页格式。具体建账方法同总分类账类似。(3)明细分类账，不同明细分类账的账页格式要求，明细分类账账根据需要可以采用活页式或卡片式。(4)备查账，根据本单位的实际需要，建立临时租入固定资产备查账等。小张对于账簿体系的建立符合我国《会计法》的规定吗？

第一节　会计账簿的意义和种类

会计账簿(book of accounts)是根据会计科目开设并由专门格式的账页组成，以会计凭证为依据，连续、系统、分类记录各种经济业务的簿籍。会计账簿一般由三部分组成：账簿名称，封面列明账目名称和会计主体名称；扉页，记载与账簿使用有关的事项；账页，记录经济业务的增减变化及其结果。

一、会计账簿的意义

填制和审核会计凭证是将发生的经济业务如实、准确地记录，以反映经济业务的来龙去脉，它是会计核算的起点。尽管会计凭证提供的信息较为详尽，但是不能连续、系统、全面地反映某一会计要素具体项目在特定时期的增减变化过程和结果。

为了把分散在会计凭证中的大量核算资料加以集中归类反映，为经营管理提供系统、完整的会计信息，就必须设置和登记会计账簿。设置和登记账簿是会计核算的专门方法之一，是连接会计凭证和会计报表的中间环节。通过设置和登记账簿，将会计凭证中记录的各项经济业务进行序时核算和分类核算，为单位定期编制会计报表提供相关、可靠的依据；通过设置和登记账簿，可以连续反映各项经济活动的增减变动及其结果，反映单位的经营过程和结果，有利于开展会计检查和会计分析，加强会计监督，保护单位财产的安全和完整。

二、会计账簿的种类

会计账簿的分类既要考虑到完成会计目标的要求，又要结合不同单位经济业务和经营管理上的特点。为了具体认识各种账簿的特点，更好地运用账簿的功能，应从不同角度对其进行分类。

(一)按用途分类

按用途，会计账簿可分为序时账簿、分类账簿和备查账簿。

1.序时账簿

序时账簿也称日记账，它是指按照经济业务发生时间的先后顺序逐日逐笔登记的账簿。按记录内容的不同，序时账簿可以分为普通日记账和特种日记账。为了加强对货币资金的管理，预防舞弊行为的发生，我国单位在实际工作中需设置库存现金日记账和银行存款日记账。出纳人员根据审核无误的会计凭证，逐日逐笔登记影响库存现金和银行存款发生变动的收款和付款业务。

2.分类账簿

分类账簿是对单位发生的经济业务按照会计科目进行分类登记的会计账簿。按照反映会计信息的详细程度不同，分类账簿可以分为总分类账和明细分类账。总分类账是按照总分类科目开设并进行登记的账簿。明细分类账是根据明细分类科目开设并登记的会计账簿。在实际工作中，每个会计主体可以根据经营管理的需要，根据总分类账设置所属的明细分类账。

3.备查账簿

备查账簿也称辅助账簿，是对在序时账簿和分类账簿中没有记录的经济业务进行补充登记的账簿。它不是根据会计凭证登记的账簿，格式和内容较为灵活。单位一般设置多种备查账簿，旨在加强单位财产物资的监督和保管，例如固定资产备查账、原材料备查账等。

(二)按外表形式分类

按外表形式，会计账簿可以分为订本式账簿、活页式账簿和卡片式账簿。

1.订本式账簿

订本式账簿简称订本账，是在未启用前就将账页按照顺序进行编号并固定装订成册的账簿。订本账的优点是可以避免账页散失和防止抽换账页，确保账簿资料的完整；缺点是在同一时间只能由一人登账，不便于记账人员的分工。总分类账、库存现金日记账和银行存款日记账必须采用订本账。

2.活页式账簿

活页式账簿简称活页账，是账页不固定装订成册、置于活页账夹中，记账人员可以根据需要随时取用和补充空白账页的账簿。活页账可选择账页用量以减少浪费，便于记账人员的分工、记账，但同时账页容易丢失和被人为抽换。会计期末，会计人员应将已记录交易事项的活页账连续编号并及时装订成册。明细分类账一般采用活页账。

3.卡片式账簿

卡片式账簿简称卡片账，是由若干具有相同格式的卡片作为账页组成的具有特殊用途的账簿。卡片账的卡片通常装在卡片箱内，不用装订成册，也可跨年度长期使用，其缺点是容易丢失。一般情况下，卡片账适用于账页需要随着资产使用或存放地点转移而重新排列的明细分类账，例如固定资产的明细分类账。

（三）按账页格式分类

账页格式是会计账簿中账页项目排列的方式。按账页格式不同，会计账簿分为三栏式账簿、多栏式账簿、数量金额式账簿等。

1.三栏式账簿

三栏式账簿是设有借方、贷方和余额三个基本栏目的账簿。这种账簿适用于总分类账、特种日记账和不需要进行数量核算的结算类账户的明细分类账。三栏式账簿体现了账户的基本结构，是账页的基本格式，是其他账页产生和发展的基础。

2.多栏式账簿

多栏式账簿是在账簿的两个基本栏目借方和贷方按需要分设若干栏目，用以详细反映一方或者双方金额情况的账簿，具体分为借方多栏式、贷方多栏式和借贷多栏式三种类型。成本费用类和收入类账户明细分类账一般采用多栏式账簿。

3.数量金额式账簿

数量金额式账簿是在借方、贷方和余额三个栏目各开设数量、单价和金额三个小栏，用以反映财产物资的实物数量和价值量的账簿。它主要适用于既需要金额核算又需要数量核算的财产物资类账户的明细分类核算，如原材料、库存商品、产成品、固定资产等明细分类账一般都采用数量金额式账簿。

第二节　会计账簿的设置与登记

一、序时账簿的设置与登记

（一）库存现金日记账的设置与登记

库存现金日记账是由出纳人员根据审核无误的现金收款和付款凭证，按照会计交易或事项发生的先后顺序逐日逐笔连续登记的特种日记账。库存现金日记账必须做到日清月结，反映单位每日库存现金的收入、支出和结存情况。库存现金日记账必须采用订本式，账页格式一般采用三栏式。库存现金日记账借方栏一般根据现金收款凭证登记，贷方栏一般根据现金付款凭证登记。对于从银行提取现金的经济业务,一般只填制银行存款付款凭证,并据以登记库存现金日记账的收入数。每日终了,应结出单位当日库存现金的收入、支出和结余,并与库存现金实有数额进行核对,做到账实相符,如表 6-1。

表 6-1 三栏式库存现金日记账

年		凭证号		摘要	对方科目	收入	支出	余额
月	日	字	号					

(二)银行存款日记账的设置与登记

银行存款日记账是由出纳人员根据记录银行存款业务的收款和付款凭证,按照交易或事项发生的时间先后顺序逐日逐笔连续登记的特种日记账。银行存款日记账除应提供反映单位银行存款增减变动及其余额的信息外,还应根据国家《支付结算办法》设置结算凭证种类、编号和对方科目栏。对于将库存现金存入银行的业务,一般只填制库存现金付款凭证,并据以登记银行存款的收入数。银行存款日记账必须每日结出账面余额,定期和银行对账单进行逐笔核对。银行存款日记账必须采用订本式账簿,账页格式一般也采用三栏式,其登记方法与库存库存现金日记账基本相同,具体如表 6-2。

表 6-2 三栏式银行存款日记账

年		凭证号		摘要	对方科目	收入	支出	余额
月	日	字	号					

二、分类账簿的设置与登记

按照反映经济业务的详细程度不同,分类账簿可以分为总分类账和明细分类账。由于两类账簿的作用不同,因而其账页格式和登记方法也不尽相同。

(一)总分类账的设置和登记

总分类账简称总账,是根据总分类账户设置的、用以分类登记全部会计交易或事项的账簿。总分类账在会计账簿体系中居于核心地位，对所属明细分类账起到控制和统御作用，并对会计报表的编制提供主要资料。总分类账必须采用订本式，账页格式多采用三栏式，具体如表6-3。总分类账由会计人员进行登记，登记依据和方式取决于单位所采用的账务处理程序。三栏式总分类账的登记主要采用逐日逐笔登记和定期汇总登记两种方式。

表6-3　三栏式总分类账

年		凭证字号	摘要	借方	贷方	借或贷	余额
月	日						
			期初余额				
			本月合计				

(二)明细分类账的设置和登记

明细分类账简称明细账，是根据某一总分类账户所属的各个明细科目设置的、用以记录其详细指标的账簿。根据不同单位的实际需要，可以按照二级科目或三级科目设置账户，用来分类记录会计要素变化及其结果的详细信息。明细分类账一般采用活页式账簿，按照交易或事项发生的时间逐日逐笔进行登记。根据单位经营管理的需求，明细分类账可以采用三栏式、多栏式、数量金额式等账页格式。

1.三栏式明细分类账

三栏式明细分类账是设有借方、贷方和余额三个金额栏、逐笔登记发生额和余额的明细分类账。三栏式明细分类账适用于只提供价值核算指标，即只反映金额变化情况的明细分类账，如应收账款、应付账款等债权债务类结算账户和实收资本、资本公积等资本类账户的明细分类账，具体形式如表6-4所示。

表6-4　三栏式明细分类账

年		凭证字号	摘要	借方	贷方	借或贷	余额
月	日						
			期初余额				
			本月合计				

2.多栏式明细分类账

多栏式明细分类账是在账页中的借方、贷方或借贷双方设置若干个专栏，用以反映某一总分类账户或明细分类账户全部明细项目的账簿。根据交易或事项的特点，多栏式明细分类账又可分为借方多栏式、贷方多栏式和借贷多栏式三种格式。

(1)借方多栏式明细分类账

借方多栏式明细分类账是在账页中开设借方、贷方和余额三个金额栏，并在借方栏按照明细科目分设若干专栏的明细分类账，具体形式如表6-5所示。生产成本、管理费用、制造费用等明细分类账一般多采用借方多栏式明细分类账。

表6-5　借方多栏式明细分类账

年		凭证编号	摘要	借方			贷方	借或贷	余额
月	日								

(2)贷方多栏式明细分类账

贷方多栏式明细分类账是在账页中开设借方、贷方和余额三个金额栏，并在贷方栏按照明细科目分设若干专栏的明细分类账，具体形式如表6-6所示。主营业务收入、其他业务收入、营业外收入等明细分类账一般多采用贷方多栏式明细分类账。

表6-6　贷方多栏式明细分类账

年		凭证编号	摘要	借方	贷方			借或贷	余额
月	日								

(3)借贷方多栏式明细分类账

借贷方多栏式明细分类账是在账页中开设借方、贷方和余额三个金额栏，并同时在借方和贷方栏按照明细科目分设若干专栏的明细分类账，具体形式如表6-7所示。应交税费、材料采购、材料成本差异等明细分类账一般多采用贷方多栏式明细分类账。

表 6-7　借贷方多栏式明细分类账

年		凭证编号	摘要	借方			贷方			借或贷	余额
月	日										

3.数量金额式明细分类账

数量金额式明细分类账是在账页中开设借方、贷方和余额三个栏次，并同时在每一栏分设若数量、单价和金额三个小栏的明细分类账，具体形式如表 6-8 所示。数量金额式明细分类账主要适用于既要进行金额核算又要进行数量核算的物资类账户，如原材料、库存商品等账户的明细分类核算。

表 6-8　数量金额式明细分类账

年		凭证字号		摘要	借方			贷方			余额		
月	日				数量	单价	金额	数量	单价	金额	数量	单价	金额
				期初余额									
				本月合计									

(三)总分类账和明细分类账的平行登记

总分类账和明细分类账所反映的交易或事项的内容和依据相同，只是反映的详细程度不同。总分类账反映单位财务状况和经营成果的综合性信息，对明细分类账起控制和统御作用。明细分类账是对总分类账的进一步解释和说明，是总分类账的具体化。二者之间的关系决定了在登记分类账时必须采用平行登记的方法。交易或事项发生后，应根据会计凭证一方面登记相关的总分类账，另一方面登记该总分类账所属的明细分类账，做到同时登记，登记方向相同，登记金额相等。

第三节　会计账簿的启用与登记规则

会计账簿是储存会计资料的重要会计档案。登记账簿是一项严谨的工作，为了确保会计信息质量，会计账簿的启用和登记需要严格遵循一定的技术规范要求。

一、会计账簿的启用规则

为了确保会计账簿的合法性和账簿资料的完整性，在启用新账簿前，应当在账簿封面上填写单位名称和账簿名称；在账簿扉页上填写账簿启用表，注明启用日期、账簿页数、记账人员和会计机构负责人或会计主管人员姓名，并加盖人员名章和单位公章。若会计人员发生更换，则接任会计人员和会计财务监交人员需要填写账簿交接表。

二、会计账簿的登记规则

1.登记会计账簿的基本规则

会计人员应根据审核无误的会计凭证登记会计账簿。总分类账需按照各单位所选用的账务处理程序来确定登记的依据和时间。对于各种明细分类账，一般根据审核无误的会计凭证逐笔逐日进行登记，特别是对于债权债务类和财产物资类明细分类账应当每天进行登记。对于库存现金日记账和银行存款日记账，应当根据办理完毕的收付款凭证，逐笔逐日进行登记并结出余额。

2.登记会计账簿的技术要求

(1)内容准确，登记及时

登记会计账簿时，应当将会计凭证日期、编号、业务内容摘要、金额和其他有关资料逐项记入账内，做到数字准确，摘要清楚，登记及时，字迹工整。将每一张记账凭证登记入账后，应在记账凭证上签名或者盖章(一般是在记账凭证的“记账”栏中打“√”)，并注明已经登账的符号，表示已经记账，防止重启或漏记。对于每一项会计事项，一方面要记入有关的总分类账，另一方面要记入该总分类账所属的明细分类账。一般情况下，总分类账可以3～5天登记一次；明细分类账的登记时间间隔要短于总分类账，日记账和债权债务明细分类账一般1天登记一次。

(2)连续登记，书写留空

各种账簿应按页次顺序连续登记，不得跳行、隔页。如果发生跳行、隔页，应当将空行、空页画线注销，或者注明“此行空白”“此页空白”字样，并由记账人员签名或者盖章。这对避免在账簿登记中可能出现的漏洞，是十分必要的防范措施。账簿中书写的文字和数字上面要留有适当空格，不要写满格，一般应占格距的1/2。这样，一旦发生登记错误，能比较容易地进行更正，同时也方便查账工作。

(3)正常用蓝黑水书写，特殊用红墨水书写

登记账簿要用蓝黑墨水或者碳素墨水书写，不得使用圆珠笔或者铅笔书写。根据《会计基础工作规范》的规定，下列情况可以用红色墨水记账：按照红字冲账的记账凭证，冲销

错误记录；在不设借贷等栏的多栏式账页中，登记减少数；在三栏式账簿的余额栏前，如未印明余额方向的，在余额栏内登记负数余额等。

(4)过次承前，结出余额

每一账页登记完毕结转下页时，应当结出本页合计数及余额，写在本页最后一行和下页第一行有关栏内，并在摘要栏内注明"过次页"和"承前页"字样；也可以将本页合计数及金额只写在下页第一行有关栏内，并在摘要栏内注明"承前页"字样。"过次页"和"承前页"的方法有两种：一是在本页最后一行内结出发生额合计数及余额，然后过次页并在次页第一行承前页；二是只在次页第一行承前页写出发生额合计数及余额，不在上页最后一行结出发生额合计数及余额后过次页。凡需要结出余额的账户，结出余额后，应当在"借或贷"栏内写明"借"或者"贷"等字样。没有余额的账户，应当在"借或贷"栏内写"平"字，并在余额栏内用"0"表示。库存现金日记账和银行存款日记账必须逐日结出余额。对于没有余额的账户，在余额栏内标注的"0"应当放在"元"位。

第四节　对账与结账

一、对账的内容和方法

对账是对会计账簿中所做的记录进行全面核对。为了保证各种会计账簿记录的真实性与准确性，为会计报表的编制提供真实、可靠的数据资料，需要在结账之前对各种账簿记录进行核对，做到账证相符、账账相符和账实相符。

(一)对账的主要内容

1.账证核对

账证核对是指核对会计账簿记录与原始凭证、记账凭证的时间、凭证字号、凭证内容、凭证金额是否一致，记账方向是否相符。一般而言，账证核对包括以下内容：日记账应与相关收款和付款凭证核对，总分类账应与相关记账凭证核对，明细分类账应与相关记账凭证或原始凭证相核对。账证核对可采用逐项核对、抽查核对等方法，目的是检查登账过程中是否有误，为账账核对打好基础。

2.账账核对

账账核对是在账证核对的基础上对各种账簿记录之间的有关数字进行核对。主要包括：

(1)总分类账簿有关账户的余额核对，即全部总分类账账户的期末借方余额合计数与全部总分类账账户的期末贷方余额合计数应相符。这种核对可以通过编制总分类账账户试算平衡表进行。试算平衡表是定期加计分类账各账户的借贷方发生及余额的合计数，以检查借贷方是否平衡的一种表格。

(2)总分类账簿与序时账簿核对，即库存现金总账、银行存款总账期末余额应分别与库存现金日记账、银行存款日记账余额相符。

(3)总分类账簿与所属明细分类账簿核对，即总分类账账户的期末余额应与所属明细分类账账户期末余额之和相符。

(4)明细分类账簿之间的核对,即会计部门各种财产物资明细分类账的期末余额应与财产物资保管或使用部门有关明细分类账的期末余额相符。

3.账实核对

账实核对是指为确保会计信息的真实、可靠,在账证核对、账账核对的基础上,对各项财产物资、债权债务等账面余额与实有数额之间的核对。它主要包括:

(1)每天核对库存现金日记账账面余额与库存现金数额是否相符;

(2)定期核对银行存款日记账账面余额与银行对账单的余额是否相符;

(3)定期核对各项财产物资明细分类账账面余额与财产物资的实有数额是否相符;

(4)定期核对有关债权债务明细分类账账面余额与对方单位的账面记录是否相符。

(二)对账的主要方法

1.账证核对的方法

从账证核对范围上看,账证核对既可以采用全面检查的方法,即对每项经济业务的账簿记录进行检查;也可以采用抽查的方法,即随机选取部分经济业务的账簿记录进行检查。从账证核对顺序上看,既可以采用顺查法,即根据记账凭证检查账簿记录;也可以采用逆查法,即根据账簿记录检查记账凭证。

2.账账核对的方法

作为单位核算的核心账簿,总分类账能够全面反映各项经济业务。根据复式记账法的自动平衡原理,结账前需要通过编制"总分类账户本期发生额和余额试算平衡表"进行账簿的核对。这种方法根据试算平衡表的借方和贷方的差额特征,找出错账类型的线索,进而找出错误所在,主要适用于过账错误造成的差错。一般方法包括差额法、除 2 法和除 9 法。

(1)差额法

根据试算平衡表中借方发生额和贷方发生额的差额数查找漏记金额错账。

(2)除 2 法

根据试算平衡表中借方发生额和贷方发生额的差额数除以 2 查找借方或贷方金额错记到另一方的错账。

(3)除 9 法

试算平衡表中借方发生额和贷方发生额的差额数能够被 9 整除,商数就是要查找的差错数。它主要适用于数字错位和倒码情况。用于查找由于数字错位或数字颠倒而造成的记账错误。

如果上述三种方法找不出错误,说明是由于非过账错误造成的错误,则需要进一步采用顺查法(记账凭证—会计账簿—试算平衡表)和逆查法(试算平衡表—会计账簿—记账凭证)进行查找。

3.账实核对的方法

账实核对通常结合单位的财产清查工作进行,其技术方法主要有如下三种:

(1)实地盘点法

实地盘点法是在财产物资现场通过逐一清点数量或用仪器确定数量的一种方法,它主要适用于容易清点的财产物资和现金等货币资金的清查。其优点是数字相对精确可靠，缺点则是工作量较大。

(2)技术推算法

技术推算法是利用一定的技术方式，按照一定标准推算某一类财产物资实有数的一种方法。它是实地盘点法的一种补充方法，适用于大量堆放、单位价值较低且不便一一清点的实物清查。

(3)调整核对法

调整核对法是对某些应记账因为凭证传递原因暂未记账的事项进行调整，确定财产物资实有数的方法，一般适用于银行存款的核对。

二、结账的内容和方法

结账是在会计期末(月末、季末、年末)将一定期间发生的经济业务全部登记入账的基础上，结算出各个账户的本期发生额和期末余额并划出结账标志的程序与方法。通过结账可以全面、系统地反映单位一定时期内发生的全部经济活动的变化情况及结果，为反映财务状况、考核财务成果和编制会计报表提供所需资料。

(一)结账的主要内容

(1)检查本期发生的所有经济业务是否已全部入账。如发现漏账，应及时补记。

(2)按照权责发生制的要求，进行期末账项调整(如递延项目和应计项目等)，为正确计算当期损益奠定基础。

(3)将损益类账户的本期发生额结转至“本年利润”账户。

(4)计算各个账户的本期发生额和期末余额。

(5)结束旧账。

(二)结账的主要方法

结账工作应在会计期末进行。年度结账日为公历年度的 12 月 31 日，半年度、季度、月度结账日分别为公历年度每半年、每季、每月的最后一天。结账的标志是画线。画线的目的是突出有关数字，表示本期的会计记录已经截止或结束，并将本期与下期的记录明显分开。一般月结、季结画单红线，年结画双红线，画线时应画通栏线。具体技术方法如下：

1.月度结账

对于需要按月结计发生额的账户，如库存现金和银行存款日记账，应在各账户本月最后一笔金额下画一条通栏单红线，并在红线下的“摘要”栏中注明“本月发生额及余额”或“本月合计”字样，同时结算出本月借方和贷方发生额及期末余额，并标明余额方向，然后在本行下面再画一条通栏单红线，表示月结工作完毕；对不需要按月结计发生额的账户，如各项应收应付款明细分类账和财产物资明细分类账等，在每次记账后，都要随时结出余额，每月最后一笔余额即为月末余额，月末结账时，在最后一笔经济业务记录下画一条通栏单红线即可。对需要结出本年累计发生额的某些明细分类账户，每月结账时，应在“本月合计”行下结出自年初起至本月止的累计发生额，并在摘要栏内注明“本年累计”字样，在本行下再画一条通栏单红线。

2.季度结账

季度结账应在本季度末最后一个月进行月结。在季终月的“月结”行下的“摘要”栏内注明“本季发生额及季末余额”“本季合计”或“季结”字样,并在季结行下再画一条通栏单红线。半年度结账方法可比照季结进行。

3.年度结账

年度终了时,所有总分类账账户都应结出全年发生额及年末余额。具体做法是:在本年的第四季度季结的红线下面一行,结算出全年 4 个季度的借贷方发生额和年末余额,并标明余额方向。在摘要栏内注明“本年发生额及余额”“本年合计”或“年结”字样,并在下面画通栏双红线,表示“封账”。年结时,对于有余额的账户,要将其余额结转下年,并在摘要栏注明“结转下年”字样;在下一会计年度新建有关账户的第一行余额栏内填写上年结转的余额,并在摘要栏注明“上年结转”字样。

三、会计账簿的更换和保管

年度结账后,单位需要在下一个会计年度开始时更换使用新的会计账簿,并妥善保管旧的会计账簿。一般来说,总分类账、大部分明细分类账和日记账每年都应更换一次。部分财产物资明细分类账和债权债务明细分类账,如固定资产明细分类账、应收账款明细分类账等,可以跨年度继续使用,各种备查账簿也可以跨年度连续使用,不必每年更换新账。更换新账时,应将各账户的年末余额过入下一年度新账簿。在新账簿有关账户新账页的第一行“余额”栏内,填上该账户上年的余额;同时在“摘要”栏内加盖“上年结转”戳记。

会计账簿与会计凭证、会计报表都是会计核算的重要档案资料,也是单位重要的经济档案,必须按照国家《会计档案管理办法》的规定妥善保管,不得丢失和任意销毁。会计账簿暂由单位财务会计部门保管 1 年,期满之后编造清册移交本单位的档案部门保管。会计档案的保管期限分为永久、定期两类。定期保管期限一般分为 10 年和 30 年。单位和其他组织会计档案保管期限如表 6-9 所示。

表 6-9 单位和其他组织会计档案保管期限

序号	档案名称	保管期限	备注
一	会计凭证		
1	原始凭证	30 年	
2	记账凭证	30 年	
二	会计账簿		
3	总分类账	30 年	
4	明细分类账	30 年	
5	日记账	30 年	
6	固定资产卡片		固定资产报废清理后保管 5 年
7	其他辅助性账簿	30 年	

续表

序号	档案名称	保管期限	备注
三	财务会计报告		
8	月度、季度、半年度财务会计报告	10年	
9	年度财务会计报告	永久	
四	其他会计资料		
10	银行存款余额调节表	10年	
11	银行对账单	10年	
12	纳税申报表	10年	
13	会计档案移交清册	30年	
14	会计档案保管清册	永久	
15	会计档案销毁清册	永久	
16	会计档案鉴定意见书	永久	

第五节　错账的更正方法

一、错账的基本类型

1.记账凭证正确，登记账簿时发生错误

记账凭证所记载的会计分录正确，对应过入的会计账户名称和方向也正确，即纯属记账时发生的文字或数字的笔误。

2.记账凭证错误，从而导致登记账簿时发生错误

记账凭证所记载的会计分录与实际发生的交易或事项不符，造成根据错误的记账凭证已登记入账。具体包括如下三种情况：

(1)记账凭证用错会计科目导致登账错误；

(2)记账凭证所记载的科目和方向正确，所记金额大于应记金额；

(3)记账凭证所记载的科目和方向正确，所记金额小于应记金额。

二、错账的更正方法

如果发现账簿记录出现错误，不准非法改账，必须按照规定的方法进行更正。由于错账的性质和发现时间点不同，更正方法也不相同，可分别采用画线更正法、红字更正法或者补充登记法予以更正。

(一)画线更正法(红线更正法)

每月结账前，如果发现账簿记录有错误，而其所依据的记账凭证没有错误，即纯属记

账时文字或数字的笔误，应采用画线更正法进行更正。首先用一条红线画去错误的文字或数字，同时保证原有文字或数字清晰可辨，然后在画线的上方用蓝字填写正确的文字或者数字，并由记账人员在更正处盖章，以明确责任。

（二）红字更正法（红字冲销法）

用红字冲销原有记录后再予以更正的方法即红字更正法，主要适用于以下两种情况：

(1)根据记账凭证登记账簿后，发现记账凭证中的应借、应贷账户名称或记账方向出现错误，而账簿记录与记账凭证是相吻合的。更正的方法是：首先用红字填制一张与原错误记账凭证内容完全一致的记账凭证，并据以用红字登记入账，以冲销原错误记录；然后用蓝字填制一张正确的记账凭证，并据以用蓝字登记入账。

(2)根据记账凭证登记账簿后，发现记账凭证中应借、应贷账户名称和记账方向都正确，只是所记金额大于应记金额并已据以登记账簿。其更正的方法是：将多记的金额用红字填制一张与原错误记账凭证的账户名称、记账方向相同的记账凭证，并据以用红字登记入账，以冲销多记金额，求得正确的金额。采用红字更正法，更正金额多记错误记录时应注意：不得以蓝字填制与原错误记账凭证方向相反的记账凭证去冲销原错误记录或错误金额，因为蓝字记账凭证反方向记录的会计分录反映某类经济业务不能反映更正错账的内容。

（三）补充登记法（蓝字补记法）

根据记账凭证登记账簿后，发现记账凭证中应借、应贷账户名称和记账方向都正确，只是所记金额小于应记金额并已据以记账。出现以上错误情况时应采用补充登记法予以更正。更正的方法是：将少记金额用蓝字填制一张与原错误记账凭证科目名称和方向一致的记账凭证，并用蓝字据以登记入账，以补足少记的金额。

本章小结

本章主要阐述了会计账簿的意义与种类、会计账簿的设置与登记、会计账簿的启用与登记规则、结账与对账和错账的更正方法。

(1)会计账簿是以会计凭证为依据，全面、连续、系统地记载各种经济业务的簿籍。设置和登记账簿是会计核算的专门方法之一，是连接会计凭证和会计报表的中间环节。通过设置和登记账簿，将会计凭证中记录的各项经济业务进行序时核算和分类核算，为单位定期编制会计报表提供相关的、可靠的依据；通过设置和登记账簿，可以连续反映各项经济活动的增减变动及结果，反映单位的经营过程和结果，有利于开展会计检查和会计分析，加强会计监督，保护单位财产的安全和完整。会计账簿按用途可分为序时账簿、分类账簿和备查账簿；按账页格式可分为三栏式账簿、多栏式账簿、数量金额式账簿；按外形特征可分为订本账、活页账和卡片账。

(2)不同类别会计账簿的启用和登记有专门的技术规范。序时类会计账簿是由出纳人员根据审核无误后的现金和银行存款收款、付款凭证，按照会计交易或事项发生的先后顺序逐日逐笔连续登记的特种日记账。序时类会计账簿必须采用订本式，账页格式一般也用三栏式。总分类账是根据总分类账户设置的、用以分类登记全部会计交易或事项的账簿。总分类账必须采用订本式，账页格式多采用三栏式，登记依据和方式取决于单位所采用的账务处理程序。明细分类账是根据某一总分类账户所属的各个明细科目设置的、用以记录其详细指标的账簿。明细分类账一般采用活页式账簿，按照交易或事项发生的时间逐日逐笔进行登记。根据单位经营管理的需求，明细分类账可以采用三栏式、多栏式、数量金额式等账页格式。交易或事项发生后，应根据会计凭证，一方面登记相关的总分类账，另一方面登记该总分类账所属的明细分类账，做到同时登记、登记方向相同、登记金额相等。

(3)会计人员应根据审核无误的会计凭证登记会计账簿。总分类账需按照各单位所选用的账务处理程序来确定登记的依据和时间。对于各种明细分类账，一般根据审核无误的会计凭证逐笔逐日进行登记，特别是对于债权债务类和财产物资类明细分类账应当每天进行登记。对于库存现金日记账和银行存款日记账，应当根据办理完毕的收付款凭证，逐笔逐日进行登记并结出余额。登记账簿在技术环节上需要做到：内容准确，登记及时；连续登记，书写留空；正常用蓝黑水书写，特殊用红墨水书写；过次承前，结出余额。

(4)为了保证各种会计账簿记录的真实性与准确性，为会计报表的编制提供真实、可靠的数据资料，需要在结账之前对各种账簿记录进行核对，做到账证相符、账账相符和账实相符。账证核对既可以采用全面检查法和抽查法，也可以采用顺查法和逆查法；账账核对的方法包括差额法、除 2 法和除 9 法；账实核对可采用实地盘点法、技术推算法、调整核对法。结账是在会计期末(月末、季末、年末)将一定期间发生的经济业务全部登记入账的基础上，结算出各个账户的本期发生额和期末余额并划出结账标志的程序与方法。年度结账后，单位需要在下一个会计年度开始时更换使用新的会计账簿，并妥善保管旧的会计账簿。

(5)错账包括记账凭证的非如实反映导致的错账和登账错误导致的错账，不同错账需视具体情况分别选择画线更正法、红字更正法和补充登记法予以更正。

思考题

1.什么是会计账簿？会计账簿有哪几种分类？

2.账簿设置的一般规则和具体规则分别是什么？

3.简述明细分类账账页格式的种类和适用范围。

4.简述错账的更正方法和适用范围。

5.简述对账和结账的主要内容。

练习题

(一)单项选择题

1.(　　)是连接会计凭证和会计报表的中间环节。

A.复式记账　　　　B.设置会计科目和账户

C.设置和登记账簿　　　　D.编制会计分录

2.登记账簿时，下列做法正确的是（　　）。

A.文字或数字的书写必须占满格

B.书写可以使用蓝黑墨水、圆珠笔或铅笔

C.用红字冲销错误记录

D.发生的空行、空页一定要补充书写

3.对账时，账账核对不包括（　　）。

A.总分类账与备查账之间的核对

B.总分类账与明细分类账之间的核对

C.总分类账各账户的余额核对

D.总分类账与日记账的核对

4."生产成本"明细分类账的格式一般采用（　　）。

A.三栏式　　B.数量金额式

C.贷方多栏式　　D.借方多栏式

5.下列说法不正确的是（　　）。

A.需要结出余额的账户，结出余额后，应当在"借或贷"等栏内写明"借"或者"贷"

B.没有余额的账户，应当在"借或贷"等栏内写"－"，并在余额栏内用"0"表示

C.库存现金日记账必须逐日结出余额

D.银行存款日记账必须逐日结出余额

6.按照（　　）可以把账簿分为序时账簿、分类账簿和备查账簿。

A.账户用途　　B.账页格式

C.外形特征　　D.账簿性质

7.在我国，总分类账要选用（　　）。

A.活页式账簿　　B.自己认为合适的账簿

C.卡片式账簿　　D.订本式账簿

8.下列应该使用多栏式账簿的是（　　）。

A.应收账款明细分类账　　B.管理费用明细分类账

C.库存商品　　D.原材料

9.更正错账时，画线更正法的适用范围是（　　）。

A.记账凭证上会计科目或记账方向错误，导致账簿记录错误

B.记账凭证正确，在记账时发生错误，导致账簿记录错误

C.记账凭证上会计科目或记账方向正确，所记金额大于应记金额，导致账簿记录错误

D.记账凭证上会计科目或记账方向正确，所记金额小于应记金额，导致账簿记录错误

10.根据记账凭证过账时，将500元误记为5 000元，更正这种错误应采用（　　）。

A.红字更正法　　B.补充登记法

C.画线更正法　　D.平行登记法

11.活页账簿主要适用于（　　）的登记。

A.总分类账　　B.明细分类账

C.库存现金日记账　　D.银行存款日记账

12.银行存款日记账和银行对账单之间的核对属于（　　）。

A.账证核对　B.账账核对
C.账实核对　D.余额核对

13.结账前，如发现记账凭证上所记金额不正确，其他无误，合理的更正方法是(　　)。
A.一定是红字更正法　B.一定是补充登记法
C.红字更正法或补充登记法　D.采用画线更正法

14.下列不属于对账内容的是(　　)。
A.账证核对　B.账表核对
C.账账核对　D.账实核对

15.下列账簿中，通常采用三栏式账页格式的是(　　)。
A.管理费用明细分类账　B.收入类明细分类账
C.总分类账　D.包装物明细分类账

(二)多项选择题

1.账证核对指的是核对会计账簿记录与原始凭证、记账凭证的(　　)是否一致，记账方向是否相符。
A.时间　B.凭证字号　C.内容　D.金额

2.下列原因导致的错账应该采用红字冲账法更正的是(　　)。
A.记账凭证没有错误，登记账簿时发生错误
B.记账凭证的会计科目错误
C.记账凭证的应借、应贷的会计科目没有错误，所记金额大于应记金额
D.记账凭证的应借、应贷的会计科目没有错误，所记金额小于应记金额

3.账簿按照外形特征可以分为(　　)。
A.订本式账簿　B.备查账簿　C.活页式账簿　D.卡片式账簿

4.下列属于账实核对的是(　　)。
A.库存现金日记账账面余额与现金实际库存数的核对
B.银行存款日记账账面余额与银行对账单的核对
C.财产物资明细分类账账面余额与财产物资实存数额的核对
D.应收、应付款明细分类账账面余额与债务、债权单位核对

5.下列属于序时账簿的是(　　)。
A.库存现金日记账　B.银行存款日记账
C.应收账款明细分类账　D.主营业务收入明细分类账

6.下列关于会计账簿的更换和保管正确的有(　　)。
A.总分类账、日记账和多数明细分类账每年更换一次
B.变动较小的明细分类账可以连续使用，不必每年更换
C.备查账不可以连续使用
D.会计档案的保管期限分为永久、定期两类。定期保管期限一般分为10年和30年

7.库存现金日记账属于(　　)。
A.特种日记账　B.普通日记账　C.订本账　D.活页账

8.必须逐日结出余额的账簿是(　　)。

A.现金总分类账　　B.银行存款总分类账

C.库存现金日记账　　D.银行存款日记账

9.下列总分类账所属的明细分类账中,采用多栏式账页格式的有(　　)。

A.原材料　　B.应收账款

C.生产成本　　D.主营业务收入

10.下列各项中,属于备查簿的有(　　)。

A.租入固定资产登记簿　　B.代销商品登记簿

C.受托加工材料登记簿　　D.材料采购明细分类账

11.银行存款日记账的登记依据可能有(　　)。

A.原始凭证　　B.转账凭证

C.库存现金付款凭证　　D.银行存款付款凭证

12.库存库存现金日记账的登记依据可能有(　　)。

A.转账凭证　　B.库存现金付款凭证

C.汇总现金收款凭证　　D.库存现金收款凭证

13.总分类账的格式有(　　)。

A.三栏式　　B.多栏式

C.数量金额式　　D.借方多栏式

14.下列必须采用订本式账簿的是(　　)。

A.原材料明细分类账　　B.库存现金日记账

C.银行存款日记账　　D.应付账款明细分类账

15.下列错误中,可以通过试算平衡发现的有(　　)。

A.借方发生额大于贷方发生额　　B.应借、应贷科目颠倒

C.借方余额小于贷方余额　　D.漏记一项经济业务

(三)判断题

1.库存现金日记账和银行存款日记账的外表形式必须采用订本式账簿。(　　)

2.记账后发现记账凭证中应借、应贷科目错误,应采用红字更正法更正。(　　)

3.采用普通日记账时,可根据经济业务直接登记,然后将普通日记账过入分类。因此,设置普通日记账时一般可不再填制记账凭证。(　　)

4.任何单位都必须设置总分类账。(　　)

5.所有总分类账的外表形式都必须采用订本式。(　　)

6.记账后发现记账凭证和账簿记录中应借、应贷的会计科目无误,只是金额有错误,且所错记的金额小于应记的正确金额,可采用红字更正法更正。(　　)

7.为了保证库存现金日记账的安全和完整,库存现金日记账无论采用三栏式还是多栏式,外表形式都必须使用订本账。(　　)

8.为保持账簿记录的持久性,防止涂改,记账时必须使用蓝黑墨水或碳素墨水,并用钢笔书写,不得使用铅笔或圆珠笔书写 。(　　)

9.账簿按其用途不同,可分为订本式账簿、活页式账簿和卡片式账簿。(　　)

10.会计账簿是连接会计凭证与会计报表的中间环节,在会计核算中具有承前启后的

作用，是编制会计报表的基础。（　　）

（四）业务题

1.资料：A 公司 2015 年 9 月 1 日银行日记账余额 250 000 元，库存现金日记账的余额为 3 000 元，9 月份发生如下涉及现金和银行存款的经济业务：

(1)3 日，投资者投入资金 25 000 元，存入银行；

(2)4 日，以银行存款 20 000 元偿还应付账款；

(3)5 日，将现金 1 000 元存入银行；

(4)6 日，从银行提取现金 18 000 元，准备发放工资；

(5)6 日，用现金 18 000 元发放工资；

(6)7 日，用现金预付职工差旅费 800 元；

(7)8 日，用银行存款支付广告费 1 000 元；

(8)9 日，收到应收账款 50 000 元存入银行；

(9)13 日，以银行存款 40 000 元购入原材料；

(10)22 日，用银行存款支付本月生产车间的水电费 1 800 元；

(11)25 日，用银行存款上缴税金 3 000 元。

要求：根据上述业务分别登记 A 公司库存现金日记账和银行存款日记账。

2.资料：A 公司 2015 年 6 月“库存现金”借方余额 3 200 元，“银行存款”借方余额 45 000元。6 月份发生以下经济业务：

(1)2 日，向银行取得为期 6 个月的短期借款 100 000 元，存入银行；

(2)3 日，向本市红光公司购进甲材料 60 吨，单价 400 元，货款 24 000 元，货款已用支票支付，材料已验收入库；

(3)4 日，以银行存款 14 600 元偿还前欠红星公司货款；

(4)5 日，用现金支付 3 日所购材料的运杂费 400 元；

(5)6 日，职工王放出差借差旅费 2 000 元，经审核开出现金支票；

(6)8 日，从银行提取现金 15 000 元，以备发放职工工资；

(7)10 日，以现金 15 000 元发放职工工资；

(8)12 日，以现金 500 元支付职工困难补助；

(9)15 日，销售商品 40 吨，单价 800 元，货款已收到；

(10)18 日，用银行存款支付销售商品所发生的费用 600 元；

(11)25 日，收到华夏公司前欠货款 18 000 元，存入银行；

(12)26 日，职工王放出差回来报销差旅费 1 900 元，余额退回；

(13)30 日，用银行存款 28 000 元交纳税金。

要求：根据资料编制会计分录，设置“库存现金日记账”和“银行存款日记账”，登记并结出发生额和余额(假定不考虑增值税)。

3.资料：B 公司在月末进行账证核对的过程中发现下列错误：

(1)从银行提取库存现金 16 000 元，备发工资。所编记账凭证为(以会计分录代替，下同)：借：库存现金 16 000，贷：银行存款 16 000，账簿误记录为 1 600 元。

(2)预付红光公司购货款 25 000 元。所编记账凭证为：借：预收账款 25 000，贷：银行存款 25 000。

(3)以银行存款支付公司行政部门用房的租金 2 300 元。所编记账凭证为:借:管理费用 3 200,贷:银行存款 3 200。

(4)开出现金支票支付公司购货运杂费 540 元。所编记账凭证为:借:材料采购 450,贷:银行存款 450。

要求:请结合所学知识将 B 公司的上述错账进行更正。

4.资料:C 公司 2011 年 12 月份"原材料"和"应付账款"账户及所属明细分类账户的期初余额如下:"原材料"总分类账余额 30 000 元,其中:甲材料 5 000 千克,单价 4 元,计 20 000 元;乙材料 2 000 千克,单价 5 元,计 10 000 元。"应付账款"总分类账余额 50 000 元,其中:兴隆公司 30 000 元,昌和公司 20 000 元。

C 公司 12 月份发生下列经济业务:

(1)以银行存款 20 000 元归还前欠兴隆公司货款 10 000 元,归还昌和公司货款 10 000元。

(2)兴隆公司购买甲材料 2 000 千克,单价 4 元,计 8 000 元,材料已验收入库,货款尚未支付。

(3)从昌和公司购买甲材料 4 000 千克,单价 4 元,计 16 000 元,同时购买乙材料 6 000千克,单价 5 元,计 30 000 元,货款尚未支付。

(4)生产产品领用一批材料,其领用数量如下:甲材料 8 000 千克,单价 4 元,计32 000 元;乙材料 5 000 千克,单价 5 元,计 25 000 元。

(5)以存款 30 000 元分别支付给兴隆公司、昌和公司货款各 15 000 元。

要求:平行登记"原材料"总分类账账户和明细分类账账户,并且结算出本期发生额及期末余额(假定该单位原材料采用先进先出法计价)。

5.资料:D 公司 2015 年 9 月份在结账前发现如下错账:

(1)接银行存款利息收入通知,存款利息 7 000 元。所编记账凭证为(以会计分录代替,下同):借:银行存款 700,贷:财务费用 700。根据记账凭证已过入"银行存款"总分类账借方和"财务费用"贷方 700 元。

(2)以银行存款支付本月厂部办公楼修理费 1 276 元。所编记账凭证为:借:管理费用1 267,贷:银行存款 1 267。根据记账凭证已过入"管理费用"总分类账借方和"银行存款"贷方 1 276 元。

(3)开出转账支票支付前欠月亮塑料公司货款 18 600 元。所编记账凭证为:借:应付账款 18 600,贷:银行存款 18 600。根据记账凭证已过入"应收账款"总分类账借方和"银行存款"贷方 18 600 元。

(4)开出转账支票支付本月车间房屋修理费 15 000 元。所编记账凭证为:借:制造费用 1 5000,贷:银行存款 1 5000。根据记账凭证已过入"制造费用"总分类账借方和"银行存款"贷方 15 000 元。

(5)银行存款转来托收凭证,上月托收的应收票据 53 100 元已入账。所编记账凭证为:借:银行存款 5 3100,贷:应收票据 53 100。根据记账凭证已过入"应收账款"总分类账借方和"应收票据"贷方 53 100 元。

要求:根据以上记录判断错账性质,指出应采用的错账更正方法并说明错账的更正过程。

第七章

财产清查

学习目的:通过本章的学习,了解财产清查的意义、种类,理解财产清查的基本知识和技能,掌握各种财产清查的程序和方法,掌握库存现金、存货、固定资产、往来款项财产清查结果的账务处理。本章的重点是掌握银行存款余额调节表的编制及库存现金、存货、固定资产、往来款项财产清查结果的账务处理。本章的难点是存货、固定资产清查结果的账务处理。

引导案例

财产清查案例

星海公司出纳员小王由于刚参加工作不久,对货币资金管理和核算的相关规定不甚了解,所以出现一些不应有的错误,有两件事情让他印象深刻,至今记忆犹新。

第一件事是在2015年6月8日和10日两天的现金业务结束后例行的现金清查中,分别发现现金短缺50元和现金溢余20元的情况。对此他经过反复思考也弄不明白原因。为了保全自己的面子和息事宁人,同时又考虑到两次账实不符的金额又很小,他决定采取下列办法处理:现金短缺50元,自掏腰包补齐;现金溢余20元,暂时收入囊中。

第二件事是星海公司经常对其银行存款的实有数心中无数,甚至有时会影响公司日常业务的结算。公司经理因此指派有关人员检查小王的工作。结果发现,他每次编制银行存款余额调节表时,只根据公司银行存款日记账的余额加减银行对账单中企业未入账款项来确定公司银行存款的实有数;而且每次做完此项工作后,小王就立即将这些未入账的款项登记入账。

思考题:

(1)小王对上述两项业务的处理是否正确?为什么?

(2)你能给出正确的操作方法吗?

第一节 财产清查的意义与种类

一、财产清查的概念与意义

(一)财产清查的概念

财产清查(physical inventory)是指通过对货币资金、实物资产和往来款项的盘点或核对,确定其实存数,查明账存数与实存数是否相符。

在会计核算工作中,企业发生的所有经济业务都要采用专门的方法记录到有关的账簿中。特别是对于企业发生的货币资金、材料和设备等实物资产以及债权债务等重要的会计事项,更应当采用严密的会计处理方法,以确保账簿记录的真实性与完整性。从理论上讲,账簿上的结存数与实际结存数应当一致。但在实际工作中,由于人为和自然的因素,其账面结存数与实际结存数往往会发生不一致的情况。造成账实不符的原因主要有:

(1)在收发各项财产物资时,由于计量不准确,导致其数量或质量出现差错;

(2)在财产物资的保管过程中,发生了自然损耗;

(3)在管理和核算方面,由于手续不健全或制度不严密,发生了计算或登记错误;

(4)由于管理不善或工作人员失职而造成了财产物资的毁损和短缺;

(5)由于发生贪污、盗窃等行为导致了财产物资的损失;

(6)在结算过程中,由于未达账项等原因而造成的企业之间的账目不符。

为了查明上述账实不符的现象,确保会计账簿记录的真实性、完整性、准确性,企业在编制会计报表之前,必须对各项财产物资进行清查,以做到账实相符。

(二)财产清查的意义

企业在财产清查过程中,如发现账实不符,除查明原因外,还应进一步采取措施,改进和加强财产管理。因此,财产清查作为会计核算的一种专门方法,在会计核算过程中具有十分重要的意义。

1.保证企业财产的安全与完整

通过财产清查,可以查明企业的财产、商品、物资是否完整,有无缺损、霉变现象,以便堵塞漏洞,改进工作,建立和健全各种责任制,切实保证财产安全与完整。

2.保证会计核算资料的真实性

通过财产清查,可以查明各项财产物资的实有数,确定实有数额和账面额的差异,以便分析原因,采取措施,改进工作,进一步加强财产物资的管理,确保会计核算资料真实、可靠。

3.挖掘财产物资潜力,提高物资使用效率

通过财产清查,可以查明各项财产物资的储备和利用情况,针对不同情况,采取不同措施,积极利用和处理,提高物资使用效率。对储备不足的,应及时予以补充,确保生产需要;对超储、积压的财产物资,应及时处理,防止盲目采购和不合理积压,充分挖掘物资潜力,加速资金周转,提高资金使用效率,进而提高经济效益。

4.保证财经纪律和结算制度的执行

通过对财产物资、货币资金及往来款项的清查，可以查明企业有关业务人员是否遵守财经纪律和结算制度，有无贪污、盗窃、挪用公款的情况；查明各项资金使用是否合理，是否符合党和国家的方针、政策和法规，从而使工作人员更加自觉地遵纪守法，自觉维护和遵守财经纪律。

二、财产清查的种类

（一）按财产清查的对象和范围分类

按财产清查的对象和范围分类，财产清查可分为全面清查和局部清查。

1.全面清查

全面清查是指对全部财产物资和往来款项等进行的全面盘点和查询。原则上讲，全面清查的范围应包括资产、负债和所有者权益的所有有关项目。以制造企业为例，全面清查的内容应包括以下各项：

（1）现金、银行存款、其他货币资金和银行借款。

（2）各种机器设备、房屋、建筑物等固定资产。

（3）各种原材料、半成品、产成品等流动资产。

（4）各项在途材料、在途商品及在途物资。

（5）各种应收、应付、预收、预付款等往来款项。

（6）接受或委托其他单位加工保管的材料和物资。

（7）各种实收资本、资本公积、盈余公积等有关所有者权益项目。

全面清查的内容多，范围广，投入的人力多，不可能经常进行，一般只用于年终结算前的清查。当然，在某些特殊情况下，如企业破产、合并、改变隶属关系、清产核资或单位主要负责人调离工作岗位等，为了明确经济责任或核定资金，也要进行全面清查。

2.局部清查

局部清查是指根据需要对部分财产物资和往来款项等进行的盘点和清查。其清查的主要对象是流动性较大的财产，如现金、原材料、在产品和库存商品等。局部清查范围小，内容少，涉及的人员较少，但专业性较强。主要包括以下各项：

（1）对于现金，应由出纳员在每日业务终了时清点，做到日清月结。

（2）对于银行存款和银行借款，应由出纳员每月同银行核对一次。

（3）对于原材料、在产品和库存商品除年度清查外，每月应有计划地重点抽查，对于贵重的财产物资，应每月清查盘点一次。

（4）对于债权、债务，应在年度内至少核对一至两次，如有问题应及时核对，及时解决。

（二）按财产清查的时间分类

按财产清查的时间分类，财产清查可分为定期清查和不定期清查。

1.定期清查

定期清查是按预先确定的时间对财产物资所进行的清查。定期清查的对象和范围不定，可以是全面清查也可以是局部清查，清查的目的是及时发现账实不符，调整错误，核实损益，保证会计报表真实与完整。定期清查通常在年末、半年末、季末、月末结账时进行。

2.不定期清查

不定期清查是指事先没有规定清查时间、根据特殊需要而进行的临时性清查。不定期清查主要在以下几种情况下进行：

(1)为了明确经济责任，在财产物资或现金的保管人员发生变动时，对其管理的财产进行清查。

(2)上级或国家有关部门决定对本单位会计或业务进行审查时，根据审查的要求和范围对财产物资进行的清查，其目的往往是验证该单位会计资料的可靠性。

(3)企业进行兼并、破产或转移所有权时对企业的财产进行清查，目的是摸清企业的家底。

(4)发生自然灾害或贪污盗窃时对受损的财产物资进行清查，目的是查清损失情况。

上述定期清查、不定期清查可以是全面清查，也可以是局部清查，应根据实际需要来确定。

(三)按财产清查的组织形式分类

按财产清查的组织形式分类，财产清查可分为单位自查和外单位清查。

1.单位自查

单位自查是指单位自身根据工作需要，组织有关部门和人员对其财产所实施的清查。

2.外单位清查

外单位清查是指由单位外部的主管部门、财政、税务、银行等部门，根据有关规定和实际工作的需要对本单位所实施的清查。

三、财产物资的盘存制度

财产清查的一个重要环节是盘点财产物资的实存数量，以解决账实是否相符的问题。为此，首先需要确定财产物资的账存数量。财产物资的盘存制度有两种——永续盘存制和实地盘存制。

(一)永续盘存制

永续盘存制(perpetual inventory system)是指企业对各项财产物资的收入和发出的数量及金额，都必须根据原始凭证和记账凭证在有关的账簿中进行连续登记，并随时结出账面余额。其计算公式为：

期末账面余额＝期初账面余额＋本期增加额－本期减少额

采用永续盘存制具有以下几个优点：①可以在存货明细账上随时反映存货的收、发、存的动态情况，并以数量和金额两个方面进行管理控制；②可以将账存数与实存数相核对，以查明账实是否相符，以及账实不符的原因，容易控制差错和非法行为的发生，是控制差错和制止非法行为的有效方法。因此，永续盘存制在企业实际工作中的应用较为普遍。其缺点是：存货明细分类核算的工作量较大。

值得注意的是，在永续盘存制下，得到的财产物资的结存数指标是其账面结存数。而实际结存数为多少，有待于清查盘点来确定。因此，永续盘存制下也要进行实地清查盘点，其目的在于检查账实是否相符。

（二）实地盘存制

实地盘存制(periodic inventory system)又称定期盘存制，是指企业对各项财产物资，只在账簿中登记其收入数，不登记其发出数，期末通过对实物的盘点来确定财产物资结余数，然后计算出本期发出数。其计算公式为：

本期减少数＝期初账面余额＋本期增加数－期末实际结存数

采用实地盘存制，平时只记录增加数，不记录减少数。因此，实地盘存制的优点主要是简化了财产物资的日常登记工作，工作量少，工作简单。但其缺点也是明显的，主要表现在：一是不能随时反映存货收入、发出和结存动态，不便于管理人员掌握情况；二是将非正常的人为损耗、贪污、盗窃等计入发货成本，不利于保证企业财产物资的安全与完整；三是采用这种方法只能到期末盘点时结转耗用或销货成本，而不能随时结转成本。所以实地盘存制的实用性较差，较适用于那些自然损耗大、数量不稳定的鲜活商品。

第二节 财产清查的方法

由于财产物资种类繁多，存放地点、存放方式不同，具体的清查方法也有所不同。对货币资金、实物资产、往来款项等应采取不同的方式进行清查。

一、货币资金的清查

货币资金包括库存现金、银行存款和其他货币资金。对货币资金的清查主要是库存现金和银行存款。

（一）库存现金的清查

库存现金的清查方法是实地盘点法，也即对库存现金的盘点与核对，包括出纳人员每日终了前进行的现金账款核对和清查小组进行的定期或不定期的现金盘点核对。采用实地盘点法来确定库存现金的实存数，然后再与现金日记账的账面余额核对，以查明账实是否相符。

为了加强现金管理，平时出纳人员应根据现金的收、支、结存情况及时登记现金日记账，经常进行现金盘点与账存数核对，做到日清月结。清查小组清查前，出纳员应将现金收、付款凭证全部登记入账，并结出账存数。在进行库存现金清查时，为了明确责任，出纳员必须在场，并配合清查人员逐一清点现金实存数。清查时应注意有无白条顶库(即不能用不具有法律效力的借条、收据等抵充库存现金)、挪用现金和超限额库存现金等违纪情况。盘点结束后，应填制库存现金盘点报告表，由盘点人员、出纳人员及有关负责人签字盖章。此表既是证明现金实有数额的原始凭证，也是查明账实不符原因和据以调整账簿记录的重要依据。其格式如表 7-1 所示。

表 7-1 库存现金盘点报告表

单位名称： 20××年×月×日 单位：元

实存金额	账存金额	对比结果		备 注
		盘盈	盘亏	

负责人： 盘点人： 出纳人员：

(二)银行存款的清查

银行存款的清查方法与库存现金、实物资产的清查方法不同，它是采取与开户银行核对账目的方法进行的。具体步骤是：首先检查本单位银行存放日记账的正确性与完整性，然后将银行对账单与本单位登记的“银行存款日记账”逐笔核对。通过核对，往往发现双方账目不一致。其主要原因：一是一方或双方存在记账错误，如漏记、重记、错记等情况；二是正常的“未达账项”，即单位和银行之间由于结算凭证在传递和办理转账手续时间上的不一致而造成的一方已经入账而另一方尚未入账的款项。未达账项具体有以下四种：

(1)单位已记银行存款增加，而开户银行尚未记账；

(2)单位已记银行存款减少，而开户银行尚未记账；

(3)开户银行已记单位存款增加，而单位尚未记账；

(4)开户银行已记单位存款减少，而单位尚未记账。

如果发现错账、漏账等情况，应及时查明原因，加以更正。对于未达账项，则应于查明后编制银行存款余额调节表以检查双方的账目是否相符。

银行存款余额调节表的编制方法一般是：在单位银行存款日记账账面余额和银行对账单余额的基础上，分别补记对方已记账而本方尚未记账的未达账项金额，然后验证经调节后双方的余额是否相等。如果相等，表明双方记账都是正确的，双方的余额不符完全是由于存在未达账项；如果调节后双方的余额仍不相等，就表明还存在记账错误，应进一步查明原因，予以更正。下面举例说明银行存款余额调节表的编制方法：

【例 7-1】假设长盛公司 2011 年 5 月 31 日的银行存款日记账余额为 120 000 元，银行对账单余额为 124 000 元，经逐笔核对，发现未达账项有：

(1)企业于月末将从某单位收到的一张转账支票 2 000 元存入银行，企业已入账，但银行尚未办理有关手续而未入账；

(2)企业于月末开出转账支票一张 1 000 元，持票人尚未向银行办理转账手续，企业已入账，但银行尚未收到支票而未入账；

(3)企业委托银行代收销货款 8 000 元，银行已入账，但企业尚未接到银行的收款通知；

(4)企业委托银行代付水电费 3 000 元，银行已入账，但企业尚未接到银行的付款通知。

根据以上资料，编制银行存款余额调节表如表 7-2 所示。

表 7-2 银行存款余额调节表

2011 年 5 月 31 日 单位:元

项 目	金 额	项 目	金 额
企业银行存款日记账余额	120 000	银行对账单余额	124 000
加:银行已收入账 企业尚未入账	8 000	加:企业已收入账 银行尚未入账	2 000
减:银行已付入账 企业尚未入账	3 000	减:企业已付入账 银行尚未入账	1 000
调节后余额	125 000	调节后余额	125 000

调节后的银行存款余额是月末企业银行存款的真正实有数额,即企业实际可动用的存款数额。需要注意的是:未达账项不是错账、漏账,只需在银行存款余额调节表中进行调节试算,而不能据以进行任何的账务处理,待收到有关结算凭证之后,再同正常的银行存款收付业务一样进行账务处理。在清查过程中,对长期存在的未达账项,应查明原因,及时处理。

二、实物资产的清查

实物资产清查包括对原材料、在产品、库存商品及固定资产等财产物资的清查。对这些物资的清查,不仅要从数量上核对账面数与实物数是否相符,而且要查明是否有损坏、变质等情况。由于各种实物的形态、体积、质量和存放方式不同,因而所采用的清查方法也不尽相同。一般常用的有以下两种方法:

(一)实地盘点法

对于实物资产的清查,应从数量和质量两个方面进行。主要通过逐一清点、过秤和度量等方式来确定实物资产的实存数量。这种方法适用范围较大,适用于大多数财产物资的清查。

(二)技术推算法

这种方法对财产物资不是逐一清点计数,而是通过量方、计尺等技术来推算财产物资的实存数量。这种方法一般适用于大量成堆、无法逐一清点的财产物资的清查,如煤炭、沙石等。另外,对实物资产的数量进行核实的同时,还要对实物的质量进行鉴定,可根据不同的情况采用不同的质量鉴定方法,如直接观察法、物理法、化学法等。

为了明确经济责任和便于查询,进行财产物资盘点时,有关实物保管人员与盘点人员必须同时在场清查。清查盘点的结果应及时登记在盘存单上,由盘点人和实物保管人同时签章。盘存单的格式见表 7-3。

表 7-3 盘存单

单位名称： 编号：
财产类别： 盘点时间： 存放地点：

序号	名称	规格	计量单位	数量	单价	金额	备注

盘点人： 实物保管人：

盘存单既是记录实物盘点结果的书面文件，也是反映资产实有数的原始凭证。为了进一步查明账实是否相符，确定盘盈或盘亏情况，还应根据盘存单和有关账簿记录，编制实存账存对比表(又称盘盈盘亏报告表)。该表是一个非常重要的原始凭证，既是经批示后调整账簿记录的依据，也是分析差异原因、明确经济责任的依据。实存账存对比表格式如表 7-4。

表 7-4 实存账存对比表

单位名称： 年 月 日 编号：

序号	名称	规格	计量单位	单价	实存		账存		盘盈		盘亏		备注
					数量	金额	数量	金额	数量	金额	数量	金额	

主管人员： 会计： 制表：

三、往来款项的清查

往来款项主要包括应收款、应付款和暂收、暂付款等。各种结算往来款项一般采取询证核对法进行清查，即采取同对方单位核对账目的方法。首先，应对本单位往来款项进行核对，确认准确无误后，再向对方填发“往来款项对账单”。往来款项对账单应按明细账逐笔抄列一式两联，其中一联作为回单，对方单位如核对相符，应在回单上盖章后退回；如发现数字不符，应将不符情况在回单上注明或另抄对账单退回，作为进一步核对的依据。

往来款项对账单的格式和内容如图 7-1 所示：

往来款项对账单

××单位：

你单位于20××年×月×日购入我单位甲产品1 000件，已付货款4 000元，尚有4 000元货款未付，请核对后将回联单寄回。

××单位：(盖章)

20××年×月×日

沿此虚线裁开，将以下回单联寄回！

……………………………………………………………………………………

往来款项对账单(回联)

××清查单位：

你单位寄来的“往来款项对账单”已经收到，经核对相符无误(或不符，应注明具体内容)。

××单位：(盖章)

20××年×月×日

图 7-1　往来款项对账单

对债权债务的清查，除了查对账实是否相符外，还应注意债权债务的账龄，从而掌握逾期债权债务情况，以便重点管理，减少呆账、坏账。

第三节　财产清查结果的处理

一、财产清查结果处理一般要求

财产清查的结果不外乎三种情况：其一，账存数与实存数相符；其二，账存数大于实存数，财产物资发生盘亏；其三，账存数小于实存数，财产物资发生盘盈。对财产清查中发现的盘盈、盘亏，应查明原因，按照一定的程序，严肃认真地处理。

财产清查结果处理的一般要求包括：

(1)分析产生差异的原因和性质，提出处理建议；

(2)积极处理多余积压财产，清理往来款项；

(3)总结经验教训，建立健全各项管理制度；

(4)及时调整账簿记录，保证账实相符。

为了反映和监督财产清查过程中已查明的各种财产盘盈、盘亏和毁损及报请批准后的转销数额，需设置“待处理财产损溢”账户。该账户下设“待处理流动资产损溢”和“待处理固定资产损溢”两个明细分类账户，分别对流动资产和固定资产进行核算。“待处理财产损溢”账户是用来核算企业在财产清查过程中查明的各种财产盘盈、盘亏和毁损价值的账户。该账户的借方登记各种财产盘亏、毁损数及按规定程序批准的盘盈转销数，贷方登记各种财产的盘盈数及按规定程序批准的盘亏、毁损转销数；处理前的借方余额反映企业尚未处理的各种财产的净损失，处理前的贷方余额反映企业尚未处理的各种财产的净溢余。期末处理后，本账户应无余额。该账户属于双重性质的账户。注意：固定资产盘盈的核算不再通过此账户，而是在报批前先通过"以前年度损益调整"科目核算。财产清查的对象不同，清查结果的账务处理也不相同。

二、库存现金清查结果的账务处理

在清查中，如发现库存现金账款不符，对有待查明原因的现金短缺或溢余，应通过"待处理财产损溢"账户核算，将盘盈或盘亏的金额记入该账户，待查明原因后，再根据不同的情况进行账务处理。

（一）库存现金盘盈的账务处理

发生库存现金溢余时，按实际溢余的金额借记"库存现金"账户，贷记"待处理财产损溢——待处理流动资产损溢"账户。查明原因后，应根据不同情况，分别进行处理：属于应支付给有关人员或单位的，转入"其他应付款——应付现金溢余（××个人或单位）"账户；属于无法查明原因的库存现金溢余，报经批准后，转入"营业外收入——现金溢余"账户。

【例 7-2】长盛公司在财产清查中发现库存现金较账面余额溢余 600 元。企业应编制会计分录如下：

借：库存现金　600

　贷：待处理财产损溢——待处理流动资产损溢　600

【例 7-3】经反复核查，上述现金长款原因不明，经批准转作营业外收入处理，企业应编制会计分录如下：

借：待处理财产损溢——待处理流动资产损溢　600

　贷：营业外收入——现金溢余　600

（二）库存现金盘亏的账务处理

发生库存现金短缺时，应按实际短缺金额，借记"待处理财产损溢——待处理流动资产损溢"账户，贷记"库存现金"账户。待查明原因后，应根据不同情况，分别进行处理：属于记账错误的，应按账务处理规定及时予以更正；属于应由责任人赔偿或保险公司赔偿的部分，转入"其他应收款——应收现金短缺（××个人或单位）"或"库存现金"账户；属于无法查明原因的部分，根据管理权限，报经批准后转入"管理费用——现金短缺"账户。

【例 7-4】长盛公司在财产清查中发现库存现金较账面余额短缺 800 元。企业应编制会计分录如下：

借：待处理财产损溢——待处理流动资产损溢　800

　贷：库存现金　800

【例 7-5】经查，上述现金短缺中 350 元是出纳员王某的责任，应由其负责赔偿，另外 450 元无法查明原因，经批准后转作管理费用处理。企业应编制会计分录如下：

借：其他应收款——应收现金短缺（王某）　350

　　管理费用——现金短缺　450

　贷：待处理财产损溢——待处理流动资产损溢　800

三、存货清查结果的账务处理

造成存货账实不符的原因很多，应根据“实存账存报告表”的记录和实际情况分别进行不同的账务处理。

（一）存货盘盈的账务处理

企业发生存货盘盈时，在报经批准前，应借记“原材料”“生产成本”“库存商品”等存货账户，贷记“待处理财产损溢——待处理流动资产损溢”账户。在报经批准后，借记“待处理财产损溢——待处理流动资产损溢”账户，贷记“管理费用”等账户。

【例 7-6】某企业在财产清查中盘盈材料一批，价值 5 000 元，经查明是由收发计量错误所致。企业应编制会计分录如下：

批准处理前：

借：原材料　　5 000

　贷：待处理财产损溢——待处理流动资产损溢　　5 000

批准处理后：

借：待处理财产损溢——待处理流动资产损溢　　5 000

　贷：管理费用　　5 000

（二）存货盘亏及毁损的账务处理

企业发生存货盘亏及毁损时，在报经批准前，应借记“待处理财产损溢——待处理流动资产损溢”账户，贷记有关存货账户。在报经批准后，再根据不同的原因，分别根据不同情况进行账务处理：对于因自然损耗产生的定额内损耗，计入管理费用；对于由于计量收发错误和管理不善等原因造成的存货短缺，应先扣除残料价值、可以收回的保险公司赔款和过失人的赔偿后，将净损失计入管理费用；对于因自然灾害或意外事故造成的存货毁损，在扣除残料价值和保险公司赔偿后，计入营业外支出。

【例 7-7】某企业在财产清查中，盘亏甲材料 2 600 元，经查明，属于定额内损耗。企业应编制会计分录如下：

批准处理前：

借：待处理财产损溢——待处理流动资产损溢　　2 600

　贷：原材料——甲材料　　2 600

批准处理后：

借：管理费用　　2 600

　贷：待处理财产损溢——待处理流动资产损溢　　2 600

【例 7-8】某企业因自然灾害等非常损失造成库存商品毁损，价值 80 000 元，保险公司同意赔偿 70 000 元，残料已办理入库手续，价值 500 元。企业应编制会计分录如下：

批准处理前：

借：待处理财产损溢——待处理流动资产损溢　　80 000

　贷：库存商品　　80 000

批准处理后：

借：其他应收款——××保险公司　　70 000

　　原材料　　500

营业外支出——非常损失 9 500

贷:待处理财产损溢——待处理流动资产损溢 80 000

【例 7-9】某企业财产清查后发现盘亏甲材料价值 1 000 元,盘亏的原因已查明:因管理员王某过失造成的材料毁损价值为 800 元,残料作价 50 元已入库。企业应编制会计分录如下:

批准处理前:

借:待处理财产损溢——待处理流动资产损溢 1 000

贷:原材料——甲材料 1 000

批准处理后:

借:其他应收款——王某 800

原材料 50

管理费用 150

贷:待处理财产损溢——待处理流动资产损溢 1 000

四、固定资产清查结果的账务处理

为了保证固定资产核算的真实性,充分挖掘企业现有固定资产的潜力,企业应定期对固定资产进行盘点清查。在固定资产清查中,如果发现盘盈、盘亏的固定资产,应填制固定资产盘盈、盘亏报告表,查明原因,并写出书面报告,根据企业的管理权限,报经企业上级或董事会等类似机构批准后,在期末结账前处理完毕。

(一)固定资产盘盈的账务处理

清查中发现盘盈的固定资产大都是由于设备虽交付使用但未及时入账造成的。企业对于盘盈的固定资产,在报经批准处理前,按同类或类似固定资产的市场价格,减去按该项资产新旧程度估计的价值损耗后的余额,借记"固定资产"账户,贷记"以前年度损益调整"账户。

【例 7-10】某企业在财产清查中发现未入账的设备一台,其同类设备的市场价格为 40 000元,估计有六成新。企业应编制会计分录如下:

批准处理前:

借:固定资产 24 000

贷:以前年度损益调整 24 000

(二)固定资产盘亏的账务处理

对于盘亏的固定资产,应按盘亏固定资产的账面价值,借记"待处理财产损溢——待处理固定资产损溢"账户,按已提折旧,借记"累计折旧"账户,按固定资产的原价,贷记"固定资产"账户。盘亏或毁损的固定资产,应根据造成盘亏、毁损的原因和情况,分别加以处理。盘亏的固定资产报经批准处理后,按过失人和保险公司赔偿的金额,借记"其他应收款"账户,按盘亏固定资产价值扣除过失人及保险公司赔偿金额后的差额(即净值)借记"营业外支出"账户。同时,按其账面价值,贷记"待处理财产损溢——待处理固定资产损溢"账户。

【例 7-11】某企业在进行财产清查时发现盘亏机床一台,其账面原价为 250 000 元,累计折旧为 130 000 元(假定该设备未计提减值准备)。上述盘亏的机床应由保险公司赔偿

100 000 元。

盘亏固定资产时，企业应编制会计分录为：

借：待处理财产损溢——待处理固定资产损溢　　120 000

　累计折旧　　130 000

　贷：固定资产　　250 000

盘亏固定资产批准转销时，编制会计分录为：

借：其他应收款——××保险公司　　100 000

　营业外支出——固定资产盘亏　　20 000

　贷：待处理财产损溢——待处理固定资产损溢　　120 000

五、往来款项清查结果的账务处理

企业应当定期或者至少每年年度终了，对应收应付款项进行全面检查，对于长期无法收回和长期无法支付的款项要及时进行处理。在财产清查中查明确实无法收回和无法支付的应付款项，不通过“待处理财产损溢”账户核算，而是在原来账面记录的基础上，按规定程序报经批准后，直接转账冲销。

(一)应收款项清查结果的账务处理

企业因债务人拒付、破产、死亡或债务单位撤销等原因导致应收账款中无法收回的款项就是坏账。由于发生坏账而造成的损失称为坏账损失。对于坏账损失，根据其确认的时间不同，在会计上一般有两种核算方法，即直接转销法和备抵法。

1.直接转销法

直接转销法是指在实际发生坏账时，确认坏账损失，直接计入当期费用并冲销应收款项。采用直接转销法核算坏账损失时，将实际损失直接冲减应收款项，应借记“管理费用”账户，贷记“应收账款”账户。

【例 7-12】某企业应收 A 公司的货款 6 000 元，因 A 公司已撤销，确认无法收回，经批准做坏账处理。企业应编制会计分录如下：

借：管理费用　　6 000

　贷：应收账款——A 公司　　6 000

直接转销法对可能发生的坏账不做任何账务处理，方法简单，但不符合权责发生制及收入与费用相配比的原则。

2.备抵法

备抵法是指企业采用一定的方法按期估计坏账损失，计入当期费用，同时建立坏账准备金，待实际发生坏账损失时，冲销已计提的坏账准备和相应的应收款项。我国《企业会计制度》规定：企业只能采用备抵法核算坏账损失。

备抵法弥补了直接转销法的不足，符合权责发生制和配比的原则，避免企业虚盈实亏。同时在报表上列示应收款项净额，避免了企业虚列资产，有利于加速企业资金周转。

【例 7-13】某企业 2001 年实际发生坏账损失 3 000 元，按有关规定确认为坏账损失。

借：坏账准备　　3 000

　贷：应收账款　　3 000

(二)应付款项清查结果的账务处理

在财产清查过程中,如发现债权单位撤销或其他原因造成应付账款中无法支付的款项,在报经批准后将其转作营业外收入处理,借记“应付账款”等账户,贷记“营业外收入”账户。

【例 7-14】企业在财产清查中发现一笔长期无法支付的货款 5 000 元,据查该债权单位已撤销。企业报经批准后,予以转销。企业编制会计分录如下:

借:应付账款　　5 000

　贷:营业外收入　　5 000

本章小结

财产清查是指通过对货币资金、实物资产和往来款项的盘点或核对,确定其实存数,查明账存数与实存数是否相符。财产清查的对象包括货币资金、银行存款、存货、固定资产、往来款项等。财产清查作为会计核算的一种专门方法,有利于保证企业财产的安全性与完整性,保证会计核算资料的真实性,充分挖掘财产物资潜力,提高物资使用效率,保证财经纪律和结算制度的执行。按财产清查的范围不同,可分为全面清查和局部清查;按财产清查的时间不同,可分为定期清查和不定期清查;按照清查的组织形式不同,可以分为单位自查和外单位清查。财产物资的盘存制度有两种,即永续盘存制和实地盘存制。永续盘存制是指企业对各项财产物资的收入和发出的数量及金额,都必须根据原始凭证和记账凭证在有关的账簿中进行连续登记,并随时结出账面余额。实地盘存制又称定期盘存制,是指企业对各项财产物资,只在账簿中登记其收入数,不登记其发出数,期末通过对实物的盘点来确定财产物资结余数,然后倒挤出本期发出数。实地盘存制的实用性较差,较适用于那些自然损耗大、数量不稳定的鲜活商品。

货币资金的清查方法:现金的清查采用实地盘点的方法,然后再与现金日记账的账面余额核对;银行存款的清查采用与开户银行转来的对账单进行核对的方法。实物资产的清查方法:实地盘点法、技术推算法。往来款项的清查方法:一般采用发函询证的方法进行核对。

财产清查的结果不外乎三种情况:其一,账存数与实存数相符;其二,账存数大于实存数,财产物资发生盘亏;其三,账存数小于实存数,财产物资发生盘盈。对财产清查中发现的盘盈、盘亏,应查明原因,按照一定的程序,严肃认真地予以处理。

为了反映和监督财产清查过程中已查明的各种财产盘盈、盘亏和毁损及报请批准后的转销数额,需设置“待处理财产损溢”账户。该账户下设“待处理流动资产损溢”和“待处理固定资产损溢”两个明细分类账户,分别对流动资产和固定资产进行核算。

思考题

1.什么是财产清查?为什么要进行财产清查?

2.确定企业实物资产账面数的方法有哪几种?每种方法有哪些优势与劣势?

3.财产清查的结果通过哪个账户进行处理？这个账户的结构如何？当财产盘盈和盘亏时，如何在这个账户中进行处理？

4.什么是未达账项？未达账项有几种？如何调整未达账项？

5.试述财产物资清查结果的处理程序。

练习题

(一)单项选择题

1.现金清查的方法是(　　)。

A.技术测算法　　B.实地盘点法

C.外调核对法　　D.与银行对账单相核对

2.实地盘存制与永续盘存制的主要区别是(　　)。

A.盘点的方法不同　　B.盘点的目标不同

C.盘点的工具不同　　D.盘亏结果处理不同

3.一般而言，单位撤销、合并时，要进行(　　)。

A.定期清查　　B.全面清查

C.局部清查　　D.实地清查

4.对于现金的清查，应将其结果及时填列(　　)。

A.盘存单　　B.实存账存对比表

C.现金盘点报告表　　D.对账单

5.银行存款清查的方法是(　　)。

A.日记账与总分类账核对　　B.日记账与收付款凭证核对

C.日记账和对账单核对　　D.总分类账和收付款凭证核对

6.对于大量成堆难以清点的财产物资，应采用的清查方法是(　　)。

A.实地盘点法　　B.抽样盘点法

C.查询核对法　　D.技术推算盘点法

7.在记账无误的情况下，造成银行对账单和银行存款日记账不一致的原因是(　　)。

A.应付账款　　B.应收账款

C.未达账项　　D.外埠存款

8.对于盘亏的固定资产，按规定程序批准后，应按盘亏固定资产的净值借记的会计科目是(　　)。

A.待处理财产损溢　　B.营业外支出

C.累计折旧　　D.固定资产清理

9.下列项目的清查应采用询证核对法的是(　　)。

A.原材料　　B.应付账款

C.实收资本　　D.短期投资

10.对于盘盈的固定资产的净值应贷记的会计科目是(　　)。

A.以前年度损益调整　　B.营业外支出

C.管理费用　　　　D.待处理财产损溢

(二)多项选择题

1.库存现金盘亏的账务处理中可能涉及的科目有(　　)。

A.库存现金　　　　B.管理费用

C.其他应收款　　　　D.营业外支出

2.关于银行存款的清查,下列说法正确的是(　　)。

A.不需要根据银行存款余额调节表做任何账务处理

B.对于未达账项,等以后有关原始凭证到达后再做账务处理

C.如果调整之后双方的余额不相等,则说明银行或企业记账有误

D.对于未达账项,需要根据银行存款余额调节表做账务处理

3.下列情况适用于全面清查的有(　　)。

A.年终决算前

B.单位撤销、合并或改变隶属关系前

C.全面清产核资、资产评估

D.单位主要负责人调离工作前

4.编制“银行存款余额调节表”时,应调整银行对账单余额的业务是(　　)。

A.企业已收,银行未收　　　　B.企业已付,银行未付

C.银行已收,企业未收　　　　D.银行已付,企业未付

5.财产清查的意义包括(　　)。

A.有利于保证会计核算资料真实可靠

B.有利于挖掘财产物资的潜力,加速资金周转

C.有利于保护财产物资安全完整

D.有利于维护财经纪律和结算制度

6.全面清查是指对企业的全部财产进行盘点和核对,包括属于本单位和存放在本单位的所有财产物资、货币资金和各项债权债务。其中的财产物资包括(　　)。

A.在本单位的所有固定资产、库存商品、原材料、包装物、低值易耗品、在产品、未完工程等

B.属于本单位但在途中的各种在途物资

C.委托其他单位加工、保管的材料物资

D.存放在本单位的代销商品、材料物资等

7.下列项目中属于调增项目的是(　　)。

A.企业已收,银行未收　　　　B.企业已付,银行未付

C.银行已收,企业未收　　　　D.银行已付,企业未付

8.下列不适于采用实地盘点法清查的是(　　)。

A.原材料　　　　B.固定资产

C.露天堆放的沙石　　　　D.露天堆放的煤

9.财产清查的正确分类方法有(　　)。

A.全面清查和局部清查　　　　B.定期清查和不定期清查

C.全面清查和定期清查　　D.定期清查和局部清查

10.关于库存现金的清查，下列说法正确的是(　　)。

A.库存现金应该每日清点一次

B.库存现金应该采用实地盘点法

C.在清查过程中可以用借条、收据充抵库存现金

D.要根据盘点结果编制现金盘点报告表

11.企业在年终决算前进行的清查属于(　　)。

A.全面清查　　B.局部清查　　C.定期清查　　D.不定期清查

12.(　　)，会使企业银行存款日记账的余额大于银行对账单的余额。

A.企业收到或已送存银行的款项，企业已入账，但银行尚未入账

B.企业开出各种付款凭证，已记入银行存款日记账，但银行尚未入账

C.银行代企业收进的款项，银行已入账，但企业尚未收到有关凭证，未能登记入账

D.银行代企业支付的款项，银行已入账，但企业尚未收到有关凭证，未能登记入账

13.“待处理财产损溢”账户的借方核算(　　)。

A.发生的财产盘盈数　　B.发生的财产盘亏和毁损数

C.处理的财产盘盈数　　D.处理的财产盘亏和毁损数

14.银行存款的清查，需将(　　)进行相互逐笔勾对。

A.银行存款总账　　B.银行对账单　　C.银行存款日记账　　D.支票登记簿

15.银行存款日记账与银行对账单不一致的原因有(　　)。

A.企业或银行出现记账错误　　B.出现未达账项

C.出现已达账项　　D.以上均是

(三)判断题

1.会计部门要在财产清查之前将所有的经济业务登记入账并结出余额，做到账账相符、账证相符，为财产清查提供可靠的依据。(　　)

2.采用先进先出法，在物价上涨时，会过低估计企业的当期利润和库存存货价值；反之，会高估企业存货价值和当期利润。(　　)

3.采用加权平均法时，平时无法从账上提供发出和结存存货的单价及金额，因而不利于加强对存货的管理。所以，它只是理论上的一种方法，一般不为企业所采用。(　　)

4.对在银行存款清查时出现的未达账项，可编制银行存款余额调节表来调整，该表是调节账面余额的原始凭证。(　　)

5.存货发出的计价方法不同，不仅会影响企业资产负债表中的负债和损益项目，同时也会影响企业资产负债表中的资产项目。(　　)

6.实地盘存制是指平时根据会计凭证在账簿中登记各种财产的增加数和减少数，在期末时再通过盘点实物，来确定各种财产的数量，并据以确定账实是否相符。(　　)

7.未达账项是指在企业和银行之间，由于凭证的传递时间不同导致记账时间不一致，即一方已接到有关结算凭证并已经登记入账，而另一方尚未接到有关结算凭证而未入账的款项。(　　)

8.固定资产盘盈是指固定资产的账面数量高于固定资产实际数量。(　　)

9.材料的盘亏是指库存材料的实际数量高于材料的账面结存数量。 （ ）

10.在财产清查中，如发现某资产的账面价值与市场价值不一致，应进行调整。 （ ）

（四）业务题

1.某企业200×年7月31日的银行存款日记账账面余额为691 600元，而银行对账单上企业存款余额为681 600元，经逐笔核对，发现有以下未达账项：

（1）7月26日，企业开出转账支票3 000元，持票人尚未到银行办理转账，银行尚未登账。

（2）7月28日，企业委托银行代收款项4 000元，银行已收款入账，但企业未接到银行的收款通知，因而未登记入账。

（3）7月29日，企业送存购货单位签发的转账支票15 000元，企业已登账，银行尚未登记入账。

（4）7月30日，银行代企业支付水电费2 000元，企业尚未接到银行的付款通知，故未登记入账。

要求：根据以上有关内容，编制银行存款余额调节表，并分析调节后是否需要编制有关会计分录。

2.X企业200×年经财产清查发现盘盈A材料3 200吨。经查明是由计量上的错误所造成的，按计划成本每吨2元入账。

要求：对X企业盘盈的A材料做出批准前和批准后的账务处理。

3.Y企业200×年经财产清查发现盘亏B材料100吨，每吨单价200元。经查明，属于定额内合理的损耗共计1 000元；属于由过失责任人赔偿的共计8 000元；其余的属于自然灾害造成的损失，但由保险公司赔偿6 000元。

要求：对Y企业B材料的盘亏进行批准前和批准后的账务处理。

4.W企业200×年在财产清查中发现盘盈机器设备一台，估计原值为300 000元，估计已提折旧额为50 000元。

要求：对W企业盘盈的固定资产进行账务处理。

5.W企业200×年在财产清查中发现盘亏机器设备一台，账面原值为280 000元，已提折旧额为100 000元。

要求：对W企业盘亏的固定资产进行批准前和批准后的账务处理。

第八章

会计报表

学习目的：通过本章学习，了解现金流量表和所有者权益变动表的意义、结构、作用，掌握会计报表的意义、资产负债表的编制、利润表的编制，了解内部报表的意义。

引导案例

财产清查案例

2016 年 12 月 30 日晚间，嘉寓国际发布公告称，因涉“招股说明书、定期报告中资金往来部分存在虚假记载和重大遗漏”“跨期结转成本调节利润”及“账外支付职工薪酬”，证监会对公司时任董事长田佳玉警告、罚款 30 万元，采取 8 年证券市场禁入措施；对时任财务总监胡满姣警告、罚款 15 万元，采取 5 年证券市场禁入措施。嘉寓股份 2007—2014 年 8 年间，随意增减调节利润，跨期结转成本，使得年度财务报告不真实，投资者无法准确判断，从而误导投资者投资决策。公司在 2012 年和 2013 年通过账外资金发放员工薪酬，使得其中 2012 年度多计 155.46 万元，2013 年多计 534.27 万元，从而虚增了利润，减少了成本支出。（来自《大众证券报》东方财务网 2017 年 1 月 15 日）

财务报告应该公布哪些信息？应该遵守哪些规范？怎样编制财务报表？

第一节　会计报表的意义和种类

一、会计报表的意义

企业、事业等单位对经济业务的日常核算，是通过账簿进行连续、系统的登记和计算。这些账簿记录可以提供丰富的会计信息，对于反映经济活动情况和实行会计监督是有积极作用。但是账簿反映的经济活动是具体的，比较分散，不便整体反映经济活动的状况；会计部门的账簿资料也不便为其他职能部门所使用，更不便为企业外部的有关部门和有关人员所使用。因此，为了充分利用会计信息，需要根据账簿资料定期编制会计报表。

会计报表(financial statement)是指企业对外提供的企业某一特定日期财务状况和

某一会计期间经营成果以及现金流量的文件。编制会计报表是为了满足各利益相关者对财务信息的要求，为其进行经济决策提供依据。我国《企业会计准则》规定企业必须编制并报送的会计报表包括资产负债表、利润表、现金流量表、所有者权益变动表。企业编制会计报表的作用主要表现在：

(1)反映财务情况。会计报表提供的信息很丰富，通过这些信息可全面地反映企业的财务情况。例如，通过资产负债表可以了解一定时期企业资产配置、债务结构和权益类别等情况；通过利润表可以了解一定时期企业收入的实现、成本消耗及利润的形成与分配；通过现金流量表可以了解企业在一定期间现金收入和现金支出情况。会计报表对企业财务情况的反映不同于会计凭证和会计账簿，其特点是全面、系统和集中，通过几张会计报表就能全面、系统地反映企业的财务情况。因此，根据会计报表提供的会计信息可以总结过去，找出差距，向先进企业学习；可以加强会计监督，促进经营管理；可以做出决策，编制财务计划。

(2)加强会计监督。根据企业会计报表提供的会计信息，对企业经营活动、理财活动、获利能力等多方面进行监督，以满足各方面会计报表使用者的需要。

企业的管理者可根据会计报表反映的信息，总结经营管理的经验，检查各项经济指标是否完成了计划、达到了预期的目标；找出经营中存在的问题，及时采取相应措施加以解决，以便进一步加强管理。

企业的投资者通过会计报表提供的会计信息，监督其投资的使用情况，了解企业的经营成果、获利能力，分析企业的财务状况和投资额的风险程度；通过对其监督达到保护投资者在企业中应享有权益的完整性，保证其投资额获利的增加。

企业的债权人通过会计报表提供的信息，监督企业的资金周转与营运情况，分析企业的偿债能力和到期支付利息的保证程度，通过监督达到保护债权人在企业中的利益不受侵犯。

财政部门根据企业会计报表提供的信息，加强对企业的财务监督，检查企业是否遵守各项财政、财务制度，有无违纪行为；税务部门根据企业的会计报表提供的信息，监督企业是否按税法规定及时、足额地交纳税款，有无偷税漏税的现象，有无拖欠税款的现象；企业的主管部门通过会计报表提供的信息，监督企业的经营活动是否正常进行，报表中的资料是否与实际情况相符，有无弄虚作假的现象，等等。

(3)有利于进行决策。会计报表提供的信息为各方面的报表使用者进行经济决策提供了方便。第一，会计报表为投资者、潜在投资者选择正确的投资方向提供信息。投资者可根据企业的财务状况和未来的发展趋势进行投资决策，促进全社会资源的合理组合与配置。第二，会计报表可为债权人合理地贷放资金提供正确导向。债权人可根据企业信用条件的优劣，合理调整贷款投向，保证资金回收。第三，政府的财政、税收和综合计划部门可根据报表信息进行宏观的综合分析和决策，以使国民经济正常发展。第四，会计报表还能为与企业有业务往来的单位如供货商、销货客户提供有关商品交易的信息，为这些供销商制定未来的经营规划提供决策依据。第五，会计报表还是本企业管理人员规划企业未来的经营方向和制定预算的重要依据。企业管理人员可根据会计报表反映的内容，总结以往的工作，评价企业的经营政策和财务状况，分析存在的问题，根据已有的经验和未来的客观条件，正确地预计未来应达到的经营目标，确定出较为准确的各项指标数字。

二、会计报表的基本内容

会计报表的主要目的是向企业的有关各方反映企业的财务状况和经营成果。为了全面反映企业情况，会计报表的主要内容由表头、表身和表外三部分组成。

表头包括报表名称、报表编制单位名称、时间(或会计期间)、报表编号和计量单位五部分。其中有的项目比较固定，可事先印制在报表上，如报表名称、编号、计量单位等，未印制的项目需在报表编制时填写。表身是报表最重要的部分，它由一系列相互联系的经济指标组成。表外是对表身未反映的事项进行补充或对表身未能详细反映的内容做的必要的解释。

三、会计报表的种类

会计报表的种类很多，可以按不同标准进行分类。

(1)按经济内容分类。按所反映的经济内容的不同，会计报表分为财务状况报表和经营成果报表。财务状况报表是反映企业单位在一定时期内财务状况的报表，主要有企业的资产负债表和现金流量表。通过反映企业的资产、负债、所有者权益和经营资金来源与运用的情况，明确企业的财务状况，以供有关部门和人员分析和决策。经营成果报表是反映企业单位在某一期间内收入实现、成本消耗和利润形成及分配情况的报表。主要有企业的利润表，通过该表可分析企业的获利能力，评价企业管理部门的经营业绩。

(2)按资金运动的状态分类。按所反映的企业资金运动的状态不同，会计报表分为静态报表和动态报表。静态报表是综合反映企业单位一定时点资金的存在即资产情况、资金的取得形成即负债和所有者权益情况的报表，例如企业的资产负债表。这类报表的特点是：反映某一特定时间的情况，一般根据账簿余额填列。动态报表是综合反映企业单位一定时期内资金的循环与周转情况的报表，例如企业的利润表、现金流量表等。这类报表的特点是：反映某一期间内的资金变动情况，一般根据账簿的发生额填列。

(3)按编表时间分类。按编表的时期不同，会计报表分为月报表、季报表、半年报表和年报表。月报是按月份编制的报表，企业每月底编制一次，反映本月的经营活动情况，例如企业编制的资产负债表、利润表等。季报是按季度编制的报表，企业每个季度编制一次，反映一个季度的财务状况和经营成果。季报通常是将月报的内容累计，综合反映一个季度的情况。半年报是每年年中编制的中期会计报告，内容包括资产负债表、利润表和现金流量表及其相关附表。《企业会计准则》要求企业编制中期财务报告，广义的中期财务报告包括月报、季报和半年报，狭义的中期财务报告仅指半年报。年报亦称年度决算报表，是按年度编制的报表，企业每年编制一次，反映全年的综合情况。

(4)按报送对象分类。按报送对象不同，会计报表分为外送报表和内部报表。外送报表是：为满足企业外部的投资者、债权人、政府管理部门及其他关心企业的有关各方的需要，根据财务通则和会计准则的要求，按照财政部统一会计制度编制的报表。其特点是：内容和形式通过会计制度进行规范。内部报表是企业为了加强会计核算和管理、满足企业管理部门对企业内部管理的需要而编制的报表。内部报表由企业会计部门会同企业内部的其他部门自行制定，其特点是：与企业的内部管理相适应，内容和形式比较灵活，不规范。

四、会计报表间的相互关系

不同种类的会计报表反映的是同一会计主体的资金运动情况，只是反映的侧重点不同，这就决定了反映各个方面情况的会计指标之间，以及每种会计报表的指标之间必然存在内在联系。

会计报表之间或会计报表内部存在的这种指标的相互联系，叫作会计报表的相互关系或会计报表的勾稽关系。认识和掌握报表指标间的勾稽关系，对于编制、审核和分析会计报表，提高会计报表的质量都有重要意义。会计报表的相互关系具体表现为：

(1)各种会计报表之间的相互关系。它表现为同一指标在不同报表中的运用和计算口径是一致的。例如，利润表中反映的未分配利润数应该与资产负债表上的未分配利润数相吻合，正因为如此，人们认为利润表是联结前后两期资产负债表的纽带。

(2)表内各指标间的相互关系。在一张报表内，会计指标之间存在着相互关系，这种相互关系表现为指标之间的计算关系或对应关系。例如，在资产负债表中，全部资产类指标之和应等于全部负债指标及权益类指标之和，资产合计是流动资产和非流动资产合计的结果；在利润表中，一般表现为营业利润加营业外收入减营业外支出后应等于利润总额。

五、编制会计报表的要求

(一)依据各项会计准则确认和计量的结果编制财务报表

企业应当根据实际发生的交易和事项，遵循《企业会计准则——基本准则》和各项具体会计准则的规定进行确认和计量，并在此基础上编制财务报表。企业应当在附注中对这一情况做出声明，只有遵循《企业会计准则》的所有规定，财务报表才应当被称为“遵循了《企业会计准则》”。

(二)列报基础

持续经营是会计的基本前提，也是会计确认、计量及编制财务报表的基础。

非持续经营是企业在极端情况下呈现的一种状态。企业存在以下情况之一的，通常表明企业处于非持续经营状态：(1)企业已在当期进行清算或停止营业；(2)企业已经正式决定在下一个会计期间进行清算或停止营业；(3)企业已确定在当期或下一个会计期间没有其他可供选择的方案而将被迫进行清算或停止营业。以持续经营为基础编制财务报表不再合理的，企业应当采用其他基础编制财务报表，并在附注中披露这一事实。

(三)权责发生制

除现金流量表按照收付实现制编制外，企业应当按照权责发生制编制其他财务报表。

(四)列报的一致性

财务报表项目的列报应当在各个会计期间保持一致，不得随意变更。但下列情况除外：

(1)会计准则要求改变财务报表项目的列报。

(2)企业经营业务的性质发生重大变化后,变更财务报表项目的列报能够提供更可靠、更相关的会计信息。

(五)重要性

重要性,是指财务报表某项目的省略或错报会影响使用者据此做出经济决策的。项目的重要性应当根据企业所处环境,从项目的性质和金额大小两方面予以判断。

性质或功能不同的项目应当在财务报表中单独列报,但不具有重要性的项目除外。

性质或功能类似的项目,其所属类别具有重要性的,应当按其类别在财务报表中单独列示。

(六)财务报表项目金额间的相互抵销

财务报表中的资产项目和负债项目的金额、收入项目和费用项目的金额、直接计入当期利润的利得和损失项目的金额不能相互抵销,但其他会计准则另有规定的除外。需要注意的是,一组类似交易形成的利得和损失以净额列示的,不属于抵销;资产项目按照扣除减值准备后的净额列示,不属于抵销。非日常活动产生的损益,以同一交易形成的收益扣减相关费用后的净额列示更能反映交易实质的,不属于抵销。

(七)可比性

当期财务报表的列报,至少应当提供所有列报项目上一可比会计期间的比较数据,以及与理解当期财务报表相关的说明,但其他会计准则另有规定的除外。

根据会计准则的规定,财务报表项目的列报发生变更的,应当按照当期的列报要求对上期比较数据进行调整,并在附注中披露调整的原因和性质,以及调整的各项目金额,对上期比较数据进行调整不切实可行的,应当在附注中披露不能调整的原因。

不切实可行,是指企业做出所有合理努力后仍然无法采用某项规定。

(八)财务报表表首的列报要求

财务报表通常与其他信息一起公布,企业按照《企业会计准则》编制的财务报告应当与一起公布的同一文件中的其他信息区分。

财务报表一般分为表首、正表两部分。其中表首应该概括下列基本信息:编报企业的名称;对于资产负债表须披露资产负债表日,对于利润表、现金流量表及所有者权益变动表须披露报表涵盖的期间;货币名称和单位;财务报表是合并报表的,应当说明。

(九)报告期间

企业至少应当编制年度财务报表。会计年度自公历1月1日至12月31日,如果存在年度报表短于1年的情况,应说明其实际涵盖时间及短于1年的原因。

六、编制会计报表的程序

为了正确、完整、及时地编制会计报表,应按下列程序进行。

(一)清查财产

在编制会计报表之前,按会计制度的规定,对单位的财产,如现金、材料、在产品、产成品或商品等进行清查盘点,月份做重点抽查盘点,年度做全面盘点。通过财产清查,编制盘存表,与账簿记录核对,做到账实相符,为编制会计报表提供正确资料。

(二)核对账目

包括外部核对和内部核对。外部核对主要是核对本单位与其他单位的往来账项,如与财政、税务部门和上级主管部门的上缴下拨款项的核对,银行存款与银行对账单的核对,各种应收款和应付款的核对。内部核对主要是各种账簿的核对,如总分类账的核对、总分类账与日记账和明细账的核对。

(三)整理记录

结账前,除全面检查日常会计记录有无遗漏或错误外,要对生产经营过程资金的耗费和收回及财务成果进行综合核算并转账。工业企业的整理记录一般包括账项的调整和结转:

(1)生产费用的汇集、分配及产品成本的计算与结转。具体内容包括:材料消耗的汇总与结转,工资和职工福利费的分配与结转,待摊费用的摊销和预提费用的计提,累计折旧的计提并结转,费用的汇总、分配和结转,完工产品成本的计算和结转。

(2)在建工程支出的计算和结转。如自制固定资产成本的计算和结转。

(3)应收、应付款的清算。如备用金的结算、出差借款的清理、应交税金的清缴、应付费用的支付等。

(4)利润的计算与结转。

(5)其他调整事项。

(四)结账

全部会计事项(包括日常会计事项和整理记录)已编制记账凭证并已全部登记入账,然后进行结账,计算各种账户的本期发生额和余额。结账后要再次核对账簿,做到账账相符,不要为赶制报表而提前结账。

(五)编表

根据账簿资料、前期会计报表资料和有关统计资料编制会计报表。要按制度规定的报表种类、格式和内容,严格、认真地填写。报表中的项目必须按规定填写齐全,不得漏填。不用填数字的应填"×"号,没有数字的应填"一"号。会计报表的填报以人民币"元"为金额单位,元以下填至"分"。报表编制完毕,还要检查有关指标与账簿资料、财产实有数额是否一致,指标的计算是否正确,报表之间有关指标是否相符,以保证会计报表正确。

第二节 资产负债表的编制

一、资产负债表的意义

资产负债表(balance sheet)是反映企业在某一特定日期财务状况的报表。资产负债表可以全面反映企业的资产、负债的结构情况,企业投资者和债权人以及其他相关人员可以通过资产负债表分析企业的偿债能力和经营状况,了解企业的生产规模,作为投资决策的依据。资产负债表从其内容看是财务状况报表,从其反映资金状况看是静态报表,从其报送单位看是外送报表,从其报送时间看既是月报也是年报。

资产负债表是企业报表体系中一种重要报表，其作用主要是向报表的使用者提供以下会计信息：

(1)企业掌握的经济资源及这些资源的分布结构。资产负债表按一定的顺序(资产的流动性)反映企业所拥有的各项财产及其数额，报表的使用者可以据此了解企业的资产构成情况，并由此进一步分析企业的生产经营状况。如通过固定资产可了解企业的生产规模，通过流动资产的构成可以分析企业生产管理及财产流转情况，通过生产资金占全部资金的比例可以分析企业资金的利用效率。

(2)企业资金来源的构成，包括企业所承担的债务，以及所有者在企业中所拥有的权益。资产负债表综合反映企业目前所承担的各项负债、投资者投资及留存收益等情况，报表使用者可据此了解企业的筹资方式及其投资各方权益情况。

(3)企业的偿债能力。通过资产负债表中资产、负债的结构情况及其对比分析，报表使用者可据此分析企业的财务实力，了解企业的偿债能力以及近期和远期债务对企业的影响，掌握对企业投资的风险程度及获利水平，以便于投资者和债权人进行投资决策。同企业有业务关系的单位或个人可通过资产负债表了解企业的实际支付能力，选择合理的业务方式。

(4)企业财务状况变动情况。通过将不同时期的资产负债表进行比较分析，可以了解企业的资产、负债、所有者权益的变动情况，分析企业的发展变化趋势，了解企业的经营业绩，以便于对企业的未来情况进行预测分析。

二、资产负债表的结构

资产负债表的结构即资产负债表的项目及其相互结合的方式。资产负债表的建立依据是会计等式“资产＝负债＋所有者权益”，所以资产负债表的项目主要包括资产、负债、所有者权益三方面。

(1)资产。在资产负债表中，按资产的流动性分为流动资产和非流动资产两大类。流动资产包括库存现金、银行存款、应收账款、其他应收款、应收票据、存货等项目，这些资产在生产经营过程中流转速度较快，通常在年内(或超过 1 年的一个生产经营周期内)转化为其他形式的资产，并最终转化为货币形式的资金。非流动资产包括长期投资、固定资产、无形资产及其他资产、待处理财产损失等项目，这些资产通常在生产经营过程中保持其形态相对稳定不变，其流动性或其转化为货币资金的能力(简称变现能力)较差。

(2)负债。在资产负债表中，负债按需要偿付时间的急缓程度不同分为流动负债和长期负债两大类。流动负债是在 1 年或超过 1 年的一个生产经营周期内需要偿付的负债，包括短期借款、应付账款、应付票据、其他应付款、应付职工薪酬、应交税费及一年内到期的长期负债等项目。非流动负债是偿付期在 1 年以上的负债，主要包括长期借款、应付债券、长期应付款等项目。将负债划分为流动负债和非流动负债，便于向报表的使用者详细反映负债对企业经营活动的近期和远期影响情况。

(3)所有者权益。在资产负债表中，所有者权益在数量上等于资产总额减去负债总额，是企业的所有者对企业所有权的数量或价值的表现，所有者权益有时也可简称为狭义的权益。企业的所有者权益由投资者投入资金和企业历年累计的留存收益两部分构成，具体项目主要有实收资本、资本公积、其他综合收益、盈余公积、未分配利润等。

资产负债表由于所依据会计等式的具体形式不同，其格式也有所不同，常见的有账户式和报告式两种。

账户式资产负债表直接依据的公式是会计等式“资产＝负债＋所有者权益”。将报表分为左、右两方，左方依资产的流动性（或变现能力）依次列示企业的各种资产，右方列示各种负债和所有者权益，左、右两方分别相加，合计额相等。账户式资产负债表便于左、右两方的资产和负债相互比较，有利于对企业偿债能力进行分析。目前我国会计制度规定的资产负债表采用账户式。

报告式资产负债表是依据会计等式的另一种表达形式“资产－负债＝所有者权益”建立的报表。其经济指标排列一般采用垂直方式，依次列示资产、负债和所有者权益项目。三类指标分别计算合计数，并且全部资产项目的合计数减去全部负债项目的合计数与所有者权益的合计数相等。报告式资产负债表便于列示不同时期的经济指标，以便对企业不同时期的财务状况进行比较分析。其简易格式举例如表8-1。

表8-1　苹果公司资产负债表

单位：百万美元

项目	至2017-07-01	至2017-04-01	至2016-12-31	至2016-09-24	至2016-06-25
现金及现金等价物	0.00	0.00	0.00	0.00	0.00
短期投资	73 671.00	59 501.00	51 093.00	58 554.00	52 638.00
现金及短期投资	76 759.00	67 101.00	60 452.00	67 155.00	61 756.00
应收账款净额	12 399.00	11 579.00	14 057.00	15 754.00	11 714.00
其他应收账款	0.00	0.00	0.00	0.00	0.00
应收账款总计（净额）	22 632.00	20 612.00	27 977.00	29 299.00	19 042.00
库存总额	3 146.00	2 910.00	2 712.00	2 132.00	1 831.00
预付费用	0.00	0.00	0.00	0.00	0.00
其他流动资产合计	10 338.00	11 367.00	12 191.00	8 283.00	11 132.00
流动资产总额	112 875.00	101 990.00	103 332.00	106 869.00	93 761.00
物业/厂房/设备总计（毛额）	68 981.00	65 124.00	62 759.00	61 245.00	57 991.00
累计折旧总额	－39 695.00	－37 961.00	－36 249.00	－34 235.00	－32 543.00
商誉净额	5 661.00	5 473.00	5 423.00	5 414.00	5 261.00
无形资产净额	2 444.00	2 617.00	2 848.00	3 206.00	3 506.00
长期投资	184 757.00	189 740.00	185 638.00	170 430.00	169 764.00
其他长期资产总额	10 150.00	7 549.00	7 390.00	8 757.00	7 862.00
资产总额	345 173.00	334 532.00	331 141.00	321 686.00	305 602.00

续表

项目	至 2017-07-01	至 2017-04-01	至 2016-12-31	至 2016-09-24	至 2016-06-25
应付账款	31 915.00	28 573.00	38 510.00	37 294.00	26 318.00
应付费用	21 836.00	21 665.00	21 895.00	20 951.00	19 632.00
应付票据/短期债务	11 980.00	9 992.00	10 493.00	8 105.00	12 496.00
长期债务中本期到期部分/资本租赁	6 495.00	3 999.00	3 499.00	3 500.00	3 500.00
其他流动债务总额	9 076.00	9 113.00	9 733.00	9 156.00	9 540.00
流动债务总额	81 302.00	73 342.00	84 130.00	79 006.00	71 486.00
长期债务	89 864.00	84 531.00	73 557.00	75 427.00	68 939.00
资本租赁债务	0.00	0.00	0.00	0.00	0.00
长期债务总额	89 864.00	84 531.00	73 557.00	75 427.00	68 939.00
债务总额	108 339.00	98 522.00	87 549.00	87 032.00	84 935.00
递延所得税	30 191.00	28 226.00	26 948.00	26 019.00	24 560.00
少数权益	0.00	0.00	0.00	0.00	0.00
其他债务总额	11 391.00	14 351.00	14 116.00	12 985.00	14 076.00
债务总额	212 748.00	200 450.00	198 751.00	193 437.00	179 061.00
可赎回优先股总计	0.00	0.00	0.00	0.00	0.00
不可赎回优先股净值	0.00	0.00	0.00	0.00	0.00
普通股总计	34 445.00	33 579.00	32 144.00	31 251.00	30 106.00
额外实收资本	0.00	0.00	0.00	0.00	0.00
留存盈余(累计亏损)	98 525.00	100 925.00	100 001.00	96 364.00	96 542.00
库藏股 — 普通股	0.00	0.00	0.00	0.00	0.00
其他权益总额	−450.00	−902.00	−1567.00	596.00	−879.00
权益总额	132 425.00	134 082.00	132 390.00	128 249.00	126 541.00
总负债及股东权益	345 173.00	334 532.00	331 141.00	321 686.00	305 602.00

注:引自 http://vip.stock.finance.sina.com.cn/usstock/balance.php? s=AAPL,苹果(AAPL)股票资产负债表_美股_新浪财经_新浪网。

三、资产负债表的编制

编制资产负债表要依次填写资产负债表的表头、表身和附注。

（一）年初余额栏的编制方法

表中的“年初余额”栏通常根据上年末有关项目的期末余额填列，且与上年末资产负债表“期末余额”栏一致。企业在首次执行新准则时，应当按照《企业会计准则第38号——首次执行企业会计准则》对当年的“年初余额”栏及相关项目进行调整；以后期间，如果企业发生会计政策变更、前期差错更正，应当对“年初余额”栏中的有关项目进行相应调整。此外，如果企业上年度资产负债表规定的项目名称和内容与本年度不一致，应当对上年年末资产负债表相关项目的名称和数字按照本年度的规定进行调整，填入“年初余额”栏。

（二）资产负债表“期末余额”栏的填列方法

资产负债表“期末余额”栏内各项数字，一般应根据资产、负债和所有者权益类科目的期末余额填列。主要包括以下方式：

1.根据总账科目的余额填列

资产负债表中的有些项目可直接根据有关总账科目的余额填列，如“交易性金融资产”“短期借款”“应付票据”“应付职工薪酬”“工程物资”“固定资产清理”“递延所得税资产”“短期借款”“交易性金融负债”“应付票据”“应付职工薪酬”“应交税费”“应付利息”“应付股利”“其他应付款”“专项应付款”“预计负债”“递延所得税负债”“实收资本（或股本）”“资本公积”“库存股”“盈余公积”等。

有些项目则需根据几个总账科目的余额计算填列，如“货币资金”，需根据“库存现金”“银行存款”“其他货币资金”三个总账科目余额的合计数填列；“其他非流动资产”“其他流动资产”应根据有关科目的期末余额分析填列。

2.根据有关明细账科目的余额计算填列

如“应付账款”项目，需要根据“应付账款”和“预付账款”两个科目所属的相关明细科目的期末贷方余额计算填列；“应收账款”项目，需要根据“应收账款”和“预收账款”两个科目所属的相关明细科目的期末借方余额计算填列；“开发支出”项目，应根据“研发支出”科目中所属的“资本化支出”明细科目期末余额填列；“应付账款”项目，应根据“应付账款”和“预付账款”两个科目所属的相关明细科目的期末贷方余额合计数填列：“一年内到期的非流动资产”“一年内到期的非流动负债”项目，应根据有关非流动资产或负债项目的明细科目余额分析填列；“长期借款”“应付债券”项目，应分别根据“长期借款”“应付债券”科目的明细科目余额分析填列；“未分配利润”项目应根据“利润分配”所属的“未分配利润”明细科目期末余额填列。

3.根据总账科目和明细账科目的余额分析计算填列

如“长期借款”项目，需根据“长期借款”总账科目余额扣除“长期借款”科目所属的明细科目中将在资产负债表日起1年内到期且企业不能自主将清偿义务展期的长期借款后的金额计算填列；“长期待摊费用”项目，应根据“长期待摊费用”科目的期末余额减去将于1年内（含1年）摊销的数额后的金额填列；“其他非流动负债”项目，应根据有关科目的期末月减去将于 1 年内(含 1 年)到期偿还数后的金额填列。

4.根据有关科目余额减去其备抵科目余额后的净额填列

如资产负债表中的“应收账款”“长期股权投资”等项目,应根据“应收账款”“长期股权投资”等科目的期末余额减去“坏账准备”“长期股权投资减值准备”等科目余额后的净额填列;“固定资产”项目,应根据“固定资产”科目的期末余额减去“累计折旧”“固定资产减值准备”科目余额后的净额填列;“无形资产”项目,应根据“无形资产”科目的期末余额减去“累计摊销”“无形资产减值准备”科目余额后的净额填列。“可供出售金融资产”“持有至到期投资”“长期股权投资”“在建工程”“商誉”项目,应根据相关科目的期末余额填列,已计提减值准备的,还应扣减相应的减值准备;“固定资产”“无形资产”“投资性房地产”“生产性生物资产”“油气资产”项目,应根据相关科目的期末余额扣减相关的累计折旧(或摊销、折耗)填列,已计提减值准备的还应扣减相应的减值准备,采用公允价值计量的上述资产应根据相关科目的期末余额填列;“长期应收款”项目,应根据“长期应收款”科目的期末余额减去相应的“未实现融资收益”科目和“坏账准备”科目所属相关明细科目期末余额后的金额填列;“长期应付款”项目,应根据“长期应付款”科目的期末余额减去相应的“未确认融资费用”科目期末余额后的金额填列。

5.综合运用上述填列方法分析填列

主要包括:“应收票据”“应收利息”“应收股利”“其他应收款”项目,应根据相关科目的期末余额减去“坏账准备”科目中有关坏账准备期末余额后的金额填列;“应收账款”项目,应根据“应收账款”和“预收账款”科目所属各明细科目的期末借方余额合计数减去“坏账准备”科目中有关应收账款计提的坏账准备期末余额后的金额填列;“预付款项”项目,应根据“预付账款”和“应付账款”科目所属各明细科目的期末借方余额合计数减去“坏账准备”科目中有关预付款项计提的坏账准备期末余额后的金额填列;“存货”项目,应根据“材料采购”“原材料”“发出商品”“库存商品”“周转材料”“委托加工物资”“生产成本”“受托代销商品”等科目的期末余额合计减去“受托代销商品款”“存货跌价准备”科目期末余额后的金额填列,材料采用计划成本核算,以及库存商品采用计划成本核算或售价核算的企业,还应按加或减材料成本差异、商品进销差价后的金额填列。

(三)一般企业资产负债表编制示例

【例 8-1】盛达公司 20×2 年 12 月 31 日全部总账和有关明细账余额如表 8-2 所示。

表 8-2　盛达公司 20×2 年 12 月 31 日全部总账和有关明细账余额

单位:元

总账	明细账户	借方余额	贷方余额	总账	明细账户	借方余额	贷方余额
库存现金		6 000		短期借款			80 000
银行存款		71 000		应付账款			50 000
					F 企业		20 000
应收账款		47 000			H 企业		40 000
	A 企业	20 000			W 企业	10 000	

续表

总账	明细账户	借方余额	贷方余额	总账	明细账户	借方余额	贷方余额
	B企业	30 000		预收账款			51 000
	C企业		3 000		U企业		54 000
预付账款		43 000			V企业	3 000	
	D企业	20 000		其他应付款			10 000
	E企业	40 000	17 000	应付职工薪酬	工资		142 000
其他应收款		3 000					
原材料		40 000		应交税费			14 000
生产成本		50 000		应付利润			23 000
库存商品		60 000		长期借款			80 000
				实收资本			600 000
固定资产		1 000 000		盈余公积			100 000
累计折旧			120 000	利润分配	未分配利润		100 000
无形资产		50 000					
合计	1 250 000			合计	1 250 000		

根据表 8-2 编制简易格式的账户式资产负债表如表 8-3 所示。

表 8-3 资产负债表

编制单位：盛达公司　　　　20×2 年 12 月 31 日　　　　单位：元

资产	行次	期末数	年初数	负债及所有者权益	行次	期末数	年初数
流动资产：				流动负债：			
货币资金		77 000		短期借款		80 000	
交易性金融资产				应付票据			
应收票据				应付账款		77 000	
应收账款		53 000		预收账款		57 000	
预付账款		70 000		其他应付款		10 000	
其他应收款		3 000		应付职工薪酬		142 000	
存货		150 000		应交税费		14 000	
其他流动资产				应付利润		23 000	
一年内到期的长期资产				其他应交款			
				其他流动负债			

续表

资产	行次	期末数	年初数	负债及所有者权益	行次	期末数	年初数
				一年内到期的长期负债			
流动资产合计		353 000		流动负债合计		403 000	
非流动资产：				非流动负债：			
长期股权投资				长期借款		80 000	
持有至到期投资				应付债券			
固定资产		880 000		长期应付款			
无形资产		50 000		非流动负债合计		80 000	
长期待摊费用				负债合计		483 000	
其他长期资产				所有者权益：			
非流动资产合计		930 000		实收资本		600 000	
				资本公积			
				盈余公积		100 000	
				未分配利润		100 000	
				所有者权益合计		800 000	
资产合计		1 283 000		负债及所有者权益合计		1 283 000	

第三节　利润表的编制

一、利润表的意义

利润表(income statement)是反映企业在一定期间内的经营成果及其分配情况的报表。利润表是对企业一定时期经营成果的反映，报表的使用者可以通过利润表认识企业一定时期内的经营业绩，对企业的经营活动做出正确评价。利润表的作用主要表现在以下几个方面：

(1)确认一定时期的经营成果。利润表中的利润指标是对企业一定时期所实现利润(或亏损)的确认，可向报表的使用者直接反映企业的经营成果。

(2)反映企业的利润实现过程。通过列示企业的各项收入和支出，综合反映企业的利润实现过程，正确评价企业的经营业绩，为企业的经营决策提供依据。将利润表与资产负债表结合起来，可对企业的盈利能力进行综合分析，了解企业的获利水平。

(3)为正确认识企业的未来发展提供依据。通过对企业不同时期利润表数据的比较，可以分析企业未来利润的发展趋势，了解企业的发展潜力，便于投资者和债权人做出正确的投资决策。

二、利润表的结构

利润表的编制依据是公式“收入－费用＝利润”，根据对该公式运用方法的不同，利润表的格式有单步式和多步式两种。

单步式利润表将企业的全部收入和全部费用分别单独列示在一起，根据公式“收入－费用＝利润”，用收入总额减去费用总额即为本期利润。单步式利润表比较直观、简单，编制方便；它的缺陷是无法揭示出收入与费用之间的不同联系，不便于报表使用者对其进行分析，也不利于同行业企业之间报表的比较评价。在我国，单步式利润表主要用于那些业务比较单纯的服务咨询行业和某些企业化管理的业务比较简单的事业单位。

多步式利润表多次运用“收入－费用＝利润”的计算公式，以便分别反映不同经营环节利润的实现情况。多步式利润表通常采用上下加减的报告式结构。在该表中，利润的计算被分解为多个步骤，由于不同行业之间生产经营特点的区别，所以各行业中这种步骤的划分并非完全一致。通常是把利润计算分解为：营业利润、利润总额和净利润。

利润的计算，首先是从营业收入开始，减去营业成本、税金及附加、销售费用、管理费用、财务费用、资产减值损失，加公允价值变动收益（减公允价值变动损失），加投资收益（减投资损失），加资产处置收益（减资产处置损失），加其他收益后即为营业利润；营业利润加上营业外收入，减去营业外支出，即为企业本期实现的利润总额；从利润总额中减去所得税费用，得出净利润。另外，2017 年 12 月 25 日财政部公布的《关于修订印发一般企业财务报表格式的通知》（财会〔2017〕30 号）中，要求分别反映净利润中与持续经营相关的净利润和终止经营相关的净利润，如果为损失，以“－”填列。

多步式利润表基本上弥补了单步式利润表的局限性，为我国企业所普遍采用。其格式举例如表 8-4。

三、利润表的编制

利润表的编制与其他会计报表的编制一样，首先将表头部分填写清楚，包括编表单位、报表名称、计量单位和编报期间等，不得遗漏。其中编报期间按报表是月报、季报、半年报和年报的不同，分别填写“××月份”“××季度”或“××年度”。因为利润表主要反映一定期间企业利润的形成和分配情况，所以表内各项目指标主要根据总分类账、明细账的发生额直接填写或经分析后填写。如利润表中的营业收入应根据“主营业务收入”账户和“其他业务收入”账户的贷方净发生额合并填写；营业成本应根据“主营业务成本”账户和“其他业务成本”账户的借方净发生额填写；税金及附加、销售费用、财务费用、管理费用则分别根据相应账户的借方发生额填写；营业利润是营业收入减去营业成本、税金及附加、销售费用、管理费用、财务费用等后的差额；利润总额则根据营业利润加营业外收入后再减去营业外支出的结果填列。

【例 8-2】宏达公司 20×2 年度有关损益类科目本年累计发生净额如表 8-4 所示。

表 8-4　宏达公司损益类科目 20×2 年度累计发生净额

单位:元

科目名称	借方发生额	贷方发生额
主营业务收入		2 500 000
主营业务成本	800 000	
税金及附加	80 000	
销售费用	60 000	
管理费用	90 000	
财务费用	50 000	
资产减值损失	10 000	
投资收益		70 000
营业外收入		35 000
营业外支出	19 000	
所得税费用	340 000	

根据上述资料,编制甲公司 20×2 年度利润表,如表 8-5 所示。

表 8-5　利 润 表

编制单位:宏达公司　　20×2 年　　单位:元

项　目	本期金额	上期金额(略)
一、营业收入	2 500 000	
减:营业成本	800 000	
税金及附加	80 000	
销售费用	60 000	
管理费用	90 000	
财务费用	50 000	
资产减值损失	10 000	
加:公允价值变动收益(损失以"—"号填列)	0	
投资收益(损失以"—"号填列)	70 000	
资产处置损益(损失以"—"号填列)	(略)	
其他收益	(略)	
二、营业利润(亏损以"—"号填列)	1 480 000	
加:营业外收入	35 000	
减:营业外支出	19 000	
三、利润总额(亏损总额以"—"号填列)	1 496 000	

续表

项　目	本期金额	上期金额(略)
减:所得税费用	340 000	
四、净利润(净亏损以"－"号填列)	1 156 000	
(一)持续经营净利润(净亏损以"－"号填列)	(略)	
(二)终止经营净利润(净亏损以"－"号填列)	(略)	
五、其他综合收益的税后净额	(略)	
(一)以后不能重分类进损益的其他综合收益	(略)	
(二)以后将重分类进损益的其他综合收益	(略)	
六、综合收益总额	(略)	
七、每股收益	(略)	
(一)基本每股收益	(略)	
(二)稀释每股收益	(略)	

第四节　现金流量表和所有者权益变动表的编制

一、现金流量表的意义

现金流量表(statement of cash flow)是反映企业在一定时期内现金及现金等价物的取得和运用情况的报表。这里的现金,泛指库存现金、银行存款、其他货币资金等能作为支付手段的各项货币资金;现金等价物,是指企业持有的期限短、流动性强、易于转换为已知金额的现金,价值变动风险很小的投资。现金等价物不是现金,但支付能力等同于现金,其转换为现金的期限一般从购买日起3个月内到期。

现金流量表是按现金及其等价物增加变动情况编制的企业财务状况变动表。广义的财务状况变动表,按其编制方法的不同通常可分为两种:一种是按营运资金变化情况编制的报表,即通常所称的财务状况变动表;另一种是按现金增减变动情况编制的报表,即通常所称的现金流量表。现金流量表较财务状况变动表更能直观地反映企业在一定时期货币资金的变化情况,便于报表使用者正确认识企业的获利能力、偿债能力及分配股利能力,因此,现金流量表越来越受到人们的重视。现金流量表的作用主要表现在:

(1)反映企业的财务活动。现金流量表通过列示影响现金变化的各要素对现金收入和支出的影响,反映企业所进行的各项财务活动。报表使用者可以据此了解经营者对企业财务活动的管理水平,正确评价企业的经营业绩。

(2)反映企业财务状况的变化情况。在企业的日常经营活动中,变化最大的是流动资金,而在流动资金中,变化最大的则是现金及现金等价物。所以,企业现金流量的变化可以反映企业财务状况的变动情况，报表使用者可以通过现金流量表对企业财务状况的变化及其未来发展趋势做出正确判断。

(3)对资产负债表和利润表中未反映的内容进行补充。资产负债表是静态报表，是对某一时刻企业财务状况的反映，但不能反映企业财务状况的变动情况；利润表是动态报表，是对企业经营成果的反映，但不能反映企业的财务状况。现金流量表则解释不同时期资产负债表的变化和利润对财务状况的影响。

二、现金流量表的结构

现金流量表的建立依据是公式"现金收入－现金支出＝现金的净增加"。通过分别反映经营活动产生的现金流量、投资活动产生的现金流量、筹资活动产生的现金流量和非经营性项目产生的现金流量，计算现金的净增加。

(1)经营活动产生的现金流量。经营活动产生的现金流量即经营活动产生的现金收入减去现金支出后的净额。经营活动的现金流量可以采用直接法和间接法进行计算。

直接法是通过现金流入和现金流出的主要内容直接计算企业经营活动的现金净流量。在我国的现金流量表正表中，其主要内容包括：销售商品收入的现金，主要包括实际收到的增值税及其他经营活动产生的现金收入；经营活动产生的现金支出，包括购买货物支付的现金、交纳的税款、支付的增值税、支付给职工以及为职工支付的现金及其他经营活动产生的现金支出。

间接法是以本期净利润为起点，调整不涉及现金的收入、费用、营业外收支项目的增减变动，从而计算出经营活动的净现金流量。实质是将权责发生制计算的净利润调整成为收付实现制的经营活动现金净流量。我国的现金流量表补充资料中用间接法计算。

(2)投资活动产生的现金流量。投资活动产生的现金流量即投资活动产生的现金收入减去现金支出后的净额。其中现金收入包括收回的对外投资、出售固定资产实现的现金收入等；现金支出主要包括对外投资支付的现金、购买固定资产支付的现金等。

(3)筹资活动产生的现金流量。筹资活动产生的现金流量即筹资活动产生的现金收入减去现金支出后的净额。其中的现金收入包括发行股票和债券收入的现金，从银行借款收入的现金等；现金支出包括支付股利付出的现金、偿还借款、债务支付的现金等。

(4)非经营性项目产生的现金流量。非经营性项目产生的现金流量指经营、筹资、投资活动以外的现金收支，如接受捐赠的现金收入、对外捐赠的现金支出等。

现金流量表的格式如表8-6、表8-7。

表8-6　现金流量表

编制单位：甲公司　　　　20×2年　　　　单位：元

项　目	本期金额	上期金额
一、经营活动产生的现金流量		略
销售商品、提供劳务收到的现金		
收到的税费返还		

续表

项　目	本期金额	上期金额
收到其他与经营活动有关的现金		
经营活动现金流入小计		
购买商品、接受劳务支付的现金		
支付给职工以及为职工支付的现金		
支付的各项税费		
支付其他与经营活动有关的现金		
经营活动现金流出小计		
经营活动产生的现金流量净额		
二、投资活动产生的现金流量		
收回投资收到的现金		
取得投资收益收到的现金		
处置固定资产、无形资产和其他长期资产收回的现金净额		
处置子公司及其他营业单位收到的现金净额		
收到其他与投资活动有关的现金		
投资活动现金流入小计		
购建固定资产、无形资产和其他长期资产支付的现金		
投资支付的现金		
取得子公司及其他营业单位支付的现金净额		
支付其他与投资活动有关的现金		
投资活动现金流出小计		
投资活动产生的现金流量净额		
三、筹资活动产生的现金流量		
吸收投资收到的现金		
取得借款收到的现金		
收到其他与筹资活动有关的现金		
筹资活动现金流入小计		
偿还债务支付的现金		
分配股利、利润或偿付利息支付的现金		
支付其他与筹资活动有关的现金		
筹资活动现金流出小计		
筹资活动产生的现金流量净额		

续表

项　目	本期金额	上期金额
四、汇率变动对现金及现金等价物的影响		
五、现金及现金等价物净增加额		
加:期初现金及现金等价物余额		
六、期末现金及现金等价物余额		

表 8-7　现金流量表补充资料

单位:元

项　目	本期金额	上期金额
1.将净利润调节为经营活动现金流量:		略
净利润		
加:计提的资产减值准备		
固定资产折旧、油气资产折耗、生产性生物资产折旧		
无形资产摊销		
长期待摊费用摊销		
处置固定资产、无形资产和其他长期资产损失(收益以“—”号填列)		
固定资产报废损失(收益以“—”号填列)		
公允价值变动损失(收益以“—”号填列)		
财务费用(收益以“—”号填列)		
投资损失(收益以“—”号填列)		
递延所得税资产减少(增加以“—”号填列)		
递延所得税负债增加(减少以“—”号填列)		
存货的减少(增加以“—”号填列)		
经营性应收项目的减少(增加以“—”号填列)		
经营性应付项目的增加(减少以“—”号填列)		
其他		
经营活动产生的现金流量净额		
2.不涉及现金收支的重大投资和筹资活动:		
债务转为资本		
一年内到期的可转换公司债券		
融资租入固定资产		
3.现金及现金等价物净变动情况:		

续表

项　　目	本期金额	上期金额
现金的期末余额		
减：现金的期初余额		
加：现金等价物的期末余额		
减：现金等价物的期初余额		
现金及现金等价物净增加额		

三、现金流量表的编制

编制现金流量表的方法主要有工作底稿法和T形账户法，要依据有关账户资料计算各项指标的金额。如"销售商品收入的现金"，应为"销售收入贷方发生额＋应收账款期初余额－应收账款期末余额"等；"本期购买商品支出的现金"，应为"本期存货增加＋应付账款期初余额－应付账款期末余额"等，其中，本期存货增加等于"本期营业成本＋期末存货余额－期初存货余额"等。其他项目根据有关总账或明细账资料填写。

四、所有者权益变动表的编制

（一）所有者权益变动表的结构

为了清楚地表明构成所有者权益的各组成部分当期的增减变动情况，所有者权益变动表(statement of changes in equity)应当以矩阵的形式列示：一方面，列示导致所有者权益变动的交易或事项，改变了以往仅仅按照所有者权益的各组成部分反映所有者权益变动情况，而是从所有者权益变动的来源对一定时期所有者权益变动情况进行全面反映；另一方面，按照所有者权益各组成部分(包括实收资本、资本公积、盈余公积、未分配利润和库存股)及其总额列示交易或事项对所有者权益的影响。此外，企业还需要提供比较所有者权益变动表，所有者权益变动表还就各项目再分为"本年金额"和"上年金额"两栏分别填列。所有者权益变动表的具体格式如表8-8所示。

表8-8　所有者权益变动表

编制单位：××公司　　　　20×2年　　　　单位：元

项　目	本年金额						上年金额					
	实收资本（或股本）	资本公积	减：库存股	盈余公积	未分配利润	所有者权益合计	实收资本（或股本）	资本公积	减：库存股	盈余公积	未分配利润	所有者权益合计
一、上年年末余额												
加：会计政策变更												

续表

项　目	本年金额						上年金额					
	实收资本(或股本)	资本公积	减:库存股	盈余公积	未分配利润	所有者权益合计	实收资本(或股本)	资本公积	减:库存股	盈余公积	未分配利润	所有者权益合计
前期差错更正												
二、本年年初余额												
三、本年增减变动金额(减少以“—”号填列)												
(一)净利润												
(二)直接计入所有者权益的利得和损失												
1.可供出售金融资产公允价值变动净额												
2.权益法下被投资单位其他所有者权益变动的影响												
3.与计入所有者权益项目相关的所得税影响												
4.其他												
上述(一)和(二)小计												
(三)所有者投入和减少资本												
1.所有者投入资本												
2.股份支付计入所有者权益的金额												
3.其他												
(四)利润分配												
1.提取盈余公积												
2.对所有者(或股东)的分配												
3.其他												
(五)所有者权益内部结转												
1.资本公积转增资本(或股本)												
2.盈余公积转增资本(或股本)												

续表

项目	本年金额						上年金额					
	实收资本(或股本)	资本公积	减:库存股	盈余公积	未分配利润	所有者权益合计	实收资本(或股本)	资本公积	减:库存股	盈余公积	未分配利润	所有者权益合计
3.盈余公积弥补亏损												
4.其他												
四、本年年末余额												

(二)所有者权益变动表的填列方法

1."上年金额"栏的填列方法

所有者权益变动表"上年金额"栏内各项数字应根据上年度所有者权益变动表"本年金额"栏内所列数字填列。如果上年度所有者权益变动表规定的各个项目的名称和内容同本年度不一致,应对上年度所有者权益变动表各项目的名称和数字按本年度的规定进行调整,填入所有者权益变动表"上年金额"栏内。

2."本年金额"栏的填列方法

所有者权益变动表"本年金额"栏内各项数字一般应根据"实收资本(或股本)"、"资本公积"、"盈余公积"、"利润分配"、"库存股"、"以前年度损益调整"科目的发生额分析填列。

第五节 财务报表附注

附注是对资产负债表、利润表、现金流量表和所有者权益变动表等报表中列示项目的文字描述或明细资料,以及对未能在这些报表中列示项目的说明等。附注是财务报表的重要组成部分。附注应当按照如下顺序披露有关内容。

一、企业的基本情况

(1)企业注册地、组织形式和总部地址。

(2)企业的业务性质和主要经营活动。

(3)母公司以及集团最终母公司的名称。

(4)财务报告的批准报出者和财务报告批准报出日。

二、财务报表的编制基础(略)

三、遵循《企业会计准则》的声明

企业应当明确说明编制的财务报表符合《企业会计准则》的要求,真实、公允地反映企业的财务状况、经营成果和现金流量等有关信息，以此明确企业编制财务报表所依据的制度基础。如果企业编制的财务报表只是部分地遵循了《企业会计准则》，附注中不得做出这种表述。

四、重要会计政策和会计估计

企业应当披露采用的重要会计政策和会计估计，不重要的会计政策和会计估计可以不披露。

（一）重要会计政策的说明

由于企业经济业务的复杂性和多样化，某些经济业务可以有多种会计处理方法，也即存在不止一种可供选择的会计政策。企业在发生某项经济业务时，必须从允许的会计处理方法中选择适合本企业特点的会计政策。企业选择不同的会计处理方法，可能极大地影响企业的财务状况和经营成果，进而编制出不同的财务报表。为了有助于使用者理解，有必要对这些会计政策加以披露。

需要特别指出的是，说明会计政策时还需要披露下列两项内容：

（1）财务报表项目的计量基础。会计计量基础包括历史成本、重置成本、可变现净值、现值和公允价值，这直接显著影响报表使用者的分析，这项披露要求便于使用者了解企业财务报表中的项目是按何种计量基础予以计量的，如存货是按成本还是可变现净值计量等。

（2）会计政策的确定依据。主要是指企业在运用会计政策过程中所做的对报表中确认的项目金额最具影响的判断。例如，企业如何判断持有的金融资产是持有至到期的投资而不是交易性投资；又比如，对于拥有的持股不足 50％的关联企业，企业为何判断企业拥有控制权因此将其纳入合并范围；再比如，企业如何判断与租赁资产相关的所有风险和报酬已转移给企业，从而符合融资租赁的标准；以及投资性房地产的判断标准是什么。这些判断对在报表中确认的项目金额具有重要影响。因此，这项披露要求有助于使用者理解企业选择和运用会计政策的背景，增加财务报表的可理解性。

（二）重要会计估计的说明

企业应当披露会计估计中所采用的关键假设和不确定因素的确定依据，这些关键假设和不确定因素在下一会计期间内很可能导致资产、负债账面价值的重大调整。在确定报表中确认的资产和负债的账面金额过程中，企业有时需要对不确定的未来事项在资产负债表日对企业的影响加以估计。例如，固定资产可收回金额的计算需要根据其公允价值减去处置费用后的净额与预计未来现金流量的现值两者之间的较高者确定，在计算资产预计未来现金流量的现值时需要对未来现金流量进行预测，并选择适当的折现率，应当在附注中披露未来现金流量预测所采用的假设及依据、所选择的折现率为什么是合理的等。这些假设的变动对这些资产和负债项目金额的确定影响很大，有可能会在下一个会计年度内产生重大调整。因此，强调这一披露要求，有助于提高财务报表的可理解性。

五、会计政策和会计估计变更以及差错更正的说明

企业应当按照《企业会计准则第 28 号——会计政策、会计估计变更和差错更正》及其

应用指南的规定，披露会计政策和会计估计变更以及差错更正的有关情况。

六、重要报表项目的说明

企业应当以文字和数字描述相结合、尽可能以列表形式披露重要报表项目的构成或当期增减变动情况，并且报表重要项目的明细金额合计应当与报表项目金额相衔接。在披露顺序上，一般应当按照资产负债表、利润表、现金流量表、所有者权益变动表的顺序及其报表项目列示的顺序。

七、其他需要说明的重要事项

这主要包括或有事项和承诺事项、资产负债表日后非调整事项、关联方关系及其交易等。

本章小结

(1)资产负债表是反映企业在某一特定日期财务状况的报表。资产负债表可以全面反映企业的资产、负债的结构情况，企业投资者和债权人以及其他相关人员可以通过资产负债表分析企业的偿债能力和经营状况，了解企业的生产规模，作为投资决策的依据。资产负债表从其内容看是财务状况报表，从其反映资金状况看是静态报表，从其报送单位看是外送报表，从其报送时间看既是月报也是年报。

(2)利润表是反映企业在一定期间内的经营成果及其分配情况的报表。利润表是对企业一定时期内经营成果的反映，报表的使用者可以通过利润表认识企业一定时期内的经营业绩，对企业的经营活动做出正确评价。

(3)现金流量表是按现金及其等价物增加变动情况编制的企业财务状况变动表。广义的财务状况变动表按其编制方法的不同通常可分为两种：一种是按营运资金变化情况编制的报表，即通常所称的财务状况变动表；另一种是按现金增减变动情况编制的报表，即通常所称的现金流量表。现金流量表较财务状况变动表更能直观地反映企业在一定时期内货币资金的变化情况，便于报表使用者正确认识企业获利能力、偿债能力及分配股利能力。

(4)为了清楚地表明构成所有者权益的各组成部分当期的增减变动情况，所有者权益变动表应当以矩阵的形式列示。一方面，列示导致所有者权益变动的交易或事项，改变了以往仅仅按照所有者权益的各组成部分反映所有者权益变动情况，而是从所有者权益变动的来源对一定时期所有者权益变动情况进行全面反映；另一方面，按照所有者权益各组成部分(包括实收资本、资本公积、盈余公积、未分配利润和库存股)及其总额列示交易或事项对所有者权益的影响。

(5)附注是对资产负债表、利润表、现金流量表和所有者权益变动表等报表中列示项目的文字描述或明细资料，以及对未能在这些报表中列示项目的说明等。附注是财务报表的重要组成部分。

思考题

1.什么是会计报表？会计报表有哪些种？

2.会计报表的编制有哪些要求？

3.会计报表的编制程序是什么？

4.什么是资产负债表？资产负债表有什么作用？

5.怎样编制资产负债表？

6.什么是利润表？利润表有什么作用？

7.怎样编制利润表？

8.什么是现金流量表？现金流量表有什么作用？

9.什么是所有者权益变动表？

10.会计报表附注主要包含的内容有什么？

练习题

(一)单项选择题

1.下列项目中，属于流动资产的是(　　)。

A.固定资产　　B.货币资金　　C.短期借款　　D.资本公积

2.下列项目中，属于负债的是(　　)。

A.无形资产　　B.货币资金　　C.短期借款　　D.资本公积

3.下列项目中，属于所有者权益的是(　　)。

A.货币资金　　B.固定资产　　C.生产成本　　D.资本公积

4.“主营业务收入”贷方余额为709万元，“管理费用”借方余额为30万元，“所得税费用”借方余额为25万元，则营业利润为(　　)。

A.679万元　　B.709万元　　C.654万元　　D.684万元

5.“主营业务收入”贷方余额为709万元，“管理费用”借方余额为30万元，“所得税费用”借方余额为25万元，则净利润为(　　)。

A.679万元　　B.709万元　　C.654万元　　D.684万元

6.下列项目中，属于资产负债表项目的是(　　)。

A.经营活动现金流量　　B.投资活动现金流量

C.筹资活动现金流量　　D.流动资产合计

7.资产负债表的理论依据是(　　)。

A.资产＝负债＋所有者权益

B.收入－费用＝利润

C.全部科目借方发生额合计数＝全部科目贷方发生额合计数

D.净利润＝利润总额－所得税费用

8.现金流量表的编制基础是(　　)。

A.权责发生制　　B.收付实现制

9.“应收账款”总账余额为5万元,“应收账款——A单位”借方余额为6万元,“应收账款——B单位”贷方余额为1万元,资产负债表中应收账款项目为(　　)。

A.5万元　　B.6万元　　C.1万元　　D.4万元

10.“应收账款”总账余额为5万元,“应收账款——A单位”借方余额为6万元,“应收账款——B单位”贷方余额为1万元,资产负债表中预收账款项目为(　　)。

A.5万元　　B.6万元　　C.1万元　　D.4万元

11.“固定资产”账户借方余额为100万元,“累计折旧”贷方余额为10万元,资产负债表中固定资产项目为(　　)。

A.100万元　　B.110万元　　C.90万元　　D.10万元

12.“无形资产”账户借方余额为116万元,“累计摊销”贷方余额为30万元,资产负债表中无形资产项目为(　　)。

A.116万元　　B.86万元　　C.146万元　　D.30万元

13.“应收账款”总账余额为15万元,“应收账款——A单位”借方余额为26万元,“应收账款——B单位”贷方余额为11万元,“坏账准备”贷方余额为1万元,资产负债表中应收账款项目为(　　)。

A.25万元　　B.14万元　　C.10万元　　D.16万元

14.“本年利润”贷方余额为100万元,“利润分配——未分配利润”借方余额为15万元,“利润分配——提取盈余公积”贷方余额为20万元,则资产负债表中“未分配利润”项目的金额为(　　)。

A.105万元　　B.120万元　　C.85万元　　D.5万元

15.资产负债表中货币资金项目中包含的项目是(　　)。

A.银行本票存款　　B.银行承兑汇票

C.商业承兑汇票　　D.交易性金融资产

16.在下列各项税金中,不应在利润表中的“税金及附加”项目反映的是(　　)。

A.车船税　　B.城市维护建设税　　C.印花税　　D.增值税

17.下列各项不属于现金等价物的是(　　)。

A.库存现金　　B.随时用于支付的银行存款

C.3个月内到期的债券投资　　D.准备近期出售的股票投资

18.乙企业“原材料”科目借方余额300万元,“生产成本”科目借方余额200万元,“库存商品”科目借方余额500万元,“存货跌价准备”科目贷方余额80万元,该企业期末资产负债表中“存货”项目应填列的金额为(　　)万元。

A.1 000　　B.920　　C.800　　D.720

19.甲企业“实收资本”科目贷方余额3 000万元,“资本公积”科目贷方余额200万元,“未分配利润”科目借方余额500万元,资产负债表“所有者权益合计”为(　　)万元。

A.3 000　　B.3 200　　C.3 700　　D.2 700

20.丁企业“长期借款”贷方余额为300万元,1年到期的长期借款为30万元,“长期应付款”贷方余额为100万元,资产负债表“非流动负债合计”为(　　)万元。

A.400　　B.270　　C.370　　D.430

（二）多项选择题

1.企业提供的财务报表主要包括（　　）。

A.资产负债表　　B.利润表　　C.所有者权益变动表

D.现金流量表　　E.成本费用表

2.下列项目中，属于流动资产的有（　　）。

A.货币资金　　B.存货　　C.固定资产

D.其他应收款　　E.应付账款

3.下列项目中，属于非流动资产的有（　　）。

A.货币资金　　B.无形资产　　C.固定资产

D.其他应收款　　E.应付账款

4.下列项目中，属于流动负债的有（　　）。

A.应收账款　　B.预收账款　　C.预付账款

D.其他应收款　　E.应付账款

5.下列项目中，属于所有者权益的有（　　）。

A.资本公积　　B.实收资本　　C.生产成本

D.盈余公积　　E.未分配利润

6.下列项目中，属于营业利润的有（　　）。

A.营业收入　　B.营业成本　　C.所得税费用

D.销售费用　　E.制造费用

7.下列项目中，属于利润总额的有（　　）。

A.营业收入　　B.营业成本　　C.所得税费用

D.销售费用　　E.制造费用

8.下列项目中，属于净利润总额的有（　　）。

A.营业收入　　B.营业成本　　C.所得税费用

D.销售费用　　E.管理费用

9.现金流量表包括（　　）。

A.经营活动现金流量　　B.投资活动现金流量　　C.筹资活动现金流量

D.基本每股收益　　E.稀释每股收益

10.净利润调整为经营活动现金流量应该考虑的项目的有（　　）。

A.计提的折旧额　　B.经营性应收项目的增减

C.经营性应付项目的增减　　D.处置固定资产的收益

E.存货的增减

11.存货项目主要包括的账户余额有（　　）。

A.库存商品　　B.原材料　　C.材料采购

D.在建工程　　E.资本公积

12.资产负债表中的应收账款项目应考虑的内容有（　　）。

A.“应收账款”所属明细账借方余额　　B.“预收账款”所属明细账借方余额

C.“坏账准备”总账的贷方余额
D.“预付账款”所属明细账借方余额
E.“应付账款”所属明细账借方余额

13.资产负债表中的应付账款项目应考虑的内容有(　　)。

A.“应收账款”所属明细账贷方余额
B.“预收账款”所属明细账贷方余额
C.“坏账准备”总账的贷方余额
D.“应付账款”所属明细账贷方余额
E.“预付账款”所属明细账贷方余额

14.资产负债表中的预付账款项目应考虑的内容有(　　)。

A.“应付账款”所属明细账贷方余额
B.“预付账款”所属明细账贷方余额
C.“预收账款”所属明细账贷方余额
D.“应付账款”所属明细账借方余额
E.“预付账款”所属明细账借方余额

15.会计报表附注主要包括(　　)。

A.重要报表项目的说明
B.财务报表的编制基础
C.企业的基本情况
D.遵循《企业会计准则》的声明
E.会计政策和会计估计变更以及差错更正的说明

(三)判断题

1.资产负债表是反映企业在某一特定时期财务状况的报表。(　　)

2.利润表是反映企业在某一特定日期经营成果的报表。(　　)

3.企业四张主要报表是根据权责发生制编制的。(　　)

4.所有者权益变动表是时点报告。(　　)

5.资产负债表中的“应收账款”项目应根据“应收账款”所属明细账借方余额合计数、“预收账款”所属明细账借方余额合计数和“坏账准备”总账的贷方余额计算填列。(　　)

6.“利润分配”总账的年末余额不一定与相应的资产负债表中未分配利润项目的数额一致。(　　)

7.短期借款项目应根据“短期借款”总账余额填列。(　　)

8.长期借款项目应根据“长期借款”总账余额直接填列。(　　)

9.“预收款项”项目应根据“预收账款”和“应收账款”科目所属各明细科目的期末贷方余额合计数填列。如“预收账款”科目所属各明细科目期末有借方余额,应在资产负债表“应付账款”项目内填列。(　　)

10.资产负债表中确认的资产都是企业拥有的。(　　)

11.增值税应在利润表的营业税金及附加项目中反映。(　　)

12.固定资产项目应根据“固定资产”总账余额直接填列(　　)

13.营业收入项目应根据“主营业务收入”和“其他业务收入”余额合计填列。(　　)

14.企业提供的报表主要包括资产负债表、现金流量表和所有者权益变动表。(　　)

15.现金流量表主要包括经营活动现金流量、投资活动现金流量和筹资活动现金流量。(　　)

(四)业务题

1.某企业2016年、2017年有关总账年末余额资料下表:

账户余额表

单位名称:某企业　　2017 年 12 月 31 日　　单位:元

账户名称	2016 年年末数	2017 年年末数	账户名称	2016 年年末数	2017 年年末数
库存现金	30 000	24 200	短期借款	1 060 000	1 072 800
银行存款	470 000	488 200	应付票据	220 000	203 600
应收票据	686 000	687 700	应付账款	200 100	208 000
应收账款	622 000	625 000	预收账款		500
坏账准备	−600	−500	其他应付款	2 400	2 200
预付账款	—	280	应付职工薪酬	42 000	41 760
其他应收款	8 400	8 200	应付利润	30 000	40 000
在途物资		241 600	应交税费	239 600	237 600
原材料	2 614 000	2 167 400	长期借款	244 000	243 760
库存商品	260 200	250 140	其中:一年到期	4 000	3 760
生产成本		250 000	应付债券	2 042 600	2 042 440
固定资产	10 344 000	10 525 000	股本	10 000 000	10 100 000
累计折旧	−240 000	−250 000	资本公积	230 300	282 200
无形资产	22 000	29 540	盈余公积	380 000	340 000
累计摊销	−5 000	−11 900	利润分配	120 000	220 000
合计	14 811 000	15 034 860	合计	14 811 000	15 034 860

2017 年有关明细账年末余额资料:

应收账款——A 单位借方余额　　645 000

应收账款——B 单位贷方余额　　20 000

应付账款——C 单位贷方余额　　228 000

应付账款——D 单位借方余额　　20 000

要求:根据上述资料编制企业年度资产负债表。

2.某企业 2017 年 12 月有关收入、费用账户资料下表:

收入费用账户

账户	本期借方发生额	本期贷方发生额	1—11 月累计数	上年数
主营业务收入		1 100 000	11 600 000	11 800 000
其他业务收入		200 000	1 600 000	3 000 000
主营业务成本	800 000		9 300 000	9 400 000
其他业务成本	100 000		100 000	
税金及附加	2 000		30 000	33 000

续表

账户	本期借方发生额	本期贷方发生额	1—11月累计数	上年数
管理费用	60 000		660 000	700 000
财务费用	40 000		25 000	30 000
销售费用	15 000		180 000	185 000
投资收益		5 800	10 000	26 000
营业外收入		4 900	80 000	90 000
营业外支出	3 400		78 000	82 340
所得税费用	50 000		800 000	900 000

要求：根据上述资料编制企业年度利润表。

第九章

账务处理程序

学习目的：账务处理程序是在会计核算过程中形成的处理会计交易或事项的方法体系。通过本章学习，了解账务处理程序的意义和步骤，理解账务处理程序的分类、联系、区别和使用范围，掌握记账凭证账务处理程序和科目汇总表账务处理程序的步骤和应用。

引导案例

账务处理程序与会计工作效率

2011 年初，小李和小王共同出资成立了大华进出口商贸公司，公司注册资本 50 万元，会计记账采用记账凭证账务处理程序。随着经营规模的扩大，2015 年公司注册资本扩大到 300 万元，年销售额达到 3 000 万元，业务量较以前大大增加，会计人员工作量陡然加重。为了缓解这一问题，公司决定改用科目汇总表账务处理程序进行会计核算。你认为该办法能解决大华进出口商贸公司会计核算的实际问题吗？

第一节　账务处理程序概述

一、会计循环与账务处理程序

（一）会计循环的含义和基本过程

会计循环（accounting cycle）是按照一定的步骤反复运行的会计程序。从会计核算的具体内容看，会计循环由填制和审核会计凭证、设置会计科目和账户、复式记账、登记会计账簿、成本核算、财产清查等程序组成，最终通过编制财务会计报告完成。从会计期间来看，经济业务发生后，依次经过会计确认、计量、记录和报告完成会计信息的处理和输出，形成一次会计循环。根据前面章节的学习，我们可以将会计循环概括为以下五个基本步骤：

1.根据原始凭证对交易或事项予以确认

原始凭证是能否将交易或事项纳入会计信息系统的依据。企业根据原始凭证对交易或事项进行分析和审核，并以此判断该业务对会计要素的具体影响。

2.运用复式记账法填制记账凭证

根据审核无误的原始凭证，运用借贷记账法的记账规则，将经过确认纳入会计信息系统的交易或事项通过编制会计分录的方式填制记账凭证，为进一步登记会计账簿做好准备。

3.登记会计账簿

按照平行登记的规则，根据审核无误的会计凭证将经过初步整理的会计交易或事项分门别类地在会计账簿中进行登记。一方面由出纳人员逐日逐笔登记特种日记账，另一方面由会计人员进行总分类账和明细分类账的平行登记。

4.对账与结账

会计期末，为了正确结算经营成果，便于编制会计报表，首先应按权责发生制原则和配比原则，对有关账簿记录进行账项调整，例如结转预收账款、登记应付未付费用、登记应收未收收益、结转本期应交纳的税金及附加、分配并结转制造费用等，在此基础上通过编制试算平衡表对相关账户记录进行核对。其次应结清收入和费用等损益类账户，以确定当期损益。与此同时，应结出资产、负债和所有者权益账户余额，以结转至下期期初余额。

5.编制财务会计报表

财务会计报表是会计核算和监督工作的最终产品，是反映会计使用者需求的、具有一定格式的会计通用语言。主要包括资产负债表、利润表、现金流量表和所有者权益变动表。

(二)账务处理程序的含义和种类

为了更好地反映和监督企业的经济活动，必须运用专门的会计核算方法，规定各种会计凭证、会计账簿的种类格式、填制方法、登记程序和相互联系。因此在会计核算过程中，特定的凭证和账簿组织与记账程序和方法相结合处理会计交易和事项的方式被称为会计账务处理程序(accounting procedure)。换言之，账务处理程序是会计人员运用会计准则和会计知识，利用职业判断从确认会计交易或事项开始，通过编制记账凭证、登记相关账簿，最终编制出财务会计报告的程序和方法。

合理选择组织账务处理程序对于保证会计工作质量、提高会计工作效率、满足相关会计信息使用者的需求具有重要意义。根据我国会计工作中长期会计实践的经验，特别针对登记总分类账的依据选择，形成了常用的四种账务处理程序：记账凭证账务处理程序、科目汇总表账务处理程序、汇总记账凭证账务处理程序和多栏式日记账账务处理程序。本章主要介绍前两种账务处理程序。

第二节　记账凭证账务处理程序

一、记账凭证账务处理程序及其特点

记账凭证账务处理程序是根据原始凭证或汇总原始凭证编制记账凭证，然后根据记

账凭证直接逐笔登记总分类账的核算程序。直接根据各种记账凭证逐笔登记总分类账是记账凭证账务处理程序的重要特点和命名依据。

记账凭证账务处理程序是最基本的账务处理程序。在这种程序中，记账凭证一般采用收款凭证、付款凭证和转账凭证，规模较小也可采用通用记账凭证；设置三栏式现金日记账和银行存款日记账；设置具有对方科目的三栏式总分类账；明细分类账根据管理需求可采用三栏式、多栏式和数量金额式。

二、记账凭证账务处理程序的步骤

(1)根据原始凭证或汇总原始凭证填制记账凭证；

(2)根据收款凭证和付款凭证逐笔登记现金日记账和银行存款日记账；

(3)根据原始凭证、汇总原始凭证和记账凭证，逐笔登记各种明细分类账；

(4)根据各种记账凭证直接登记总分类账；

(5)月末，将总分类账与日记账、明细分类账的发生额和期末余额进行核对；

(6)月末，根据核对无误的总分类账和明细分类账编制财务会计报表。

记账凭证账务处理程序步骤如图 9-1 所示。

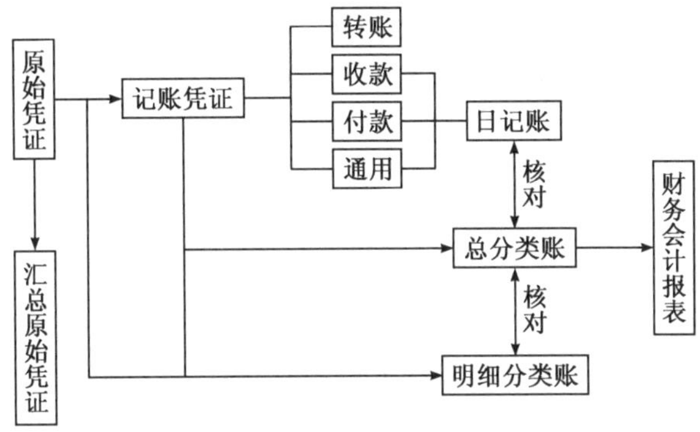

图 9-1　记账凭证账务处理程序流程

三、记账凭证账务处理程序的优缺点及适用范围

记账凭证账务处理程序较为简单，易于理解。由于根据记账凭证逐笔登记总分类账，一方面总分类账能够全面反映交易或事项的来龙去脉；另一方面登记总分类账的工作量较大，一般适用于规模较小、交易或事项较少的会计主体。为了减轻登记总分类账的工作量，采用这种账务处理程序时应尽量使用汇总原始凭证，从而减少记账凭证的数量。

四、记账凭证账务处理程序的应用

资料：玉龙机械制造公司 2015 年 12 月初各总账余额如表 9-1 所示。

表 9-1　玉龙机械制造公司 12 月初各总账余额

账户名称	借方金额	账户名称	贷方金额
银行存款	19 000	累计折旧	28 500
库存现金	300	应付账款	5 000
原材料	70 000	应付票据	1 000
库存商品	13 000	短期借款	55 000
无形资产	4 800	应付职工薪酬	3 200
应收账款	3 000	应交税费	800
应收票据	2 000	实收资本	108 100
固定资产	129 500	利润分配	40 000
合计	241 600	合计	241 600

玉龙机械制造公司 2015 年 12 月发生的交易或事项如下(材料采用计划成本核算)：

(1)1 日，收到 B 公司偿还上月所欠购货款 1 000 元，款已收存银行；

(2)2 日，购入材料一批，货款 1 200 元，增值税 204 元，运杂费 50 元，共计 1 454 元，款项已从银行存款付讫；

(3)3 日，以库存现金 150 元预付小李差旅费；

(4)3 日，生产产品投料一批，价值 12 000 元；

(5)5 日，以银行存款 2 000 元偿还 1 月欠 C 工厂材料款；

(6)5 日，以库存现金 100 元支付厂部办公用品款；

(7)6 日，开出库存现金支票 500 元，提取库存现金备用；

(8)7 日，从 F 工厂购入甲材料一批，价款 3 600 元，增值税 612 元，代垫运杂费 108 元，款项暂欠，材料采用计划成本核算；

(9)8 日，销售 A 产品一批，价款 18 000 元，增值税 3 060 元，款已收存银行；

(10)9 日，收到 D 工厂归还前欠货款 2 000 元存入银行；

(11)10 日，以银行存款 3 000 元偿还上月欠 E 公司料款；

(12)11 日，承付五金公司料款 15 000 元，增值税 2 250 元；

(13)14 日，生产投入原材料一批，共计 15 000 元；

(14)14 日，生产车间消耗性用料 500 元，厂部 300 元；

(15)14 日，向银行借入临时借款 50 000 元存入银行；

(16)15 日，从银行提取库存现金 24 000 元备发工资；

(17)15 日，以库存现金 24 000 元发放职工工资；

(18)17 日，小李报销差旅费 110 元，余款 40 元交回库存现金；

(19)20 日，销售 B 产品一批，收回货款 22 000 元，增值税 3 740 元，存入银行；

(20)23 日，以银行存款 600 元支付广告费；

(21)26 日，从光华工厂购入原材料一批，价款 5 200 元，增值税 884 元，以银行存款支付；

(22)30 日，支付本月的报刊费 100 元；

(23)30 日，支付本月的借款利息 500 元；

(24)30 日，计提本月固定资产折旧 540 元，其中生产车间 450 元，厂部 90 元；

(25)30 日，分配本月工资 24 000 元，其中生产工人工资 20 000 元，车间管理人员工资 1 200 元，企业管理人员工资 2 800 元；

(26)30 日，按本月职工工资总额的 14%计提职工福利费；

(27)30 日，按银行通知支付本月水电费 3 000 元，其中生产产品耗用 2 500 元，车间耗用 300 元，厂部耗用 200 元；

(28)31 日，结转收入、费用类账户和本年利润账户。

1.根据编制的记账凭证(篇幅原因省略)登记库存现金日记账和银行存款日记账(表 9-2、表 9-3)

表 9-2　库存现金日记账

2015 年		凭证编号	摘　要	借方	贷方	余额
月	日					
12	1		期初余额			300
	3	3	预付小李差旅费		150	150
	5	6	支付办公用品款		100	50
	6	7	提取库存现金备用	500		550
	15	16	提取库存现金备发工资	24 000		24 550
	15	17	发放工资		24 000	550
	17	18	小李交回差旅费余额	40		590
12	31		本月合计	24 540	24 250	590

表 9-3　银行存款日记账

2015 年		凭证编号	摘　要	借方	贷方	余额
月	日					
12	1		期初余额			19000
	1	1	收回 B 公司欠款	1 000		20 000
	2	1	支付材料款		1454	18 546
	5	5	支付材料款		2000	16 546
	6	7	提取库存现金备用		500	16 046
	8	9	取得销售收入	21 060		37 106
	9	10	收回欠款	2 000		39 106
	10	11	偿还欠款		3 000	36 106
	11	12	支付材料款		17 250	18 856

续表

2015年		凭证编号	摘　要	借方	贷方	余额
月	日					
	14	15	临时借款存入银行	50 000		68 856
	15	16	提现备发工资		24 000	44 856
	20	19	取得销售收入	25 740		70 596
	23	20	支付广告费		600	69 996
	26	21	支付材料款		6 084	63 912
	30	22	支付财产保险费		100	63 812
	30	23	支付借款利息		500	63 312
	30	27	支付水电费		3 000	60 312
12	31		本月合计	99 800	58 488	60 312

2.根据编制的记账凭证直接登记总分类账(表9-4～表9-24)

表9-4　库存现金

2015年		凭证编号	摘　要	借方	贷方	借或贷	余额
月	日						
12	1		期初余额			借	300
	3	3	预付小李差旅费		150	借	150
	5	6	支付办公用品款		100	借	50
	6	7	提取库存现金备用	500		借	550
	15	16	提取库存现金备发工资	24 000		借	24 550
	15	17	发放工资		24 000	借	550
	17	18	小李交回差旅费余额	40		借	590
12	31		本月合计	24 540	24 250	借	590

表 9-5 银行存款

2015 年		凭证编号	摘 要	借方	贷方	借或贷	余额
月	日						
12	1		期初余额			借	19 000
	1	1	收回 B 公司欠款	1 000		借	20 000
	2	2	支付材料款		1 454	借	18 546
	5	5	支付材料款		2 000	借	16 546
	6	7	提取库存现金备用		500	借	16 046
	8	9	取得销售收入	21 060		借	37 106
	9	10	收回欠款	2 000		借	39 106
	10	11	偿还欠款		3 000	借	36 106
	11	12	支付材料款		17 250	借	18 856
	14	15	临时借款存入银行	50 000		借	68 856
	15	16	提现备发工资		24 000	借	44 856
	20	19	取得销售收入	25 740		借	70 596
	23	20	支付广告费		600	借	69 996
	26	21	支付材料款		6 084	借	63 912
	30	22	支付财产保险费		100	借	63 812
	30	23	支付借款利息		500	借	63 312
	30	27	支付水电费		3 000	借	60 312
12	31		本月合计	99 800	58 488	借	60 312

表 9-6 材料采购

2015 年		凭证编号	摘要	借方	贷方	借或贷	余额
月	日						
12			期初余额			平	0
	2	2	购料	1 250		借	1 250
	7	8	购料	3 708		借	4 958
	11	12	付材料款	15 000		借	19 558
	26	21	购料	5 200		借	25 158
	30	28	结转材料采购成本		25 158	平	0
12	31		本月合计	25 158	25 158	平	0

表 9-7 原材料

2015年		凭证编号	摘要	借方	贷方	借或贷	余额
月	日						
12	1		期初余额			借	70 000
	3	4	生产投料		12 000	借	58 000
	14	13	生产投料		15 000	借	43 000
	14	14	生产用料		800	借	42 200
	30	28	结转材料采购成本	25 158		借	67 358
12	31		本月合计	25 158	27 800	借	67 358

表 9-8 库存商品

2015年		凭证编号	摘要	借方	贷方	借或贷	余额
月	日						
12	1		期初余额			借	13 000
	31	30	结转完工产品成本	54 918		借	67 918
	31	31	结转销售成本		30 000	借	37 918
12	31		本月合计	54 918	30 000	借	37 918

表 9-9 应收账款

2015年		凭证编号	摘要	借方	贷方	借或贷	余额
月	日						
12	1		期初余额			借	3 000
	1	1	收回B公司欠款		1 000	借	2 000
	9	10	收回D工厂欠款		2 000	平	0
12	31		本月合计	0	3 000	平	0

表 9-10 累计折旧

2015年		凭证编号	摘要	借方	贷方	借或贷	余额
月	日						
12	1		期初余额			贷	28 500
	30	24	计提固定资产累积折旧		540	贷	29 040
12	31		本月合计	0	540	贷	29 040

表 9-11 应付账款

2015 年		凭证编号	摘要	借方	贷方	借或贷	余额
月	日						
12	1		期初余额			贷	5 000
	5	5	支付 C 工厂材料款	2 000		贷	3 000
	7	8	欠 F 工厂材料款		4 320	贷	7 320
	10	11	支付 E 工厂材料款	3 000		贷	4 320
12	31		本月合计	5 000	4 320	贷	4 320

表 9-12 生产成本

2015 年		凭证编号	摘要	借方	贷方	借或贷	余额
月	日						
12	1		期初余额			平	0
	3	4	投入原材料	12 000		借	12 000
	14	13	投入原材料	15 000		借	27 000
	30	25	分配工人工资	20 000		借	47 000
	30	26	计提工人福利费	2 800		借	49 800
	30	27	生产部门水电费	2 500		借	52 300
	31	29	结转制造费用	2 618		借	54 918
	31	30	结转完工产品成本		54 918	平	0
12	31		本月合计	54 918	54 918	平	0

表 9-13 短期借款

2015 年		凭证编号	摘要	借方	贷方	借或贷	余额
月	日						
12	1		期初余额			贷	55 000
	14	15	借入临时借款		50 000	贷	105 000
12	31		本月合计	0	50 000	贷	105 000

表 9-14 应付职工薪酬

2015 年		凭证编号	摘要	借方	贷方	借或贷	余额
月	日						
12	1		期初余额			贷	3 200
	15	17	发放工资	24 000		借	20 800
	30	25	分配工资		24 000	贷	3 200
	30	26	计提福利费		3 360	贷	6 560
12	31		本月合计	24 000	27 360	贷	6 560

表 9-15 应交税费

2015 年		凭证编号	摘要	借方	贷方	借或贷	余额
月	日						
12	1		期初余额			贷	800
	2	2	应交增值税(进项税)	204		贷	596
	7	8	应交增值税(进项税)	612		借	16
	8	9	应交增值税(销项税)		3 060	贷	3 044
	11	12	应交增值税(进项税)	2 250		贷	794
	20	19	应交增值税(销项税)		3 740	贷	4 534
	26	21	应交增值税(进项税	884		贷	3 650
8	31		本月合计	3 950	6 800	贷	3 650

表 9-16 其他应收款

2015 年		凭证编号	摘要	借方	贷方	借或贷	余额
月	日						
12	1		期初余额			平	0
	3	3	预付小李差旅费	150		借	150
	17	18	小李报销差旅费		150	平	0
12	31		本月合计	150	150	平	0

表 9-17 制造费用

2015 年		凭证编号	摘要	借方	贷方	借或贷	余额
月	日						
12	1		期初余额			平	0
	14	14	生产车间用原材料	500		借	500
	30	24	计提折旧费	450		借	950
	30	25	分配车间人员工资	1 200		借	2 150
	30	26	计提车间人员福利费	168		借	2 318
	30	27	车间水电费	300		借	2 618
	31	29	结转费用分配		2 618	平	0
12	31		本月合计	2 618	2 618	平	0

表 9-18 主营业务收入

2015 年		凭证编号	摘要	借方	贷方	借或贷	余额
月	日						
12	1		期初余额			平	0
	8	9	取得 A 产品销售收入		18 000	贷	18 000
	20	19	取得 B 产品销售收入		22 000	贷	40 000
	31	34	结转主营业务收入	40 000		平	0
12	31		本月合计	40 000	40 000	平	0

表 9-19　主营业务成本

2015 年		凭证编号	摘要	借方	贷方	借或贷	余额
月	日						
12	1		期初余额			平	0
	31	31	结转销售成本	30 000		借	30 000
	31	32	结转主营业务成本		30 000	平	0
12	31		本月合计	30 000	30 000	平	0

表 9-20　销售费用

2015 年		凭证编号	摘要	借方	贷方	借或贷	余额
月	日						
12	1		期初余额			平	0
	23	20	支付广告费	600		借	600
	31	32	结转至本年利润		600	平	0
12	31		本月合计	600	600	平	0

表 9-21　管理费用

2015 年		凭证编号	摘要	借方	贷方	借或贷	余额
月	日						
12	1		期初余额			平	0
	5	6	支付办公用品款	100		借	100
	14	14	厂部用料	300		借	400
	17	18	报销差旅费	110		借	510
	30	22	支付报刊费	100		借	610
	30	24	计提折旧	90		借	700
	30	25	分配管理人员工资	2 800		借	3 500
	30	26	计提管理人员福利费	392		借	3 892
	30	27	厂部水电费	200		借	4 092
	30	33	结转管理费用		4 092	平	0
12	31		本月合计	4 092	4 092	平	0

表 9-22　财务费用

2015 年		凭证编号	摘要	借方	贷方	借或贷	余额
月	日						
12	1		期初余额			平	0
	30	23	支付借款利息	500	500	借	500
	31	33	结转财务费用			平	0
12	31		本月合计	500	500	平	0

表 9-23 本年利润

2015 年		凭证编号	摘要	借方	贷方	借或贷	余额
月	日						
12	1		期初余额			平	0
	31	32	结转相关费用	30 600		借	30 600
	31	33	结转相关费用	4 592		借	35 192
	31	34	结转主营业务收入		40 000	贷	4 808
	31	35	结转本年利润	4 808		平	0
12	31		本月合计	40 000	40 000	平	0

表 9-24 利润分配

2015 年		凭证编号	摘要	借方	贷方	借或贷	余额
月	日						
12	1		期初余额			贷	40 000
	31	32	结转本年利润		4 808	贷	44 808
12	31		本月合计	0	4 808	贷	44 808

3.根据所编制的记账凭证登记明细分类账(表 9-25～表 9-31)

应收账款——B 公司

2015 年		凭证编号	摘要	借方	贷方	借或贷	余额
月	日						
12	1		期初余额			借	1 000
	1	1	收回欠款		1 000	平	0
12	31		本月合计	0	1 000	平	0

表 9-26 应收账款——D 工厂

2015 年		凭证编号	摘要	借方	贷方	借或贷	余额
月	日						
12	1		期初余额			借	2 000
	9	10	收回欠款		2 000	平	0
12	31		本月合计	0	2 000	平	0

表 9-27 应付账款——C 工厂

2015 年		凭证编号	摘要	借方	贷方	借或贷	余额
月	日						
12	1		期初余额			贷	2 000
	5	5	支付材料款	2 000		平	0
12	31		本月合计	2 000	0	平	0

表 9-28 应付账款——E 工厂

2015 年		凭证编号	摘要	借方	贷方	借或贷	余额
月	日						
12	1		期初余额			贷	3 000
	10	10	支付材料款	3 000		平	0
12	31		本月合计	3 000	0	平	0

表 9-29 应付账款——F 工厂

2015 年		凭证编号	摘要	借方	贷方	借或贷	余额
月	日						
12	1		期初余额			平	0
	7	8	欠材料款		4 320	贷	4 320
12	31		本月合计	0	4 320	贷	4 320

表 9-30 主营业务收入——A 产品

2015 年		凭证编号	摘要	借方	贷方	借或贷	余额
月	日						
12	1		期初余额			平	0
	8	9	取得销售收入		18 000	贷	18 000
12	31		本月合计	0	18 000	贷	18 000

表 9-31 主营业务收入——B 产品

2015 年		凭证编号	摘要	借方	贷方	借或贷	余额
月	日						
12	1		期初余额			平	0
	20	19	取得销售收入		22 000	贷	22 000
12	31		本月合计	0	22 000	贷	22 000

4.编制试算平衡表(表 9-32)

表 9-32 试算平衡表

2015 年 12 月 31 日 单位:元

账户名称	期初余额		本期发生额		期末余额	
	借方	贷方	借方	贷方	借方	贷方
库存现金	300		24 540	24 250	590	
银行存款	19 000		99 800	58 488	60 312	
应收票据	2 000				2 000	
应收账款	3 000			3 000	0	
其他应收款			150	150	0	
材料采购			25 158	25 158	0	
原材料	70 000		25 158	27 800	67 358	
库存商品	13 000		54 918	30 000	37 918	
固定资产	129 500				129 500	
累计折旧		28 500		540		29 040
无形资产	4 800				4 800	
短期借款		55 000		50 000		105 000
应付账款		5 000	5 000	4 320		4 320
应付职工薪酬		3 200	24 000	27 360		6 560
应交税费		800	3 950	6 800		3 650
应付票据		1 000				1 000
实收资本		108 100				108 100
本年利润			40 000	40 000		
利润分配		40 000		4 808		44 808
生产成本			54 918	54 918		
制造费用			2 618	2 618		
主营业务收入			40 000	40 000		
主营业务成本			30 000	30 000		
销售费用			600	600		
管理费用			4 092	4 092		
财务费用			500	500		
合计	241 600	241 600	435 402	435 402	302 478	302 478

5.编制财务会计报表(表 9-33、表 9-34)

表 9-33 资产负债表

2015 年 12 月 31 日 单位:元

资产类	期初数	期末数	负债及权益类	期初数	期末数
流动资产:			流动负债:		
货币资金	19 300	60 902	短期借款	55 000	105 000

续表

资产类	期初数	期末数	负债及权益类	期初数	期末数
应收票据	2 000	2 000	应付票据	1 000	1 000
应收账款	3 000	0	应付账款	5 000	4 320
其他应收款	0	0	应付职工薪酬	3 200	6 560
存货	83 000	105 276	应交税费	800	3 650
流动资产合计	107 300	168 178	流动负债合计	65 000	120 530
非流动资产：			非流动负债：		
固定资产：	101 000	100 460	长期负债		
无形资产	4 800	4 800	非流动负债合计	0	0
非流动资产合计	105 800	105 260	负债合计	65 000	120 530
			所有者权益：		
			实收资本	108 100	108 100
			利润分配	40 000	44 808
			所有者权益合计	148 100	152 908
资产总计	213 100	273 438	负债及所有者权益总计	213 100	273 438

表 9-34 利润表

2015 年 12 月　　　　单位：元

项　目	本月金额
一、营业收入	40 000
减：营业成本	30 000
营业税金及附加	
减：销售费用	600
管理费用	4 092
财务费用	500
资产减值损失	
二、营业利润（亏损以“－”号填列）	4 808
加：营业外收入	
减：营业外支出	
其中：非流动资产处置损失	
三、利润总额（亏损总额以“－”号填列）	4 808
减：所得税费用	
四、净利润（净亏损以“－”号填列）	4 808

第三节 科目汇总表账务处理程序

一、科目汇总表账务处理程序及其特点

科目汇总表账务处理程序根据记账凭证定期编制科目汇总表，然后根据科目汇总表登记总分类账的会计核算程序。根据科目汇总表定期登记总分类账是其特点，也是该账务处理程序名称的由来。

在科目汇总表账务处理程序中，记账凭证一般采用收款凭证、付款凭证和转账凭证，规模较小也可采用通用记账凭证；设置三栏式现金日记账和银行存款日记账；由于科目汇总表不能反映各个账户之间的对应关系，因此总分类账一般采用三栏式；明细分类账根据管理需求，可采用三栏式、多栏式和数量金额式。

二、科目汇总表的编制方法

科目汇总表是指根据所编制的记账凭证，定期按相同科目分借方和贷方汇总其发生额的表格，即将汇总期内的全部记账凭证按照相同会计科目进行分类汇总，计算每一会计科目的本期借方发生额和贷方发生额并进行汇总。

三、科目汇总表账务处理程序的步骤

(1)根据原始凭证或汇总原始凭证填制记账凭证；

(2)根据收款凭证和付款凭证逐笔登记现金日记账和银行存款日记账；

(3)根据原始凭证、汇总原始凭证和记账凭证，逐笔登记各种明细分类账；

(4)定期依据记账凭证编制科目汇总表；

(5)根据科目汇总表登记总分类账；

(6)月末，将总分类账与日记账、明细分类账的发生额和期末余额进行核对；

(7)月末，根据核对无误的总分类账和明细分类账编制财务会计报表。

科目汇总表账务处理程序步骤如图 9-2 所示。

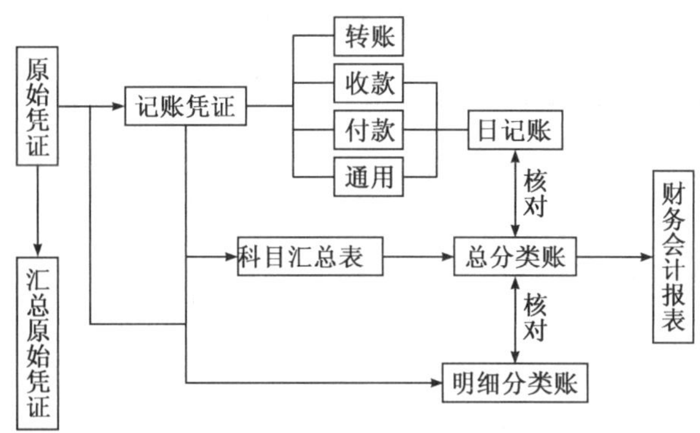

图 9-2 科目汇总表账务处理程序流程

四、科目汇总表账务处理程序的优缺点和适用范围

在科目汇总表账务处理程序下，由于采取了汇总登记总分类账的方法，因此简化了登记总分类账的工作。通过科目汇总表的编制，可以进行总分类账本期借方发生额和贷方发生额的试算平衡，一定程度上提高了会计工作的效率。与此同时，科目汇总表按会计科目汇总发生额，不能明确反映各个账户之间的对应关系，因此不便于核对账目。科目汇总表账务处理程序一般适用于经营规模和业务量较大、记账凭证较多的单位。

五、科目汇总表账务处理程序的应用

资料：兴隆公司 2015 年 8 月初各总账余额如表 9-35 所示。

表 9-35 兴隆公司 2015 年 8 月初各总账余款

账户名称	期初余额	账户名称	期初余额
库存现金	2 000	库存商品	20 000
银行存款	40 000	固定资产	100 000
应收账款	10 000	原材料	60 000
其他应收款	4 000	生产成本	4 000

兴隆公司 2015 年 8 月发生的部分交易或事项如下：

(1)2 日，从银行提取现金 4 000 元；

(2)12 日，生产产品领用材料费 30 000 元；

(3)14 日，收到购货单位前欠货款 10 000 元，存入银行；

(4)23 日，以银行存款 20 000 元购买设备一台；

(5)25 日，生产产品 100 件完工入库，成本为 25 000 元；

(6)26 日，采购员出差借款 2 000 元，以现金支付；

(7)29 日，将超出限额的 2 000 元现金送存开户银行。

1.根据所编制的记账凭证(篇幅原因予以省略)编制科目汇总表(表 9-36)

表 9-36 科目汇总表

2015 年 8 月 1 日至 8 月 31 日

会计科目	本期发生额	
	借方	贷方
银行存款	12 000	24 000
库存现金	4 000	4 000
应收账款		10 000
其他应收款	2 000	
原材料		30 000
生产成本	30 000	25 000
库存商品	25 000	
固定资产	20 000	
合计	93 000	93 000

2.根据科目汇总表登记相关总分类账(表 9-37～表 9-44)

表 9-37 银行存款

2015 年		凭证编号	摘要	借方	贷方	借或贷	余额
月	日						
8	1		期初余额			借	40 000
	31	科汇 1	本月发生额	12 000	24 000	借	28 000

表 9-38 库存现金

2015 年		凭证编号	摘要	借方	贷方	借或贷	余额
月	日						
8	1		期初余额			借	2 000
	31	科汇 1	本月发生额	4 000	4 000	借	2 000

表 9-39 应收账款

2015 年		凭证编号	摘要	借方	贷方	借或贷	余额
月	日						
8	1		期初余额			借	10 000
	31	科汇 1	本月发生额		10 000	平	0

表 9-40　其他应收款

2015 年		凭证编号	摘要	借方	贷方	借或贷	余额
月	日						
8	1		期初余额			借	4 000
	31	科汇 1	本月发生额	2 000		借	6 000

表 9-41　原材料

2015 年		凭证编号	摘要	借方	贷方	借或贷	余额
月	日						
8	1		期初余额			借	60 000
	31	科汇 1	本月发生额		30 000	借	30 000

表 9-42　生产成本

2015 年		凭证编号	摘要	借方	贷方	借或贷	余额
月	日						
8	1		期初余额			借	4 000
	31	科汇 1	本月发生额	30 000	25 000	借	9 000

表 9-43　库存商品

2015 年		凭证编号	摘要	借方	贷方	借或贷	余额
月	日						
8	1		期初余额			借	20 000
	31	科汇 1	本月发生额	25 000		借	45 000

表 9-44　固定资产

2015 年		凭证编号	摘要	借方	贷方	借或贷	余额
月	日						
8	1		期初余额			借	100 000
	31	科汇 1	本月发生额	20 000		借	120 000

3.根据上述总账以及其他业务的总账和明细分类账编制财务会计报表(省略)

本章小结

本章主要阐述了账务处理程序的基本原理、记账凭证账务处理程序和科目汇总表账务处理程序。

(1)账务处理程序是利用会计信息的载体对经济业务数据进行加工处理,并输出会计信息的周而复始的过程。合理、高效地组织账务处理程序是一项综合性的工作。账务处理程序是将经济业务的原始信息加工成会计信息的步骤和方法,即会计凭证、会计账簿、财务报告和记账方法、记账程序相互结合的方式。目前在我国的会计实践工作中,采用的账务处理程序有:记账凭证账务处理程序、科目汇总表账务处理程序、汇总记账凭证账务处理程序和多栏式日记账账务处理程序,其中记账凭证账务处理程序和科目汇总表账务处理程序的使用较为普遍。

(2)记账凭证账务处理程序是根据原始凭证或汇总原始凭证编制记账凭证,然后根据记账凭证直接逐笔登记总分类账的核算程序。直接根据各种记账凭证逐笔登记总分类账是记账凭证账务处理程序的特点。记账凭证账务处理程序是最基本的账务处理程序。在这种程序中,记账凭证一般采用收款凭证、付款凭证和转账凭证,规模较小也可采用通用记账凭证;设置三栏式现金日记账和银行存款日记账;设置具有对方科目的三栏式总分类账;明细分类账根据管理需求可采用三栏式、多栏式和数量金额式。由于根据记账凭证逐笔登记总分类账,一方面总分类账能够全面反映交易或事项的来龙去脉;另一方面登记总分类账的工作量较大,一般适用于规模较小、交易或事项较少的会计主体。

(3)科目汇总表账务处理程序是根据记账凭证定期编制科目汇总表,然后根据科目汇总表登记总分类账的会计核算程序。根据科目汇总表定期登记总分类账是其主要特点。在科目汇总表账务处理程序中,记账凭证一般采用收款凭证、付款凭证和转账凭证,规模较小也可采用通用记账凭证;设置三栏式现金日记账和银行存款日记账;由于科目汇总表不能反映各个账户之间的对应关系,因此总分类账一般采用三栏式;明细分类账根据管理需求可采用三栏式、多栏式和数量金额式。科目汇总表账务处理程序一般适用于经营规模和业务量较大、记账凭证较多的单位。

思考题

1.什么叫账务处理程序?科学的账务处理程序有什么作用?

2.账务处理程序的基本步骤是什么?

3.在记账凭证账务处理程序中,记账凭证与账簿的种类及格式是怎样的?

4.记账凭证账务处理程序中的账务处理步骤是什么?

5.记账凭证账务处理程序有什么特点及优缺点?其适用范围是什么?

6.科目汇总表账务处理程序的账务处理步骤是什么?

7.科目汇总表账务处理程序有什么特点及优缺点?其适用范围是什么?

练习题

（一）单项选择题

1.填制和审核会计凭证、根据会计凭证登记账簿、根据账簿记录编制会计报表的步骤以及三者之间的结合方式称为（　　）。

A.会计凭证传递　　B.会计账簿组织

C.会计工作组织　　D.账务处理程序

2.以下属于记账凭证账务处理程序的缺点是（　　）。

A.不能体现账户之间的对应关系　　B.不便于会计的合理分工

C.登记总账的工作量较大　　D.方法不宜于掌握

3.记账凭证账务处理程序的主要特点是直接根据记账凭证（　　）。

A.汇总登记总账　　B.逐日登记总账

C.逐笔登记总账　　D.编制科目汇总表

4.我国常用的账务处理程序中，最基本的账务处理程序是（　　）。

A.记账凭证账务处理程序　　B.日记总账账务处理程序

C.科目汇总表账务处理程序　　D.汇总记账凭证账务处理程序

5.科目汇总表账务处理程序登记总账的直接依据是（　　）。

A.记账凭证　　B.原始凭证

C.科目汇总表　　D.多栏式日记账

6.根据科目汇总表登记总账，在简化总账的记账工作的同时起到（　　）作用。

A.简化明细账记账工作　　B.反映账户对应关系

C.科目对应关系　　D.发生额试算平衡

7.区别不同账务处理程序的主要依据是（　　）。

A.登记总分类账的依据和方法不同　　B.登记明细分类账的依据和方法不同

C.登记日记账的依据和方法不同　　D.编制会计报表的依据和方法不同

8.记账凭证账务处理程序适用于（　　）的单位使用。

A.规模大、业务多　　B.规模小、业务少

C.规模大、收付款业务多　　D.规模小、收付款业务多

9.不能反映各科目的对应关系，不便于分析和检查经济业务的来龙去脉，不便于查对账目的是（　　）。

A.记账凭证账务处理程序　　B.汇总记账凭证账务处理程序

C.日记总账账务处理程序　　D.科目汇总表账务处理程序

10.科目汇总表的汇总范围是（　　）。

A.全部科目的借方余额　　B.全部科目的贷方余额

C.全部科目的借贷方发生额　　D.全部科目的借贷方余额

11.科目汇总表账务处理程序适用于（　　）的单位使用。

A.规模大、业务多　　B.规模小、业务少

C.规模大、收付款业务多　　D.规模小、收付款业务多

12.在记账凭证财务处理程序下，设置的现金日记账、银行存款日记账和总分类账一般采用(　　)。

A.三栏式　　B.多栏式

C.数量金额式　　D.卡片式

13.在记账凭证账务处理程序下，不能填制的凭证有(　　)。

A.收款凭证　　B.付款凭证

C.科目汇总表　　D.转账凭证

14.下列各项中，不能作为明细分类账记账依据的是(　　)。

A.原始凭证　　B.科目汇总表

C.原始凭证汇总表　　D.记账凭证

15.科目汇总表的汇总范围是(　　)。

A.部分科目的借方发生额和贷方发生额　　B.全部科目的借方发生额

C.全部科目的借方发生额和贷方发生额　　D.全部科目的贷方发生额

(2)多项选择题

1.在记账凭证处理程序中，记账凭证可以是(　　)。

A.通用记账凭证　　B.收款凭证

C.付款凭证　　D.转账凭证

2.在实际工作中，常用的账务处理程序有(　　)。

A.日记总账账务处理程序　　B.记账凭证账务处理程序

C.科目汇总表账务处理程序　　D.汇总记账凭证账务处理程序

3.各种账务处理程序的相同之处表现为(　　)。

A.登记现金、银行存款日记账的依据和方法相同

B.登记明细账的依据和方法相同

C.登记总账的依据和方法相同

D.编制会计报表的依据和方法相同

4.各种账务处理程序登记明细账的依据是(　　)。

A.原始凭证　　B.汇总原始凭证

C.记账凭证　　D.转账凭证

5.各种账务处理程序一般都包括的程序是(　　)。

A.根据原始凭证编制总原始凭证

B.根据原始凭证或汇总原始凭证编制记账凭证

C.根据收款凭证、付款凭证逐笔登记现金日记账和银行存款日记账

D.根据原始凭证、汇总原始凭证和记账凭证登记各种明细分类账

6.科目汇总表应填写的内容有(　　)。

A.会计科目　　B.记账凭证起讫号数

C.本期借方发生额　　D.本期贷方发生额

7.在各类账务处理程序中都要设置(　　)。

A.现金日记账　　B.明细分类账
C.总分类账　　D.银行存款日记账
8.总账记账的依据可以是(　　)。
A.记账凭证　　B.明细账
C.科目汇总表　　D.汇总记账凭证
9.账务处理程序的主要内容包括(　　)。
A.会计凭证、会计账簿种类及格式　　B.会计凭证与账簿之间的联系方法
C.会计机构与会计岗位的设置　　D.会计工作人员的职责
10.账务处理程序是指某些项目结合的方式,这里某些项目指的是(　　)。
A.会计报表　　B.会计账簿
C.会计凭证　　D.原始凭证
11.科目汇总表账务处理程序的缺点是(　　)。
A.不能做到试算平衡　　B.不能反映账户对应关系
C.不便于查账　　D.使用烦琐
12.科目汇总表核算形式循环程序一般适用于(　　)的企业单位。
A.经营规模较大　　B.经营规模较小
C.经济业务较多　　D.经济业务较少
13.在科目汇总表账务处理程序中,记账凭证是用来(　　)的依据。
A.登记库存现金日记账　　B.登记总分类账
C.登记明细分类账　　D.编制科目汇总表
14.以下是编制会计报表所需要资料直接来源的有(　　)。
A.原始凭证　　B.总分类账
C.明细分类账　　D.记账凭证
15.在记账凭证账务处理程序中,需设置(　　)。
A.收款、付款、转账凭证或通用记账凭证
B.科目汇总表或汇总记账凭证
C.库存现金和银行存款日记账
D.总分类账和明细分类账

(三)判断题

1.记账凭证账务处理程序中的总账是根据各种记账凭证登记的。(　　)

2.同一会计单位,由于采用不同的账务处理程序,其最终的核算结果应该不同。(　　)

3.在不同的账务处理程序中,各种账务处理程序的根本区别在于会计报表的编制依据不同。(　　)

4.编制科目汇总表虽然不能起到反映账户之间的对应关系,但可以起到试算平衡的作用。(　　)

5.科目汇总表可以全面反映企业发生经济业务的对应关系。(　　)

6.会计凭证、会计账簿、会计报表之间的结合方式不同,形成了不同的账务处理程序。(　　)

7.记账凭证核算组织程序是其他核算组织程序的基础。(　　)

8.记账凭证账务处理程序登记总分类账的总工作量大，所以适用于规模较小、经济业务量较少的单位。（　）

9.任何会计核算组织程序的第一步必须将所有的原始凭证都汇总编制为汇总原始凭证。（　）

10.尽管不同规模和业务量的企业可能采用的账务处理程序不同，但是记账凭证账务处理程序和科目汇总表账务处理程序中所使用的凭证种类是相同的。（　）

（四）业务题

兴隆公司 2015 年 5 月 31 日各分类账的余额如下表所示：

账户名称	金额	账户名称	金额
库存现金	7 000	累计折旧	3 000
银行存款	125 000	短期借款	20 000
应收账款（恒达公司）	35 000	应付账款（通达公司）	6 700
其他应收款	200	应付职工薪酬	43 500
库存商品（甲）	82 000	应付利息	300
预付账款	1 200	实收资本	486 900
固定资产	310 000		
合　计	560 400	合　计	560 400

6 月，该公司发生下列经济业务（不考虑增值税；存货采用实际成本核算）：

（1）2 日，从银行提取现金 4.35 万元，备发 6 月职工工资；

（2）4 日，用现金支付 6 月职工工资；

（3）5 日，采购员李强出差预借差旅费 500 元，财会以现金付讫；

（4）7 日，库存的甲商品全部销售给恒达公司，货款 16 万元，其中的 60%已收存银行，其余 40%以后支付；

（5）8 日，从外地购进乙商品 5 000 千克，单价 30 元，厂方代垫运杂费 5 000 元，货款及运杂费 15.5 万元，已由银行支付。商品尚未到达；

（6）10 日，用银行存款偿还前欠通达公司货款 6 700 元；

（7）14 日，前述乙商品到货并验收入库；

（8）15 日，购入办公用电脑一台，价款 5 500 元，由现金支付；

（9）18 日，销售乙商品 3 500 千克，单价每千克 50 元，货款 17.5 万元，已收妥入账；

（10）22 日，恒达公司所欠甲商品货款 3.5 万元已全部收回，存入银行；

（11）25 日，用现金支付业务招待费 320 元；

（12）27 日，计提本月销售机构用固定资产折旧 3 000 元；

（13）29 日，摊销已在年初支付，应由本月管理部门负担的书报费 200 元；

（14）30 日，计提应由本月负担的职工工资 4.82 万元，其中销售人员工资 3.82 万元，管理人员工资 1 万元；

（15）30 日，结转相关损益类账户。

要求：

1.根据上述业务开设有关总分类账户、现金和银行存款日记账户及应收账款和应付账款的明细账户,并登记期初余额;

2.根据 6 月发生的经济业务编制收款凭证、付款凭证和转账凭证;

3.根据编制的记账凭证登记开设的有关总分类账、日记账和明细账;

4.完成兴隆公司 6 月的对账和结账工作;

5.编制兴隆公司 2015 年 6 月 30 日的资产负债表以及 6 月的利润表。

第十章

会计工作的组织

学习目的：通过本章学习，了解会计工作的组织；理解会计机构的设置意义与方法；掌握会计人员的主要职责与任职要求；掌握会计法规体系与会计职业道德，加强自身职业道德修养；理解会计档案与会计信息化的基本内容。本章的重点是掌握会计人员岗位责任制和会计人员应具备的素质，掌握会计法规体系与会计职业道德。本章的难点是会计职业道德和会计人员的主要职责与任职要求。

引导案例

会计岗位调整与会计档案保管

会计李某原负责会计档案保管工作，年中调离会计工作岗位。离岗前与接替者王某在财务科长的监督下完成了会计工作交接手续。李某负责会计档案保管工作期间，公司档案管理部门会同财务科将已到期会计资料编造清册，报请公司负责人批准后，由李某自行销毁。年底，财政部门对该公司进行检查时，发现该公司原会计李某所记的账目中有会计造假行为，而接替者王某在会计交接时并未发现这一问题。在财政部门调查时，原会计李某说，已经办理会计交接手续，现任会计王某和财务科长均在移交清册上签了字，自己不再承担任何责任。根据会计法律制度的有关规定，请思考下列问题：

(1)该公司销毁档案的流程是否符合规定？

(2)公司负责人是否对会计造假行为承担责任？请简要说明理由。

(3)原会计李某的说法是否正确？请简要说明理由。

第一节　会计工作组织概述

一、会计工作组织的概念

企事业单位为使会计工作正常、高效运行，必须科学地组织会计工作。会计工作组织是建立会计系统、设计会计政策和制度，以及系统内部部门和人员之间的分工与协调。

会计是经济管理的重要组成部分，因此，一个单位建立会计系统就成为必需。这个系统的组成不仅要有会计机构、会计人员，而且还应有它的政策和制度，只有这样系统才能有效和规范运行；此外，还必须考虑环境——有关部门之间、有关人员之间的分工与协调，只有在分工恰当、明确与协调的情况下，系统才能积极活跃起来，从而保证会计任务的圆满完成。

二、会计工作组织的意义

会计工作的恰当组织是形成、提高与完善会计工作、保证会计工作质量与效率、充分发挥会计作用的前提条件。其主要意义在于：

1.为会计工作的开展与有效进行提供前提条件

会计工作的开展必须有会计机构和人员，即使不具备设置会计机构条件的单位，也必须配备专职的会计人员，以保证对单位财务进行反映与监督，对单位开展的经济活动进行资金支持。

2.为会计工作提供基本依据与规范

会计组织工作的内容有会计政策和制度的设计，政策与制度的基本内容是会计的原则、程序和方法，这些是会计工作的基本依据和规范。

3.有利于国家方针政策和财经纪律的贯彻

会计系统的建立，根据单位规模和管理要求，一直可分层延伸到班、组和个人，因此会计系统对国家方针政策和财经纪律、会计核算思想、会计管理要求都可得到有效贯彻，强化经济核算和经济责任。

4.有利于核算质量和效率的提高

会计政策和制度的设计应遵循牵制原则，即一笔经济业务的处理必须由两名以上的人员来完成，加之部门间、人员间的合理分工与协调，就可以保证向会计信息需求者提供有用、真实、可靠和完整的会计信息。

第二节　会计机构与会计人员

《会计法》第三十六条第一款对会计机构和会计人员的设置做了如下规定：“各单位应当根据会计业务的需要，设置会计机构，或者在有关机构中设置会计人员并指定会计主管人员；不具备设置条件的，应当委托经批准设立从事会计代理记账业务的中介机构代理记账。”这一规定包括以下三层含义。第一层含义是：各单位可以根据本单位的会计业务繁简情况决定是否设置会计机构。第二层含义是：不能单独设置会计机构的单位应当在有关机构中设置会计人员并指定会计主管人员。第三层含义是：不具备设置会计机构和会计人员条件的，应当委托经批准设立从事会计代理记账业务的中介机构代理记账。

一、会计机构

(一)设置会计机构

会计机构(accounting department)指的是单位内部所设置的、专门办理会计事项的机构。会计机构和会计人员是会计工作的主要承担者。

设置会计机构,一是要与企业管理体制和企业组织结构相适应,二是要与单位经济业务的性质和规模相适应,三是与本单位的会计工作组织形式相适应,四是要与本单位其他管理机构相协调,五是要体现精简高效原则。按照上述原则来确定:是否单独设置会计机构,设置什么性质的会计机构,会计机构是分设还是合设,几级会计机构,会计机构在企业组织机构中如何定位,会计机构与其他管理机构的分工协调。

根据业务需要设置会计机构,是指各单位可以根据本单位的会计业务繁简情况和会计管理工作的需要决定是否设置会计机构。一个单位是否设置会计机构还是在有关机构中设置专职的会计人员,完全由各单位根据会计业务的繁简和实际情况来决定,但必须既满足管理的需要,又讲求实效,避免人浮于事。是否设置会计机构,可以由各单位根据自身的情况来决定,但这并不等于会计工作可以不开展,会计工作必须依法开展,不能因为没有会计机构而对会计工作放任不管,这是法律所不允许的。

(二)不设置会计机构,指定会计主管人员

根据会计法的规定,规模很小、经济业务简单、业务量相对较少的单位,为了提高经济效益,可以不单独设置会计机构,将会计职能并入其他职能部门,并设置会计人员,同时指定会计主管人员。这是会计机构的另一种表现形式,是提高工作效率、明确岗位责任的内在要求,同时也是由会计工作专业性、政策性强等特点所决定的。指定会计主管人员的目的是强化责任制度,防止出现会计工作无人管理的局面。

(三)实行代理记账

财政部于 2005 年 1 月发布了《代理记账管理办法》(财政部第 27 号令),对代理记账机构的设立条件、代理记账的业务范围、代理记账的基本程序、委托人的责任和义务以及代理记账人员应遵守的法律、行政法规、制度,遵循的道德规范等都做了具体规定。

1.代理记账的概念

代理记账是指从事代理记账业务的社会中介机构接受委托人的委托办理会计业务。委托人是指委托代理记账机构办理会计业务的单位。代理记账机构是指从事代理记账业务的中介机构。

2.代理记账的业务范围

代理记账机构可以接受委托,受托办理委托人的以下业务:

(1)根据委托人提供的原始凭证和其他资料,按照国家统一的会计制度的规定进行会计核算,包括审核原始凭证、填制记账凭证、登记会计账簿、编制财务会计报告等。

(2)对外提供财务会计报告。代理记账机构为委托人编制的财务会计报告,经代理记账机构负责人和委托人签名并盖章后,按照有关法律、行政法规和国家统一的会计制度的规定对外提供。

(3)向税务机关提供税务资料。

(4)委托人委托的其他会计业务。

二、会计工作岗位

会计工作岗位,是指一个单位会计机构内部根据业务分工而设置的职能岗位。会计工作岗位可以一人一岗、一人多岗或者一岗多人。但出纳人员不得兼管稽核、会计档案保管和收入、费用、债权债务账目的登记工作。国家机关、国有企业、事业单位任用会计人员应当实行回避制度,会计机构负责人、会计主管人员的直系亲属不得在本单位会计机构中担任出纳工作。

在会计机构内部设置会计工作岗位,有利于明确分工和确定岗位职责,建立岗位责任制;有利于会计人员钻研业务,提高工作效率和质量;有利于会计工作的程序化和规范化,加强会计基础工作;还有利于强化会计管理职能,提高会计工作的作用;同时,也是配备数量适当的会计人员的客观依据之一。

会计基础工作规范规定,会计工作岗位一般可分为:①总会计师岗位;②会计机构负责人岗位;③出纳岗位;④稽核岗位;⑤资本、基金核算岗位;⑥收入、支出、债权债务核算岗位;⑦工资核算、成本费用核算、财务成果核算岗位;⑧财产物资的收发、增减核算岗位;⑨总账岗位;⑩对外财务会计报告编制岗位;⑪会计信息化岗位 ;⑫会计档案管理岗位。对于会计档案管理岗位,在会计档案正式移交之前,属于会计岗位;正式移交档案管理部门之后,不再属于会计岗位。

三、总会计师

(一)总会计师的概念

总会计师(chief accountant)是在单位主要领导人领导下,主管经济核算和财务会计工作的负责人。总会计师具有较高的会计专业技术职务,协助单位行政领导人组织领导本单位的经济核算和财务会计工作,是单位行政群体的成员之一。在一些大、中型国有企业中实行总会计师制度,有利于加强经济核算和会计管理。

(二)总会计师的任职条件

总会计师是单位领导成员,是行政副手,不同于单位内部财会机构负责人,更不同于一般的会计人员,必须具备一定的任职条件。这是确保总会计师制度的实施、发挥总会计师在经济管理中职能作用的重要环节。新修订的《会计法》规定“总会计师的任职资格、任免程序、职责权限由国务院规定”。其实,早在国务院颁发的《总会计师条例》中已做了规定。按照《总会计师条例》规定,总会计师的任职条件具体包括以下几个方面:一是坚持社会主义方向,积极为社会主义市场经济建设和改革开放服务。总会计师不仅是财务会计方面的专家,更是单位的行政领导人,具备一定的政治素质是必需的。二是坚持原则,廉洁奉公。总会计师是单位经济技术干部,是专业人才,主要领导单位的财务会计工作和经济工作,掌管着单位的经济命脉和财经大权,并负有严格维护国家财经纪律的责任。因此,总会计师必须做到坚持原则,廉洁奉公。三是取得会计师专业技术资格后,主管一个单位或者单位内部一个重要方面的财务会计工作的时间不少于3年。作为总会计师，不仅要具有较高的、扎实的财务会计理论知识，还应该具有独立、全面地组织领导本单位的财务会计工作、协调处理各方面关系的能力和经验。因为总会计师不仅仅是专业人才，更重要的是单位高层次管理和决策人员，在管理能力、经验等方面应有更高的要求。四是要有较高的理论政策水平，熟悉国家财经纪律、法规、方针和政策，掌握现代化管理的有关知识。五是具备本行业的基本业务知识，熟悉行业情况，有较强的组织领导能力。六是身体健康，胜任本职工作。总会计师责任重大，工作繁忙，必须有健康的体魄。

(三)总会计师的职责

(1)编制和执行预算、财务收支计划，信贷计划，拟定资金筹措和使用方案，开辟财源，有效地使用资金。

(2)进行成本费用预测、计划、控制、预算、分析和考核，督促本单位有关部门降低消耗、节约费用，提高经济效益。

(3)建立、健全经济核算制度，利用财务会计资料进行经济活动分析。

(4)承办单位主要行政领导人交办的其他工作。

(5)总会计师负责设置本单位财会机构并配备会计人员，提出会计专业职务设置和聘任的方案，组织会计人员的业务培训和考核，支持会计人员依法行使职权。

(6)总会计师协助单位主要行政领导人对企业的生产经营、行政事业单位的义务发展以及基本建设投资等问题做出决策。

(7)总会计师参与新产品、技术改造，科技研究，商品(劳务)、价格和工资奖金等方案的制定；参与重大经济协议的研究审查。

(四)总会计师的权限

(1)总会计师对违反国家财经纪律、法规、方针、政策、制度和有可能在经济上造成损失、浪费的行为，有权制止或者纠正。制止或者纠正无效时，提请单位主要行政领导人处理。

单位主要行政领导人不同意总会计师对上述行为的处理意见的，总会计师应当依照《中华人民共和国会计法》第十九条的规定执行。

(2)总会计师有权组织本单位各职能部门、直属基层组织的经济核算、财务会计和成本管理方面的工作。

(3)总会计师主管审批财务收支工作。除一般的收支工作可以由总会计师授权的财务机构负责人或者其他指定人员审批外，重大的财务收支须经总会计师审批或者由总会计师报单位主要行政领导人批准

(4)预算、财务收支计划，成本和费用计划，信贷计划，财务专题报告，会计决算报表须经总会计师签署。涉及财务收支的重大业务计划、经济合同、经济协议等，在本单位内部须经总会计师会签。

(5)会计人员的聘用、晋升、调动、奖惩，应当事先征求总会计师的意见。财会机构负责人或者会计主管人员的人选应当由总会计师进行业务考核，依照有关规定审批。

四、会计技术职称

会计职称是衡量一个人会计业务水平高低的标准，会计职称越高，表明会计业务水平越高。我国现有会计职称有：初级、中级和高级。初级职称有会计员、助理会计师；中级职称有会计师；高级职称有高级会计师。

（一）会计职称分类

1.初级技术职称：初级会计职称（助理会计师）需要在一年内同时通过"经济法基础"和"初级会计实务"这两门课程，才予以评发初级专业技术职称证书。

2.中级技术职称：通过会计师课程"中级会计实务""经济法""财务管理"三门课程。

3.高级技术职称：通过高级会计师"高级会计实务"的课程。

（二）考核方式

获取上述相应职称的人员，必须参加相应的全国会计专业技术资格统一考试，包括：

1.取得初级资格。单位可根据有关规定按照下列条件聘任相应的专业技术职务。担任初级会计师的基本条件是：掌握一般的财务会计基础理论和专业知识；熟悉并能正确执行有关的财经方针、政策和财务会计法规、制度；能担负一个方面或某个重要岗位的财务会计工作；报名参加会计专业技术初级资格考试的人员，除具备以上基本条件外，还必须具备教育部门认可的高中毕业以上学历。

2.取得中级资格并符合国家有关规定，可聘任会计师职务。

3.取得高级资格并符合国家有关规定，可聘任高级会计师职务。

对于初、中级资格，国家实行考试授予制度，而对高级资格，国家实行考评结合的授予制度。在实行上述授予制度后，职称不再由国家直接授予，而改为由聘任单位根据规定自行聘用任命，国家只负责授予相应的任职资格。正高级会计师目前一般采用评审方法产生，具体办法由各省决定。

第三节　会计法规体系与会计职业道德

一、会计法规体系

国务院财政部门主管全国的会计工作，县级以上地方各级人民政府财政部门管理本行政区域内的会计工作。各级人民政府财政部门管理本行政区域内的会计工作，遵循"统一领导，分级管理"的原则。我国的会计法规体系具体包括：会计法律、会计行政法规、会计规章。

（一）会计法律

会计法律即《会计法》，它是调整我国经济生活中会计关系的法律规范。《会计法》是会计法律制度中层次最高的法律规范，是制定其他会计法规的依据，也是指导会计工作的最高准则。

（二）会计行政法规

会计行政法规是调整经济生活中某些方面会计关系的法律规范。会计行政法规由国务院制定发布或者国务院有关部门拟订经国务院批准发布，制定依据是《会计法》。如1990 年 12 月 31 日国务院发布的《总会计师条例》，1992 年 11 月 16 日国务院批准、同月 30 日财政部发布的《企业会计准则》等。

（三）会计规章

会计规章是由主管全国会计工作的行政部门——财政部就会计工作中某些方面内容所制定的规范性文件。国务院有关部门根据其职责制定的会计方面的规范性文件，如实施国家统一的会计制度的具体办法等，也属于会计规章，但必须报财政部审核批准。会计规章依据会计法律和会计行政法规制定，如财政部发布的《股份有限公司会计制度》《会计基础工作规范》，财政部与国家档案局联合发布的《会计档案管理办法》等。

各省、自治区、直辖市人民代表大会及其常委会在同宪法和会计法律、行政法规不相抵触的前提下制定发布的会计规范性文件，也是我国会计法律制度的重要组成部分。

二、会计职业道德

（一）会计职业道德的概念

会计职业道德（accounting professional ethics）是指在会计职业活动中应遵循的、体现会计职业特征的、调整会计职业关系的职业行为准则和规范。

（二）会计职业道德的意义

会计职业道德的意义主要体现在以下几个方面：

1.会计职业道德是对会计法律制度的重要补充

会计法律制度是会计职业道德的最低要求，会计职业道德是对会计法律规范的重要补充，其作用是其他会计法律制度所不能替代的。如果会计人员缺乏爱岗敬业的热情和态度，没有必要的职业技能和服务意识，则很难保证会计信息达到真实、完整的法定要求。很显然，会计职业道德起着很重要的辅助和补充作用。

2.会计职业道德是规范会计行为的基础

动机是行为的先导，有什么样的动机就有什么样的行为。会计行为是由内心信念来支配的，信念的善与恶将导致行为的是与非。会计职业道德对会计的行为动机提出了相应的要求，如诚实守信、客观公正等，引导、规劝、约束会计人员树立正确的职业观念，遵循职业道德要求，从而达到规范会计行为的目的。

3.会计职业道德是实现会计目标的重要保证

从会计职业关系角度讲，会计目标就是为会计职业关系中的各个服务对象提供有用的会计信息。能否及时为这些服务对象提供相关的、可靠的会计信息，取决于会计职业者能否严格履行职业行为准则。如果会计职业者故意或非故意地提供不充分、不可靠的会计信息，会严重背离会计目标，造成会计信息严重失真，使服务对象的决策失误，甚至导致社会经济秩序混乱。因此，会计职业道德规范约束着会计人员的职业行为，是实现会计目标的重要保证。

4.会计职业道德是会计人员提高素质的内在要求

社会的进步和发展对会计职业者的素质要求越来越高。会计职业道德是会计人员素质的重要体现。一个高素质的会计人员应当做到爱岗敬业、提高专业胜任能力，这不仅是会计职业道德的主要内容，也是会计人员遵循会计职业道德的可靠保证。倡导会计职业道德，加强会计职业道德教育，并结合会计职业活动，引导会计人员进一步加强自我修养，提高专业胜任能力，有利于促进会计人员整体素质的不断提高。

(三)会计职业道德的内容

会计职业道德主要包括以下八个方面：

(1)爱岗敬业：要求会计人员热爱会计工作，安于本职岗位，忠于职守，尽心尽力，尽职尽责。

(2)诚实守信：要求会计人员做老实人，说老实话，办老实事，执业谨慎，信誉至上，不为利益所诱惑，不弄虚作假，不泄露秘密。

(3)廉洁自律：要求会计人员公私分明，不贪不占，遵纪守法，清正廉洁。

(4)客观公正：要求会计人员端正态度，依法办事，实事求是，不偏不倚，保持应有的独立性。

(5)坚持准则：要求会计人员熟悉国家法律、法规和国家统一的会计制度，始终坚持按法律、法规和国家统一的会计制度的要求进行会计核算，实施会计监督。

(6)提高技能：要求会计人员增强提高专业技能的自觉性和紧迫感，勤学苦练，刻苦钻研，不断进取，提高业务水平。

(7)参与管理：要求会计人员在做好本职工作的同时，努力钻研相关业务，全面熟悉本单位经营活动和业务流程，主动提出合理建议，协助领导决策，积极参与管理。

(8)强化服务：要求会计人员树立服务意识，提高服务质量，努力维护和提升会计职业的良好社会形象。

第四节　会计档案与会计信息化

一、会计档案

(一)会计档案及其特点

会计档案(accounting files)是会计部门根据国家有关规定，使用专门的方法和技术，在核算和监督资金活动的过程中形成的作为历史记载保存起来并对以后查考研究有价值的会计核算材料。简而言之，会计档案就是在核算和监督经济业务活动的过程中形成的具有利用价值的原始会计核算专业材料。会计档案具有以下四个特点：①内容直接反映财政经济活动；②各类材料之间内容联系紧密，不可分割；③会计核算专业材料具有内部性，形成渠道具有专一性；④会计档案分为会计凭证、会计账簿、会计报告和其他四大类。

(二)会计档案的作用

会计档案是证明经济单位合法经营与管理的重要依据，也是确保经济单位资产保值和增值的重要凭据，更是监督国民经济、保证经济建设进行的有效手段。因此，在社会主义市场经济不断发展与完善的背景下，做好会计档案管理工作意义重大。

1.会计档案为宏观经济管理提供完整、可靠的信息

会计档案由会计凭证、会计账簿和会计报表组成。会计凭证是经济业务完成情况的书面证明，为各单位了解经济活动提供必要的原始资料，并如实地反映和有效地监督经济活动；会计账簿全面反映资金来源和经济收支增减变动的情况，记录、保存宏观经济核算资料；会计报表反映机关、企事业单位和其他经济组织整个生产经营活动的全貌，对加强经济单位的经济核算、改善经营管理以及满足国家综合平衡工作的需要有重要作用。会计凭证、会计账簿、会计报表都是在会计核算活动中形成的，三者之间有着密切的关系。会计凭证是会计核算的基础，会计账簿以会计凭证为依据，会计报表又是根据会计账簿来编制的，一环紧扣一环，紧密相连，不可脱节，它们从不同方面反映经济活动的历史面貌。我们从三者的作用上看到，会计档案在国民经济和社会发展中的重要作用使其成为国民经济核算体系中的一个重要部分。如企业会计档案汇总与分析是企业科学经营决策的信息依据，是高层经营决策的"参谋部"，也是真实反映企业盈利水平的"晴雨表"。随着现代企业制度的建立，经济策略影响企业的生存和发展，企业要在生存中不断获得竞争力，就必须降低能耗和成本，科学地组织生产经营，最有效地使用人力、物力和财力，实现最佳的经济效益。而规划未来的经济活动，预测企业未来的发展趋势，并据此做出正确决策的重要途径，就是寻找具有价值的会计信息，通过对会计档案提供的信息进行对比和分析，加工形成与预测企业未来发展趋势相关的高端信息，增加经营决策的科学性和前瞻性，从而降低企业生产成本，保持企业竞争优势，使企业少走弯路，达到促进企业决策的战略管理。与此同时，会计档案管理也同步实现了在企业生产经营管理中不可替代的价值。又如，任何一项基本建设，在进行可行性研究的同时，必然要进行经济分析和经济预算，提供经济数据。特别是一些大的工程项目建设，随之产生的大量会计档案可以保证监督工程项目的建设、实施和竣工，并为日后各项配套工程提供可靠的依据。

2.会计档案为微观经济管理提供丰富的原始数据

会计档案是综合反映各单位已发生或已完成的各项经济活动，考核经济活动的过程和结果的真实记录。一个单位要提高经济管理水平，加强单位内部微观经济管理，就必须依据会计档案提供的原始数据，进行分析、预测，以便采取相应的决策和措施，以达到预期的目的。而会计档案是对单位经济活动全面、真实的记录，从中可以明确看出哪些是固定性费用、哪些是弹性开支、哪些应该增加额度，对其进行认真的分析研究，就会从中得到微观经济管理所需的有价值的信息。如某单位通过清理会计档案，从一堆杂乱无章的旧文件里，找出了具有重要保管价值的 20 世纪 50 年代征购土地的地契及土地使用证，这对单位基建具有重要的凭证作用。

3.会计档案对成本控制具有不可替代的重要作用

内部控制是指审计部门为保证业务活动的有效进行，保护资产的安全和完整，防止、发现、纠正错误，保证会计资料的真实、合法、完整。内部控制管理渗透在企业采购、生产、销售和综合管理的各个环节，而会计档案为其工作的开展提供了可靠、翔实的数据分析，为企业优化管理措施和改进工作程序打下了坚实的信息基础，为今后的预算管理和经营策略提供了前瞻性意见。当前，企业普遍重点实施了"六大费用控制管理"，即业务招待

费、会议费、车辆费、差旅费、办公费、出国人员经费，其中的实际发生费用就是依靠会计档案分析数据汇总而来的，它对控制费用进度、平衡使用费用、节约使用费用提供了及时、准确的信息支撑。

4.会计档案为保护国家财产、打击经济领域的违规违法活动提供有力证据

会计档案是对实际发生的经济活动的全面反映，所提供的数据资料具有完整性、连续性和系统性。通过会计档案可以审查各项经济活动是否符合有关政策、法令、制度及市场管理的要求，它是审计部门利用最多、对被审单位进行审计的最直接、最基础、最系统的书面考查凭证，是保护国家财产安全、打击经济领域违规违法行为的有力证据。例如，会计档案除了利用价值指标进行货币监督以外，还可以进行实物监督。对某些财产（非货币性资产）的领用收发，在账簿中有登记其收发结存的数量，以凭证为依据，可定期进行清查盘点，核实库存，以便保护国家和集体的财产安全。

5.会计档案为研究财政、经济的发展历史提供可靠史料参考

自古以来，编史修志离不开档案，编修经济、金融史志更离不开会计档案。会计档案是记录和反映经济业务活动、财务收支状况及结果的重要史料和证据，是企业档案管理的重要组成部分。因此，它是研究财政、经济历史发展的第一手材料。如果没有会计档案这一可靠的史料，单凭一些间接材料是无法科学总结经济历史发展规律、了解社会经济状况的。

综上所述，会计档案对于搞活经济、发展经济起着积极作用，它是各单位提高经济效益不可缺少的宝贵资源，具有巨大的经济和社会效用。因此，我们要通过一切可能的方式，积极挖掘会计档案中蕴藏的信息资源，充分发挥会计档案在市场经济建设中的积极作用。

（三）会计档案的分类

正确地给会计档案分类的意义在于：正确地认识会计档案，进而科学地整理、保管和开发利用会计档案。从档案管理的角度出发，按照外观形式和用途的不同，会计档案可分为四大类：会计凭证类、会计账簿类、财务报告类、其他类。会计档案中的其他类主要有：会计移交清册、会计档案保管清册、会计档案销毁清册以及银行余额调节表、银行对账单。

（四）会计档案的整理与管理

1.会计档案保管期限的确定

根据财政部、国家档案局1998年8月联合发布的《会计档案管理办法》第八条的规定，会计档案的保管期限分为永久、定期两种，其中定期又分为3年、5年、10年、15年、25年五个档次。各种会计档案的保管期限具体如下：

（1）永久保管的会计档案：财政总决算、行政单位和事业单位的决算、税收年报（决算）、会计档案保管清册、会计档案销毁清册；企业和其他组织的年度财务报告（决算，包括文字分析）、会计档案保管清册、会计档案销毁清册。

（2）保管25年的会计档案：行政单位、事业单位的现金出纳账和银行存款账；税收会计的税收日记账（总账）和税收票证分类出纳账、现金出纳账和银行存款账；企业和其他组织的现金出纳账和银行存款账。

（3）保管15年的会计档案：财政总预算的拨款凭证及其他会计凭证、总账、明细分类

分户账或登记簿、会计移交清册；行政单位和事业单位的各种会计凭证、日记账、总账、明细分类分户账或登记簿、会计移交清册；税收会计的各种完税凭证和缴库退库凭证、农牧业税结算凭证、总账、明细分类分户账或登记簿、会计移交清册；企业和其他组织的各种会计凭证、日记账、总账、明细分类账(除了现金日记账和银行存款日记账)、会计移交清册。

(4)保管 10 年的会计档案：财政总预算会计收到的国家金库编送的各种报表及缴库退库凭证、各收入机关编送的报表、行政单位和事业单位编送的年度报表、税收年报(决算)、国家金库年报(决算)、基建拨款贷款年报(决算)；税收会计收到的国家金库编送的各种报表及缴库凭证、月度季度税收会计报表(包括票证报表)。

(5)保管 5 年的会计档案：财政总预算会计、行政单位和事业单位会计的月度季度报表、已报废固定资产的明细账(卡片)；企业和其他组织的银行余额调节表、银行对账单和已报废固定资产的卡片。

这里要特别强调的是，以上关于会计档案的保管期限均为最低的保管期限，各类会计档案的保管原则上应当按此执行，如遇特殊情况应进行具体分析。

2.会计凭证的整理方法和要求

(1)每月 10 日前完成上个月会计凭证的整理装订工作。

(2)原始凭证粘贴、折叠的长度与宽度，应与省财政厅规定的会计凭证封面相同，每本凭证装订的厚度一般保持在 2 cm 以内，特殊情况不超过 2.5 cm。

(3)会计凭证整理好后，统一按照记账凭证编号顺序逐月逐年排列并编写案卷顺序号。如果会计凭证特别多(每年超过 100 册)，可一年断一次案卷号；如果会计凭证比较少，可每五年断一次案卷号；如果会计凭证很少，可以每十年断一次案卷号。

(4)每年的会计凭证整理完毕后，统一编制案卷目录一式三套。

(5)所有的会计凭证编好案卷目录后，即应装盒入柜保管。每盒装几本以凭证厚薄确定，装满为止，但一般不能跨月跨年装盒。

(6)整理好的会计凭证须达到项目齐全完整、签章手续完备、装订整齐美观、排列编号准确、查阅利用方便的要求。

3.会计账簿的整理方法和要求

(1)一本账簿无论厚薄，均视为一个整理保管单位，也就是一卷，各种账簿厚度一般不超过 2 cm，以便于整理保管和查阅复制。

(2)每本账簿都要从“1”开始，统一用铅笔编写页号(计算机生成的账簿要有自动编制的连续页号，否则仍需人工编写)。正面有数据记载的编写在右上角，背面有数据记载的编写在左上角。活页账簿整理时将正反两面都无数据记载的空白页抽出；现金日记账和银行存款日记账必须保持原状，不得拆散或抽去空白页。如果账簿已有印好的符合要求的页号，则无须再编。

(3)每本账簿都要在账页之前放置“账簿启用表”，并须认真填写，整理时如无账簿启用表，务必补上。

(4)每年的账簿统一按照现金账、银行存款账、总账、明细账、日记账、辅助账的顺序进行排列，且从“1”开始，逐年连续编写案卷顺序号。

(5)案卷号编好后，逐卷(本)编制案卷目录一式三套。

(6)凡整理好的账簿,要按照排列编号顺序统一装入卷盒内。每盒装几本,依账本厚薄确定,装满为止,但不同年度的账簿一般不能混装在同一盒内。

(7)整理好的会计账簿应达到结构完整、项目齐全、页码准确、平整美观、查阅方便的要求。

4.财务报告的整理方法和要求

(1)各单位每年的财务报告统一分为下列两部分分别进行整理:①年度财务报告(也称决算,包括文字分析);②月、季度财务报告(包括文字分析)。

(2)日报、旬报、半月报可不立卷归档,由财务部门视具体情况保存使用并处理。

(3)各单位的年度财务报告视页数多少,一年立一卷或若干卷,不应与月、季度报表混合整理;月、季度财务报告视份数、页数多少,可一年立一卷,也可每季度或每半年立一卷;每卷厚度不超过 2 cm。

(4)一个卷内有若干份报表时,按时间顺序进行排列,其中纸张太小的应按照 A4 标准进行背贴。

(5)凡财务报告卷编写页码,正面有字的编在右上角,背面有字的编在左上角。每本卷均从"1"编起,一卷一个顺序号。

(6)年度财务报告统一按年度顺序单独排列并编写案卷顺序号;各年度的月、季度财务报告统一按时间顺序另行排列并编写案卷顺序号,逐年接续;年度财务报告与月、季度财务报告整理好之后,应分别装进按规定制作的卷盒内,不同年度不能混装。

(7)案卷顺序号编好后,逐卷编制案卷目录一式三套。

(8)整理好的财务报告应达到目录备考齐全、页码编写无误、装订整齐美观、封面填写正确的要求。

5.其他类会计档案的整理方法与要求

与财务报告基本相同,其中永久保管的会计档案保管清册、会计档案销毁清册因其数量少,可归入相应年度的年度财务报告之后整理、排列、编号、编目;保管 15 年的会计移交清册因其数量少,可归入相应年度的会计账簿之后整理、排列、编号、编目;保管 5 年的银行余额调节表和银行对账单因其数量少,可归入相应年度的月度季度财务报告之后整理、排列、编号、编目。

(五)档案室对会计档案的管理

会计档案由于其外观形式的特殊性,所以其管理与其他门类的档案有所不同,这里要强调的是:

(1)会计凭证、会计账簿、财务报告应分别入库排列保管,并设计制作规范的标签,贴在醒目处,做到整齐美观,查阅方便。要坚决避免一些单位按年度混合排列、杂乱不堪的现象。

(2)要购置专门的会计凭证柜保管会计凭证,做到既整齐美观,又查阅方便。要坚决避免会计凭证或成包成捆,或层层垒叠,存取困难的不良现象。

(3)要建立健全并认真贯彻执行会计档案管理制度。

制定会计档案管理制度,是为了保证和促进会计档案工作的持续健康发展,充分发挥会计档案的作用。有了会计档案管理制度,可以使会计人员有章可循,有利于齐全、完整、系统的会计档案的形成。会计档案管理制度的内容主要包括五个方面：一是立卷制度，主要规定由谁立卷、何时立卷、采取什么方法立卷、案卷质量应达到什么标准等；二是归档制度，主要规定归档的范围、时间和要求以及应当履行的手续；三是保管制度，主要规定会计档案保管应当具备的物质条件、安全措施、注意事项等；四是查阅利用制度，主要规定查阅会计档案的手续、审批权限、保密守则等；五是鉴定销毁制度，主要规定鉴定会计档案的依据、标准、鉴定工作的组织领导，会计档案销毁的审批、执行和监销等。会计档案管理制度根据具体情况可单独制定，也可与其他档案共同制定。制定好后按照正式文件印发各有关部门和人员周知，以便于贯彻执行。

（六）电子会计档案的管理

随着计算机技术的迅速发展，会计信息化日益普及，随之而来的便是电子会计档案的大量产生，于是如何保管使用电子会计档案的问题也就提上了议事日程。根据财政部、国家档案局有关规定，电子会计档案归档管理的方法和要求主要是：采用电子计算机进行会计核算的单位，鉴于安全保密、载体耐久性等问题，目前既要保存电子会计档案，又要保存纸质会计档案，以免电子会计档案信息丢失后造成无法弥补的损失。凡是具备采用磁带、磁盘、光盘、缩微胶片等磁性介质保存会计档案条件的，形成的有关电子数据、会计软件资料，都要作为会计档案的组成部分进行归档。有关财务会计人员在移交工作时，还要在移交清册中列明会计软件及密码、会计软件数据磁盘（磁带等）及有关资料、实物等内容。

二、会计信息化

会计信息化（accounting information）是会计学进入信息时代的发展，它是会计学、电子计算机与信息技术、企业管理及经济计量学等学科相互交叉结合后产生的综合性学科。从某种意义上说，会计信息化是为了满足现代企业制度的需要，应用现代科技与方法对传统会计进行改造和整合后产生的，能适应信息化社会要求的新型应用型学科。其实质是将以电子计算机为主的当代信息技术应用到会计工作中，即用电子计算机代替人工记账、算账与报账，以及部分代替人脑完成对会计信息的分析、预测和决策的过程。会计信息化的普及和应用，不仅仅是会计核算工作的现代化，实现会计信息化的过程也是促进会计工作标准化、制度化、规模化的过程，是促进会计、会计工作改革和发展的过程，同时也是一个观念更新、企业管理现代化的过程。会计信息化的实施，大大提高了会计信息处理的速度和准确性，能为用户提供及时、准确的会计信息，是会计事业发展史上一次史无前例的飞跃。这个巨大飞跃也对会计工作产生了很大的影响。

（一）会计信息化的基本概念

狭义的会计信息化是指以电子计算机为主体的信息技术在会计工作的应用，具体而言，就是利用会计软件，指挥各种计算机设备替代手工完成的工作和在手工下很难完成的会计工作过程。

会计信息化是把电子计算机和现代数据处理技术应用到会计工作中，用电子计算机代替人工记账、算账和报账，以及部分代替人脑完成对会计信息的分析、预测、决策的过程，其目的是提高企业财会管理水平和经济效益，从而实现会计工作的现代化。

广义的会计信息化是指与会计工作信息化有关的所有工作，包括会计信息化软件的开发与应用、会计信息化人才的培训、会计信息化的宏观规划、会计信息化制度建设、会计信息化软件市场的培育与发展等。

会计信息化是一个人机相结合的系统，其基本构成包括会计人员、硬件资源、软件资源和信息资源等要素，其核心部分则是功能完善的会计软件资源。

（二）会计信息化的作用

(1)提高会计数据处理的实效性和准确性，提高会计核算的水平和质量，降低会计人员的劳动强度。

(2)提高经营管理水平，使财务会计管理由事后管理向事中控制、事先预测转变，为管理信息化打下基础。

(3)推动会计技术、方法、理论创新和观念更新，促进会计工作的进一步发展。

（三）会计信息化对会计工作的影响

1.改变了会计数据的处理方法

在手工条件下，会计人员每天从事着记账、算账、对账、出报表等简单重复繁杂的事务性工作，耗费了大量的时间与精力。会计人员直接接触会计数据信息，本应在企业的经营决策中发挥重要作用；本来财务部门应及时反映各种管理决策所需的信息，但因受人的精力与手工运算速度的限制，许多财务数据不能及时处理和生成，造成会计工作严重滞后，从而造成会计人员普遍素质不高的现状。会计信息化的有效开展，将在这方面给会计实务工作带来根本改善。在手工条件下，会计核算工作要由许多人共同完成。实现会计信息化后，输入会计凭证，会计信息化系统可自动进行记账、汇总、转账、结账、出报表等一系列工作；对于大量重复出现的业务，系统可以按模式凭证自动生成记账凭证。对于编制会计报表、运用移动平均法进行成本计算等非常复杂和时间性要求很高的会计核算工作，会计信息化系统可以按照一定的程序，由计算机计算，及时抽取数据，随时输出报表。复杂的会计核算工作不仅变得简单、迅速，而且大大提高了会计资料的准确性。实现会计信息化后，利用计算机可以采用手工条件下不愿采用甚至无法采用的复杂、精确的计算方法，从而使会计核算工作做得更细、更深，更好地发挥其参与管理的职能。

2.会计工作由“核算型”向“管理型”转变

会计信息化实现了会计工作由“核算型”向“管理型”的转变。传统的会计工作就是记账、算账、报账，会计人员局限在一般的会计核算中，思想受到束缚，也没有更多时间和精力进行会计信息分析等，并针对分析中发现的问题给领导提出一些好的意见建议，帮助其正确地进行决策。会计信息化推行以后，会计人员可以腾出一些时间来参与经营管理，当好领导的参谋；同时，也可以对新形势下的会计工作进行研究和探讨。

3.审计内容的改变

在会计信息化条件下，审计的监督职能虽然没有改变，但审计内容发生了变化。在会计信息系统中，会计事项由计算机按程序自动进行处理，如果系统的应用程序出错或被非法篡改，则计算机只会按给定的程序以同样错误的方法处理所有的有关会计事项，系统就可能被不知不觉地嵌入非法的舞弊程序，不法分子可以利用这些舞弊程序大量侵吞企业的财物。系统的处理是否合规、合法、安全、可靠，都与计算机系统的处理和控制功能有直接关系。会计信息系统的特点及其固有的风险，决定了审计的内容要增加对计算机系统处理和控制功能的审查。在会计信息化条件下，审计人员要花费较多的时间和精力来了解和审查计算机系统的功能，以证实其处理的合法性、正确性和完整性，保证系统的安全、可靠。

4.降低信息成本，提高会计信息质量

会计信息是决策者进行决策的重要依据之一。因此，会计信息最基本的质量特征就是决策有用性，会计信息的质量直接关系到决策者的决策及其后果，从而要求会计信息必须真实有用，能够满足决策者的需要。传统会计方式下，反映会计信息主要靠会计报表和年终的财务决算，时效性较差，其他会计信息的取得则更为不易，因而难以实现会计信息的共享。而在信息化环境下，可以提高会计信息的利用效率，各单位可以通过网络相互查询，领导也可以直接从网上查阅所需要的会计信息，实现信息共享，充分发挥会计信息化的作用。在信息化环境下，随着处理数据量的增加，单位信息成本将越来越低，效益越来越高。

5.改变财会人员的知识结构和工作职能

从表面上来看，会计信息化只不过是将电子计算机应用于会计核算工作中，降低会计人员的劳动强度，提高会计核算的速度和精度，以计算机替代人工记账。而实际上，会计信息化绝不仅仅是核算工具和核算方法的改进，还必然会引起会计工作组织和人员分工的改变，促进会计人员素质和知识结构改善，及会计工作效率和质量全面提高。实行会计信息化，要求会计人员既要掌握会计专业知识，又要掌握相关的计算机知识、网络知识、信息管理知识等。因此，会计信息化将促进会计人员的知识结构向既博又专的方向发展，从而提高会计人员的素质。

本章小结

会计工作组织是建立会计系统、设计会计政策和制度，以及系统内部部门和人员之间的分工与协调。会计工作的恰当组织为会计工作提供基本依据与规范，是形成、提高与完善会计工作、保证会计工作质量与效率、充分发挥会计作用的前提条件，有利于国家方针政策和财经纪律的贯彻，有利于核算质量和效率的提高。企事业单位为使会计工作正常、高效运行，必须科学地组织会计工作。

各单位可以根据本单位的会计业务繁简情况和会计管理工作的需要决定是否设置会计机构。不能单独设置会计机构的单位应当在有关机构中设置会计人员并指定会计主管人员。不具备设置会计机构和会计人员条件的，应当委托经批准设立从事会计代理记账业务的中介机构代理记账。会计机构指的是单位内部所设置的专门办理会计事项的机构。会计机构和会计人员是会计工作的主要承担者。设置会计机构，一是要与企业管理体制和企业组织结构相适应，二是要与单位经济业务的性质和规模相适应，三是与本单位的会计工作组织形式相适应，四是要与本单位其他管理机构相协调，五是要体现精简高效原则。

会计工作岗位，是指一个单位会计机构内部根据业务分工而设置的职能岗位。会计工作岗位可以一人一岗、一人多岗或者一岗多人。但出纳人员不得兼管稽核、会计档案保管和收入、费用、债权债务账目的登记工作。国家机关、国有企业、事业单位任用会计人员应当实行回避制度，会计机构负责人、会计主管人员的直系亲属不得在本单位会计机构中担任出纳工作。

在会计机构内部设置会计工作岗位，有利于明确分工和确定岗位职责，建立岗位责任制；有利于会计人员钻研业务，提高工作效率和质量；有利于会计工作的程序化和规范化，加强会计基础工作；还有利于强化会计管理职能，提高会计工作的作用；同时，也是配备数量适当的会计人员的客观依据之一。

总会计师是在单位主要领导人领导下，主管经济核算和财务会计工作的负责人。总会计师具有较高的会计专业技术职务，协助单位行政领导人组织领导本单位的经济核算和财务会计工作，是单位行政群体的成员之一。

会计职称是衡量一个人会计业务水平高低的标准，会计职称越高，表明会计业务水平越高。我国现有会计职称有：初级、中级和高级。初级职称有会计员、助理会计师；中级职称有会计师；高级职称有高级会计师。

国务院财政部门主管全国的会计工作，县级以上地方各级人民政府财政部门管理本行政区域内的会计工作。各级人民政府财政部门管理本行政区域内的会计工作，遵循“统一领导，分级管理”的原则。我国的会计法规体系具体包括：会计法律、会计行政法规、会计规章。

会计职业道德是指在会计职业活动中应遵循的、体现会计职业特征的、调整会计职业关系的职业行为准则和规范。会计职业道德的主要内容有八项：爱岗敬业、诚实守信、廉洁自律、客观公正、坚持准则、提高技能、参与管理、强化服务。

会计档案是会计部门根据国家有关规定，使用专门的方法和技术，在核算和监督资金活动的过程中形成的作为历史记载保存起来并对以后查考研究有价值的会计核算材料。简而言之，会计档案就是在核算和监督经济业务活动的过程中形成的具有利用价值的原始会计核算专业材料。会计档案具有以下四个特点：①内容直接反映财政经济活动；②各类材料之间内容联系紧密，不可分割；③会计核算专业材料具有内部性和渠道的专一性；④会计档案分为会计凭证、会计账簿、会计报告和其他四大类。

会计信息化的实质是将以电子计算机为主的当代信息技术应用到会计工作中，即用电子计算机代替人工记账、算账与报账，以及部分代替人脑完成对会计信息的分析、预测和决策的过程。会计信息化的普及和应用，不仅仅是会计核算工作的现代化，实现会计信息化的过程也是促进会计工作标准化、制度化、规模化的过程，是促进会计、会计工作改革和发展的过程，同时也是一个观念更新、企业管理现代化的过程。

思考题

1.什么是会计工作组织？会计工作组织的意义是什么？

2.什么是会计职业道德？会计职业道德包括哪些内容？

3.我国《会计法》对会计机构的设置提出了哪些要求？

4.我国会计工作岗位有哪些类型？

5.我国的会计法规体系具体包括什么？

练习题

(一)单项选择题

1.下列关于会计职业道德的表述正确的是(　　)。

A.会计职业道德对会计人员是非强制执行的，具有很强的自律性

B.相对于会计法律制度，会计职业道德是对会计从业人员行为的最低限度的要求

C.会计职业道德具有强制性

D.会计职业道德在时间上和空间上对会计人员的影响没有会计法律制度广泛、持久

2.(　　)就是要求会计人员具有文明的服务态度、强烈的服务意识和优良的服务质量。

A.客观公正　　B.提高技能　　C.参与管理　　D.强化服务

3.某公司为获得一项工程合同，拟向工程发包方的有关人员支付好处费8万元，公司市场部持公司的批示到财务部领取该笔款项。财务部经理谢某认为该项支出不符合有关规定，但考虑到公司主要领导已做了批示，遂同意拨付了款项。下列对谢某做法的认定中正确的是(　　)。

A.谢某违反了爱岗敬业的会计职业道德要求

B.谢某违反了参与管理的会计职业道德要求

C.谢某违反了坚持准则的会计职业道德要求

D.谢某违反了客观公正的会计职业道德要求

4.根据我国有关法律规定，在公司制企业中对本单位会计工作负责的单位负责人应当是(　　)。

A.董事长　　B.总经理　　C.总会计师　　D.会计机构负责人

5.不属于担任单位会计机构负责人条件的是(　　)。

A.有主管会计工作的经历　　B.具备会计师以上专业技术职务

C.从事会计工作3年以上　　D.取得会计资格证书

6.在我国，不属于现有会计职称的是(　　)。

A.初级会计专业技术资格　　B. 中级会计专业技术资格

C.会计从业资格　　D.高级会计专业技术资格

7.会计机构负责人因调动工作或离职办理交接手续的，负责监交的人员是(　　)。

A.单位领导人　　B.外部中介机构的人员

C.人事部门负责人　　D.内部审计机构负责人

8.根据《会计法》的规定，会计机构和会计人员应当按照国家统一的会计制度的规定对原始凭证进行认真审核，对不真实、不合法的原始凭证有权不予受理，并向(　　)。

A.上级主管单位负责人报告　　B.本单位负责人报告

C.会计机构负责人报告　　D.总会计师报告

9.根据《会计法》的规定，会计机构和会计人员应当按照国家统一的会计制度规定对

原始凭证进行认真审核，对不准确、不完整的原始凭证（　　）。

A.予以退回，并按照规定更正、补充

B.向单位负责人请示，并按其签署的意见处理

C.由出具单位重开

D.有权不予接受，并向单位负责人报告

10.根据《会计基础工作规范》的规定，单位负责人的直系亲属不得在本单位担任的会计工作岗位是（　　）。

A.会计机构负责人　B.出纳　C.稽核　D.会计档案的保管

11.会计法规包括（　　）。

A.会计法、会计制度、会计准则

B.会计法、会计准则、会计制度和有关其他法规

C.会计法、会计制度、会计准则和公司法

D.会计法、会计准则、会计制度和税法

12.会计人员专业技术职称主要包括（　　）。

A.高级会计师、总会计师、会计师和助理会计师

B.总会计师、高级会计师、注册会计师、会计师

C.高级会计师、会计师、助理会计师、会计员

D.注册会计师、高级会计师、会计师、会计员

13.企业财务机构的具体名称一般视（　　）而定。

A.企业的行业特性　B.企业的规模大小

C.企业的组织形式　D.企业对财会工作的重视程度

14.企业单位记账凭证和汇总凭证的保管年限是（　　）。

A.3 年　B.5 年　C.15 年　D.永久

15.下列不属于会计执业资格的是（　　）。

A.会计师　B.注册会计师　C.会计员　D.总会计师

（二）多项选择题

1.我国会计法规的基本构成包括（　　）。

A.会计法律　B.财务会计报告条例　C.会计准则　D.会计制度

2.根据国家统一会计制度的规定，对外提供的财务会计报告应当由单位有关人员签章，这些人员主要包括（　　）。

A.内部审计人员　B.总会计师　C.会计机构负责人　D.单位负责人

3.下列各项中，能够作为会计人员进行会计监督依据的包括（　　）。

A.会计法律　B.单位行政管理制度

C.单位内部会计管理制度　D.国家统一的会计制度

4.会计职业道德包括的内容是（　　）。

A.敬业爱岗，熟悉法律　B.依法办事，客观公正

C.搞好服务，保守秘密　D.业务处理，听从领导

5.从事会计工作的人员（　　）。

A.获取相应职称的人员，必须参加相应的全国会计专业技术资格统一考试

B.获取相应职称的人员，不一定要参加相应的全国会计专业技术资格统一考试

C.熟悉国家法律法规

D.遵守会计职业道德

6.爱岗敬业的基本要求是（　　）。

A.正确认识会计职业，树立职业荣誉感　　B.热爱会计工作，敬重会计职业

C.严肃认真，一丝不苟　　D.忠于职守，尽职尽责

7.廉洁自律的基本要求是（　　）。

A.树立正确的人生观和价值观　　B.公私分明，不贪不占

C.保密守信，不为利益所诱惑　　D.遵纪守法，尽职尽责

8.下列关于会计职业道德作用的表述中，正确的有（　　）。

A.会计职业道德是规范会计行为的基础

B.会计职业道德是实现会计目标的重要保证

C.会计职业道德是对会计法律制度的重要保证

D.会计职业道德是提高会计人员素质的重要措施

9.开展会计职业道德的意义在于（　　）。

A.促使会计职业健康发展　　B.培养会计职业道德情感

C.树立会计职业道德信念　　D 提高会计职业道德水准

10.下列体现会计职业道德“诚实守信”基本要求的是（　　）。

A.做老实人，说老实话，办老实事　　B.言行一致，表里如一

C.保守商业秘密，不为利益所诱惑　　D.公私分明，不贪不占

11.会计工作组织的内容包括（　　）。

A.建立会计系统　　B.设计会计政策和制度

C.会计人员分工　　D.会计人员之间的协调

12.会计法规定会计人员的主要职责是（　　）。

A.进行会计核算　　B.会计监督　　C.经营决策　　D.保管会计资料

13.下列关于总会计师表述正确的是（　　）。

A.总会计师直接对单位主要行政领导人负责

B.它是一个行政职务

C.它是一个会计职称

D.它必须是会计师以上专业技术资格的人员担任

14.下列属于会计人员的违法行为的有（　　）。

A.伪造、变造和提供虚假会计资料

B.隐匿或故意销毁依法应当保存的会计资料

C.不依法进行会计管理、核算和监督

D.随意丢失会计档案

15.下列属于会计执业资格的是（　　）。

A.会计师　　B.注册会计师　　C.会计员　　D.高级会计师

（三）判断题

1.我国会计职业道德包括爱岗敬业、诚实守信、廉洁自律、客观公正、坚持准则、提高技能、参与管理、强化服务等八个方面。（　）

2.会计职业道德自律是以会计职业法律为核心的。（　）

3.记账人员与经济业务或会计事项的审批人员、经办员、财务保管人员的职责权限应当明确，并相互分离、相互制约。（　）

4.会计人员调往外地继续从事会计工作的，应当在新的工作地的财政部门重新参加会计专业技术资格考试并办理申请手续。（　）

5.单位应当保证会计机构、会计人员依法履行职责，不得故意、指使、强令会计机构、会计人员违法办理会计事项。（　）

6.对于初、中、高级会计专业技术资格，国家均实行考试授予制度。（　）

7.出纳人员不得兼任稽核，收入、费用、债权债务账目的登记工作，会计档案保管工作。（　）

8.单位负责人对本单位会计工作和会计资料的真实性、完整性负责。（　）

9.代理记账就是企业委托有会计资格证书的人员进行的记账行为。（　）

10.会计主管人员是负责组织管理会计事务、行使会计机构负责人职权的负责人。（　）

（四）业务题

1.某企业会计经常上班迟到或不在岗位，使会计部门与其他部门的日常工作沟通不及时、不顺畅。有一次，采购员要求会计先查一查供货企业的往来明细余额，以便准确汇款采购材料，但会计人员不知原因不在岗位，结果出纳无法汇款。因该企业无汇款，供货企业不发货，最后导致该企业停工一天。

要求：用会计职业道德的规范和内容分析该企业会计的表现。

2.某单位的会计和一个业务员是老朋友。有一次这个业务员报销公差费用，会计发现报销的单据里多了一个人的飞机票，会计问业务员是怎么回事。业务员说："因家里有特殊情况，带了一个亲属同时去到出差地。"该会计再看了看单据，其他的单据都有领导签字，唯独这两张飞机票没有任何人的签字。会计想了想，想到和这个业务员以前的关系，于是将这两张飞机票和其他公差的单据一起审核完毕，并交出纳报销费用。

要求：用会计职业道德的规范和内容分析该单位会计的做法。

3.年终，某企业要进行一次财产清查。该企业人事部门在组织清查小组人员时就安排了会计参加清查小组。但该企业的会计员说他参加清查小组没用，有些物资他不懂计量，企业里到底有多少个仓库他都不知道。后来该企业会计以"请假"为由，没有参加清查小组。

要求：用会计职业道德的规范和内容分析该单位会计的做法。

4.一天上午，会计准备下班时，发现出纳的桌子上面有张支票。这张支票是出纳开出的现金支票，已经盖好印章，手续完备。谁拿了这张支票谁都可以到银行提款。此时此刻，会计喊了两声出纳的名字，无人回答。于是会计将这张支票放进自己手提袋里就下班了。下午一上班会计就将这张支票交回给出纳，出纳才知道自己的过失，连声道谢。

要求:用会计职业道德的规范和内容分析该单位会计的做法。

5.某厂的会计常常中午在厂里的食堂开饭。凭着自己是厂里的“财神爷”身份,每次打饭时他都走到厨房里自己打饭打菜,打完就走,不给饭票也不付钱。其他职工就问:“这样行吗?”这个会计就说:“食堂经常招待客人,有多有少,多我一个不多,少我一个不少。”职工对会计的做法敢怒不敢言。

要求:用会计职业道德的规范和内容分析该厂会计的做法。